理念経営2.0

会社の「理想と戦略」をつなぐ
7つのステップ

MEANINGFUL
COMPANY

BIOTOPE代表
佐宗邦威

ダイヤモンド社

Preface

はじめに――いま、なぜ経営者は「自社の存在意義」について考えるのか？

「企業理念をつくりたいんです」

僕のところに相談に来たその経営者はそう語った。

「最近、社員から『会社で働く意義を感じられない』という声が出てきているんです。実際、理由がよくわからないまま、突然辞めると言い出す社員も増えていまして……。決して業績が悪いわけじゃないんです。むしろ、コロナ禍のときも売上はずっと前年比10％で伸びていますし、育休制度やリモートワークを導入したりと働きやすさにも配慮しています。ですが、たぶん、このままではいけないんじゃないかと……」

彼の顔色はすぐれず、元気がなさそうに見えた。声にもハリが感じられない。

その経営者によると、会社にはすでに企業理念があるのだという。

かなり前にビジョンやミッションを策定する機会があったらしいのだ。

とはいえ、日頃から社員がそれを意識しているとは思えないし、そもそも自社の理念をしっかり覚えている人間が社内にいるのかも怪しい。
要するに、理念を「つくるだけ」で終わっていて、それが組織のなかに「生きている」感じがしない——これが彼の訴えだった。

「理念をつくり直せば、ほんとうに会社が生まれ変わると思いますか?」——そう僕が尋ねると、彼は考えあぐねた様子で答えた。

「どうなんでしょうね……。はっきりとはわかりません。ただ、毎年の売上目標を掲げて、ただそれに向かって走っているだけでは、これから先おそらく社員たちは離れていってしまうんじゃないかと思っています」

いま、多くの経営者が彼と同じような思いを抱いている。

自分たちの理念はなんだろうか?
これまでの企業理念のままでいいのだろうか?
会社の理念をどうやって「生きたもの」に変えていったらいいのだろうか?

企業理念を中心に据えたいわゆる**理念経営**は、日本のビジネス界では、松下幸之助や稲盛和夫など、一部のカリスマ経営者の会社で実践される、かなり特殊なものだった。これまで多くの会社は、わざわざ理念なんて意識しなくても立派にビジネスをやってこられたのだ。

しかし現在は、時代感覚にすぐれた人ほど、いち早く理念経営のなかに、なんらかの可能性を感じているようだ。

この背景ではなにが起きているのだろうか?

押し寄せる「パーパス相談」のなかで抱えていた葛藤

最初に断っておくなら、僕はもともと企業理念の専門家だったわけではない。

僕が経営しているBIOTOPEという戦略デザインファームは、数年前まではずっと、企業の新規事業づくりやブランディングなどの支援に力を入れてきた。

しかしここ数年で、僕らに寄せられる相談の傾向は大きく変化してきている。**ミッション**、**ビジョン**、**バリュー**、**パーパス**などの企業理念をつくりたい企業から、「その策定と活用に向けて伴走してほしい」という依頼が驚くほどたくさん来ているのだ。

といっても、ここにはそれなりの必然性がある。新規事業の創出やブランディングのプロジェクトを進めようとすれば、どうしても会社が目指したい方向性をはっきりさせないわけにはいかないからだ。

なにか新しいことをやろうとしたり、ブランドを見直したりしようとするとき、企業はおのずと**「自分たちはどういう存在なのか?」「なにを実現するための組織なのか?」**という問いにぶつからざるを得ない。

本気で未来に向けた価値創造をしようとしている会社ほど、企業理念の見直しという課題にぶつかるのだ。

さらに興味深いのは、相談を寄せてくれる会社の業種や規模もさまざまだということだ。

売上数兆円規模の大企業、創業100年を超える地方の伝統企業、気鋭のスタートアップからNPOまで、ありとあらゆる組織のリーダーたちが、同じような悩みを抱えている。

「リモートワークの導入以来、なぜか優秀な若手がどんどん辞めてしまうんです……」
「売上は右肩上がりなのに、新規事業が生まれず、社内に閉塞感が漂っています……」
「歴史ある有名企業なのに、社員たちに誇りやモチベーションが感じられなくて……」

そうやって僕のところに悩みが集まるいちばんのきっかけとなったのは、2019年3月に寄稿した「組織の『存在意義』をデザインする」という論考だった。それが掲載された『DIAMONDハーバード・ビジネス・レビュー』の「パーパス」特集号は異例の売れ行きを見せて、のちには単行本として発売されることになった。

こうした反響はうれしかったし、それを目にした経営者たちが相談に来てくれるのはとても光栄だった。

けれども、僕の内心は複雑だった。

なぜなら、僕自身も一人の経営者として、まったく同じ悩みを抱えていたからだ。

正直なところを言えば、相談に乗ってほしいのは、僕のほうだった。

ティールの罠——「自由で自律的」だったはずのチームに起きたこと

コロナ禍に入ってまもなく、僕の経営するBIOTOPEは、創業以来の最大の危機を迎えていた。

といっても、事業そのものが、ではない。事業のほうは順調だった。会社設立から6年が経ち、日本を代表する有名企業からたくさんの依頼が押し寄せてきていた。

危機は、組織のなかにあった。

創業以来、僕はBIOTOPEのなかに「最高のチーム」を築いてきたつもりだった。もともと**自律分散型組織**に興味があった僕は、日本でも大ヒットした『ティール組織』の著者フレデリック・ラルーの理論に関連する海外カンファレンスにも参加したりしてきた。

一人ひとりが自分のビジョンを大事にし、十分な対話によってそれをお互いに認め合う仕組みさえつくれば、各人が自由に働いていても、会社はおのずと回っていく。組織にルールは多すぎないほうがいいし、そのほうがクリエイティブになれる――そう思って、僕はメンバーそれぞれの自律性をなによりも大切にしてきた。

だから、コロナ禍が始まって全面的にリモートワークを導入することになったときも、なにも心配はしていなかった。こうした不透明な時代を生き延びるのは、自分たちのような自律的組織なのだと信じて疑わなかった。

それにもかかわらず、物理的に個々人が離れて仕事をするようになった途端、主要なメンバーが立て続けに会社を辞めると言い出した。

自分の人生についてじっくり内省する機会が生まれたからだろう。彼らは彼らなりに「**自分がこの会社で働く意味はなんだろう?**」と考え、別の道を歩むことを決意していた。

長らく一緒に仕事をしてきた仲間たちが、そうして次々とBIOTOPEを離れていった。

わざわざ「群れ」で働く意味はあるんだろうか？

月並みな表現だが、ほんとうに目の前が真っ暗になった。残されたメンバーのがんばりのおかげで、会社の業績が大きく傾くようなことはなかったが、僕個人はそのショックからなかなか立ち直れなかった。

なぜなら、僕自身も辞めていった彼らとまったく同じ問いに取り憑かれていたからだ。

「わざわざ会社という〝群れ〟で働く意味がどこにあるんだろう？
自分一人で仕事をしていればいいんじゃないか？」

いまだから言えるが、正直なところ、廃業すらも本気で考えた。

「この会社はそもそも必要なんだろうか？」という問いをグルグルと考え続ける日々——それが一経営者としての僕の記憶に残っているコロナ禍のすべてだ。

経営者にとって、人や組織にまつわる悩みは、事業がうまくいかないこと以上につらいものだ。事業の不振であれば、問題解決モードで１つずつ試行錯誤を積み重ねていけばいい。

一方で、人が離れていったり、組織が崩壊したりすると、経営者はじわじわとメンタルを削られることになる。

辞めていくメンバーからの「これまでお世話になりました」という言葉。それに対して、「**うん、それぞれの人生だから仕方ないね。これからも応援しているよ**」と答えるしかない自分。心の奥底では、自分の人間力の低さにただただ絶望するしかない。

このしんどさは、会社を経営する人にしかわからないのではないかと思う。

あえて理念を決めたくない経営者の心理

そのピンチに直面するなかで僕が着手したのは、やはり「企業理念づくり」だった。

自分たちはいったいどういう組織なのか――？　残ったメンバーと何度も対話を繰り返しながら、少しずつ自分たちの理念を言語化していったのだ。

じつのところ、それまでにも何度か会社の理念をつくろうとしたことはあった。しかしそのたびに頓挫した。

外向きには「パーパス経営」に関する記事を書いたり、クライアント企業のビジョンづくりを手伝ったりしてきたのに、自分の会社の理念づくりを優先できていなかったのだ。いま思うと、もっと早く着手していれば……という悔いが残る。

もちろん、あえて理念をつくらなかった理由はある。

メンバーたちのあいだに「理念を明確に言語化することで、かえって自由が阻害されるのではないか」という空気があったからだ。「自分たちはこういう存在である」と明言してしまうことで、そこには一定の拘束力や排他性が生まれてしまう。

僕自身、**「組織の自由度をなによりも優先したい。あえて理念をはっきりさせないほうがうまくいくはずだ」**と思っていた。

しかし、いざ崩壊していく組織を目のあたりにすると、もはやそんなことは言っていられなくなった。

自分たちの**存在意義**をあえて言語化することが必然に思えた。そして経営者である自分が、覚悟を決めて全面的にコミットしないかぎり、これを成し遂げることはできないという実感があった。

とにかくやるしかなかった。それでもうまくいかなかったら、そのときこそ、会社を解散すればいいじゃないか——それが当時の思いだった。

「DNAのスイッチ」が入る瞬間——存在意義への問い

日々を健やかに過ごしているとき、僕たちは自分の人生の意義など考えもしない。**「存在意義への問い」が生まれるのは、その存在が脅かされるとき、つまり、死が目前に迫ったときだ。**そのとき、なんとか生にすがりつこうとして、自分はいったいなんのために、いまここに存在しているのだろうと考えることになる。

これとまったく同じことが組織についても言える。

「死」の匂いを感じたとき、組織に埋め込まれたDNAのスイッチが入り、なんとかして生きたいという想いが生まれる。「自分たちの会社には、どんな存在意義があるのか?」という問いは、そうした「実存への渇望」の発露だ。

そんな〝存在の危機〟に瀕するなかで、僕たちは手探りで自分たちの企業理念をつくった。いま思えば、あの危機は最高のタイミングだったと思う。

このときの経験、そして、さまざまな企業の理念づくりとその実装を支援してきた経験のおかげで、僕は**これからの時代に必要な「あたらしい理念経営」**のあり方、すなわち**理念経営**

2・0にたどりつくことができたからだ。
本書は、そうやってもがき回ってきた僕が、これらの日々から得た思考の産物だ。

冒頭の経営者の話に戻ろう。
結局その会社の理念づくりを手伝うことになった僕は、数カ月後にまたその経営者とサシで話す機会があった。明らかに以前よりもスッキリとした表情の彼が放ったひと言は、きわめて印象的だった。

「自分の会社について語るのが、こんなに楽しいことだとは知りませんでした。でも、なによりもうれしかったのは、社員たちもまた自分の会社について、本当に楽しそうに語っていたことです」

だれよりも僕自身が、一人の経営者として彼の言葉を噛みしめていた。一度は崩壊の危機に瀕したBIOTOPEもまた、企業理念をつくり直したことではるかに強く生まれ変わっていたからだ。組織としての重心が定まり、各メンバーが自分の個性を活かして動く、真の安定した自律型組織になった。
そして僕にもまた、この会社の「存在意義」がようやく見えつつあった。

あなたには自分の人生の意義について語る機会がどのくらいあるだろうか？

そういうことを話せる相手が何人いるだろうか？

ましてや、会社の存在意義は――？

同僚とそんなことをじっくり語った経験があるだろうか？


「いや、うちの職場のメンバーはそんなことは考えていないし、話せる雰囲気でもない」


そう思う人も多いかもしれない。でも大丈夫。

僕の経験上、**自分たちの存在意義についてなにも語れなかった企業や組織は存在しない。ただ、それを真剣に考え、話をする場がないだけなのだ。**

その場が与えられ、適切な問いが投げかけられれば、きっとその組織にはたしかな理念が生まれ、一人ひとりがそこで働く意味を語り始めるはずだ。


自社の存在意義、自分が働く意味を見失いかけているすべての人に本書が届き、なにか少しでも手がかりになることを、筆者として心から願っています。

佐宗邦威

Contents

理念経営2・0［目次］

はじめに——いま、なぜ経営者は「自社の存在意義」について考えるのか？　1

序章　21世紀の企業理念——ミッション、ビジョン、バリュー、パーパスとはなにか？

第1章

Vision

ビジョン

未来への「動力」をつくる

第2章

Value

バリュー

「こだわり」を可視化し、自分たちの輪郭を描く

第3章

Mission Purpose

ミッション・パーパス

組織の中心軸となる社会的意思を定める

第4章

Narrative

ナラティブ

理念を「自分ごと」へと語り直す

第5章

History

ヒストリー

会社に埋蔵された「原点」を掘り起こす

第6章

Culture

カルチャー

理念を体現する文化づくり

第7章

Ecosystem

エコシステム

理念を育てる「生態系」をつくる

終章　意義をつくる会社へ

おわりに——私たちはなぜ群れるのか

Introduction

序章

21世紀の企業理念
ミッション、ビジョン、バリュー、パーパスとはなにか？

企業理念というと、どんなものを思い浮かべるだろうか？

企業理念は昔から存在していたが、会社によって呼び方もさまざまだ。ミッション、パーパス、フィロソフィー、経営理念、社是、綱領、信条、クレド、ウェイ……などなど、英語の場合もあれば日本語の場合もある。企業理念の議論になると、「わが社が長年持っていた社是を改め、パーパスをつくりたい」といった言葉遊びになってしまうようなことも多い。

そこで、まずは企業理念がどんな要素から構成されているのかを考えていくことにしよう。

III

「パーパス経営の祭り」の正体

2019年あたりから、日本では「パーパス（Purpose）」という言葉が注目されるようになり、「パーパス経営」などをテーマにした書籍や記事が次々と登場した。コロナ禍以降、その流れはさらに加速していったように思う。なぜ、これほど多くの企業がパーパス経営に注目し始めたのだろうか？

この「パーパス祭り」の背景には、ビジネスや経営の見直しという世界的な潮流がある。

とくに、米経済団体ビジネス・ラウンドテーブル（BRT）が2019年8月に発表した「顧客、従業員、サプライヤー、地域社会、株主といったすべてのステークホルダーの利益のために会社を導くことにコミットする」という声明は、潮目が変わる大きなきっかけとなった。

この声明では、①従業員の能力への投資、②株主への長期的なリターンの還元、③サプライヤーとの公正かつ倫理的な取引、④地域社会への還元などが盛り込まれ、それまでの**株主中心主義**からステークホルダーの利益を最大化する**ステークホルダー資本主義**への移行が提唱された。これがきっかけになって、欧米の機関投資家・大企業が、ステークホルダー全体のバランスを取る方向へ一気にシフトしていったのだ。

株主中心主義の場合は、株主に対する金銭的なリターンを最大化することこそが「いい経営」だということになる。じつにシンプルな基準だ。

しかし今後は、顧客・従業員・株主・パートナー企業・地域コミュニティ・環境（や将来の世代）という6種類のステークホルダーを重視する必要がある。日本においては、すでに近江商人の時代から「三方良しの経営」が大事にされてきたが、言ってみれば「六方良しの経営」が求められるようになったのだ。

複数のステークホルダー内での利害関係の調整が重要になったことで、「なにがステークホルダーにとっていいことなのか」という上位の経営目的が必要になった。多くの場合、それを「パーパス」と呼ぶ。とくに欧米の機関投資家が、企業に存在意義の定義と長期的なリスクを明示するように求めたことで、企業の経営者たちも動き出さざるを得なくなった。

これが、企業の経営者がパーパス経営に注目する「表向きの説明」だろう。しかし僕は、その裏に経営者の別の本音があると思っている。

経営者目線で見たとき、コロナ禍以降、企業経営の難易度は、一気に上がった。厳しい市場環境のなかで、①事業を継続する難しさ、②社会的な意義と事業と両立させる難しさ、また、リモートワーク環境のなかで、③社員を組織につなぎ止める難しさ、④変革・創造のプロジェクトを進める難しさ……あげ始めればきりがないが、こうした「四重苦」が経営者たちを襲った。

2020年4月にコロナ禍に伴う緊急事態宣言が出て、日本企業の日常風景は変わった。リモート会議があたり前になり、ビジネスオペレーションのIT化が加速した。CO_2削減のゴールが設定されたことで、環境配慮が前提になりつつある。そんななかで、コロナ禍で市況が悪くなった業界も多い。

いままでは、儲け続けていれば企業としては生き残ることができていた。しかしいままでは、本当にその会社は〝社会や環境にとっていいこと〟をしているのかが問われている。企業活動が必ずしも社会や環境にいいとは言えないからだ。極論を言えば「いいことをしていないならば、社会には必要ない」と言われる時代になってきている。この背景には、人口減少の日本において働き手が減り、働く意義を示せない会社は存続が難しくなってきているという事情もある。

III

「だれ」が企業理念をほしがっているのか？

経営者からすれば、これははっきり言って、かなりの「無理ゲー」だ。ただでさえ生き残るために必死なのに、社員とのコミュニケーションはとりづらい。がんばって利益を出しても、本質的にいい価値を生み出していないとダメだと言われる——。

現代の経営者は、このような難題を突きつけられている。全部の課題を解消するとなると、かなり困難な道が待ち受けている。少なくとも、いままでと同じやり方をしていたら——。

この状況を抜け出すために、新しいかたちの経営が求められている。そして、その流れのなかでミッション、ビジョン、バリュー、パーパスに代表される理念を策定しようという動きが生まれているのだ。

僕がさまざまな経営者と対話するなかでわかったのは、さまざまな場面で経営者には企業理念が要請されているということだ。これには4つの文脈がある。

①従業員からの要請――リモートワークと自律的な働き方

若い世代を中心に、自分のやっている仕事の社会的意義を実感して仕事をしたいという人が増えている。リモートワークも広がるなか、いまや無理矢理仕事をさせることはできない。従業員みずからのやりがいを引き出し、仕事の意義を実感してもらう必要がある。これができない経営者には、低いエンゲージメントスコアが突きつけられることになる。

②株主からの要請――ESG投資・人的資本開示

事業継続のリスクとなりそうな要因の開示・対策が株主から求められている。自社の事業が、社会・環境の観点からどのような意義を持っているのか、それに対してどんなインパクトを出しているのかを開示してほしい、という要求がある。この意義やインパクトを設定するうえで、企業理念の明確化は必要になってくる。また、2023年度決算からは、上場企業には人的資本の開示が義務づけられることになった。人材への投資や組織の強さについても、情報開示が求められるようになる。

③パートナー企業からの要請――社会課題解決のための共創

いまや事業課題は複雑化し、一社だけでは解決できない社会課題になりつつある。その解決のためには、業界を横断した協業や共創が必要になってきている。数ある協業候補のなかから、長期的に組める企業を選定するうえでは、企業理念を共有することが有効だ。

図a-1｜経営者に対する「理念経営」へのプレッシャー

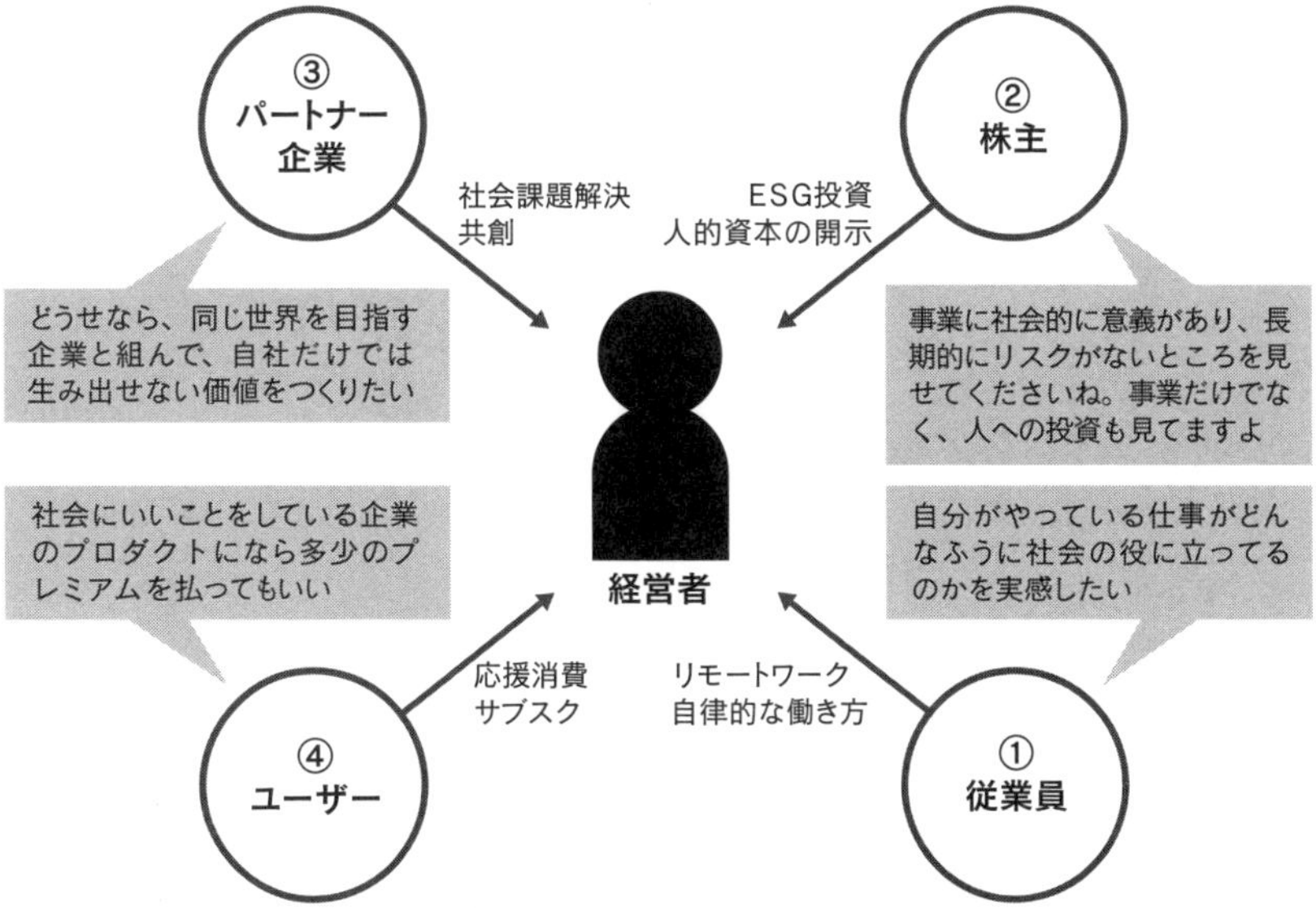
③
パートナー
企業
社会課題解決
共創
どうせなら、同じ世界を目指す企業と組んで、自社だけでは生み出せない価値をつくりたい
②
株主
ESG投資
人的資本の開示
事業に社会的に意義があり、長期的にリスクがないところを見せてくださいね。事業だけでなく、人への投資も見てますよ
経営者
社会にいいことをしている企業のプロダクトになら多少のプレミアムを払ってもいい
応援消費
サブスク
④
ユーザー
自分がやっている仕事がどんなふうに社会の役に立ってるのかを実感したい
リモートワーク
自律的な働き方
①
従業員

④ユーザーからの要請——応援消費

ユーザーが商品やサービスを選ぶ1つの基準として、企業の社会に対する姿勢を考慮するようになってきている。とくにサブスクリプションのような継続的な関係を持つサービスが増えると、ユーザーは単なる消費者を超えて、会社の企業理念を応援し、一緒に育てていくサポーターになっていく。その意味で、共感を呼び、応援してもらえるような企業理念をつくれるかが重要になっている。

III

働き手が仕事に意義を求める「パーパスエコノミー」

こうした変化のなかでも特筆すべきは、働く人の意識の変化だ。

メタ(旧フェイスブック)のマーク・ザッカーバーグは、2017年、自身が中退したハーバード大学の卒業式に招待された際に、次のようにスピーチしている。この演説は、働くことに対する価値観の変化をよく表している。

「目的意識」を持つというのは、自分より偉大な何かに貢献していると感じられることです。自分は必要な存在だと感じること。何かをよりよくするためにがんばれること。目的意識こそが、真の幸せにつながるのです。

いまはこれまで以上に目的意識を持つことが重要になっています。僕たちの両親の世代が大学を卒業したときは、「目的意識」は、仕事や教会、地域社会がもたらしてくれました。けれども今日、テクノロジーや自動化が多くの仕事を奪っています。コミュニティに帰属しようという人が減っています。また、多くの人がつながりを失い、意気消沈し、なんとか人生の虚無感を埋めようとしています。

いろんな場所を訪れるなかで、少年院の子どもたちやモルヒネ中毒者と話す機会があったのですが、彼らはこんなことを言っていました。もし何かやるべきことがあったなら、人生は違っていたかもしれない、と。また、かつて工場で働いていたけれど、仕事がなくなり、これから進むべき道を見つけようとしている人にも会ったことがあります。

社会が前進していけるよう、僕たちの世代が取り組むべきことがあります。それは、新しい「仕事」を創造するだけではなく、新しい「目的意識」を創造することです。

（クーリエ・ジャポン「ハーバードの卒業生たちにマーク・ザッカーバーグが語ったこと」２０１７年5月26日）

アショカ財団のフェローであり、『The Purpose Economy』の著者でもある経済学者アーロン・ハーストの指摘によれば、３割のアメリカ人が、仕事によって得られる働きがいや生きがいを働く目的にしている。ここでいう「働きがい」「生きがい」は、働いた結果として得られるお金や名誉、成長という意味ではなく、**自分の日々の仕事が社会にいい影響を及ぼしたり、「より大きなこと」につながったりしているという、喜びの感覚**のことだ。

また、企業の存在意義に共感している社員は、そうではない社員と比べて在籍年数が長くなるというデータや、自分の仕事に意義を感じている人は、そうではない人に比べてパフォーマンスが高いというデータもある。

仕事に意義を求める人々は、とくに、現在の20〜30代のあいだで急速に増えている。給料が高くても生きがいにつながらない仕事をやめて、給料が低くても生きがいにつながる仕事を選ぶようになってきているのだ。実際、ＢＩＯＴＯＰＥのインターン生や求職者と採用面談していても、次のような言葉を聞くようになった。

「いまの時代、キャリアとしてなにが正解かなんて、わかりませんよね。会社は人生の3分の1を過ごす場なのだから、自分が興味を持てるテーマを一緒に探究できる仲間がいるほうが、人生を豊かに過ごせると思います。価値観の似ている仲間と話したり、会社の掲げているミッションを一緒に探究したりしながら、一歩一歩前に進んでいく。それが私にとって楽しい働き方なんです」

ありがたいことに、いま、ＢＩＯＴＯＰＥにはすばらしい人たちが入社を志望して集まってきてくれている。それまで大企業の新規事業立ち上げで活躍してきた人、海外のデザインスクールで修士号を取ってきた人、気鋭の編集者やデザイナー、新しいテーマを感度高く研究し、それと社会との接点をつくりたいというモチベーションを持っている大学生など……優秀さと個性を兼ね備えた人材ばかりだ。

会社という場を、日々楽しく自分のテーマを探究していく場としてとらえ、給料よりも意義を求めて働く人が、とくに優秀な層ほど増えてきているのを感じる。**あと10年もすれば、社会の労働市場の中心は、こういった「意義」を重視する層になっていくはずだ。**

そうなると、企業理念が明確なだけでは足りない。会社が提示する企業理念が、社員個人の理念と重なり合っている必要がある。そんな理念がつくれれば、社員は仕事に強くコミットし、自分なりの新しい価値を生み出しながら、長くその組織に貢献したいという気持ちになるはずだ。

III

「利益を生み出す場」から「意義を生み出す場」へのシフト

ここまで紹介した変化は、企業経営のパラダイムシフトという巨大な氷山の一角にすぎない。僕は一人の経営者として、経営のあり方を根本から考え直さない限り、個々の課題は解決できないと感じている。

いま企業現場で起こっている変化の本質はなんだろうか？　それは端的に言えば、**「どれだけ儲かるか？」というシンプルなゲームのなかに、「〝よい儲け〟なのか？」というまったく異質の基準が入ってきている**ということだ。

「あなたの仕事には、なにか社会的な価値があるのか？」
「あなたの会社には、果たして存在意義があるのか？」

「あなたの会社の事業はどれだけ『よい儲け』をつくれているのか?」

いま、経営者たちには、こんな問いが突きつけられている。「儲け」という結果は当然大事だが、儲けるプロセスのなかで、環境破壊をしていたり、人権を侵害したりしていたら、それは「よい儲け」とは言えない。

しかし、「よい儲けかどうか」はどう見極めればいいのだろうか。利益額のような数値化できるものと比べて、人によって判断が異なる。そこで必要になってくるのが、自分たちにとっての「よい」を「大義」として宣言することであり、なぜそれを「よい」と思っているのかの「基準」を明らかにすることだ。

いままでは儲かってさえいれば、資本主義のゲームのなかでプレイを続けることができた。しかし、いまはただ儲かっているだけで、社会的にプラスの意義を生み出していない事業からは、ゲームへの参加資格が剝奪される。タバコ事業はあるときから「健康被害を拡大する社会的によくないビジネス」という扱いを受けるようになった。ビジネス自体が格差や環境破壊を助長するものなのではないかという可能性が議論されるなか、大義なく儲けを拡大しようとする企業は「ブラックで強欲な会社」とされる時代になった。

組織としての「思想」をデザインし、それを具体的な現実のビジネスにつなげていく行為は、

図a-2｜組織のあり方のシフト

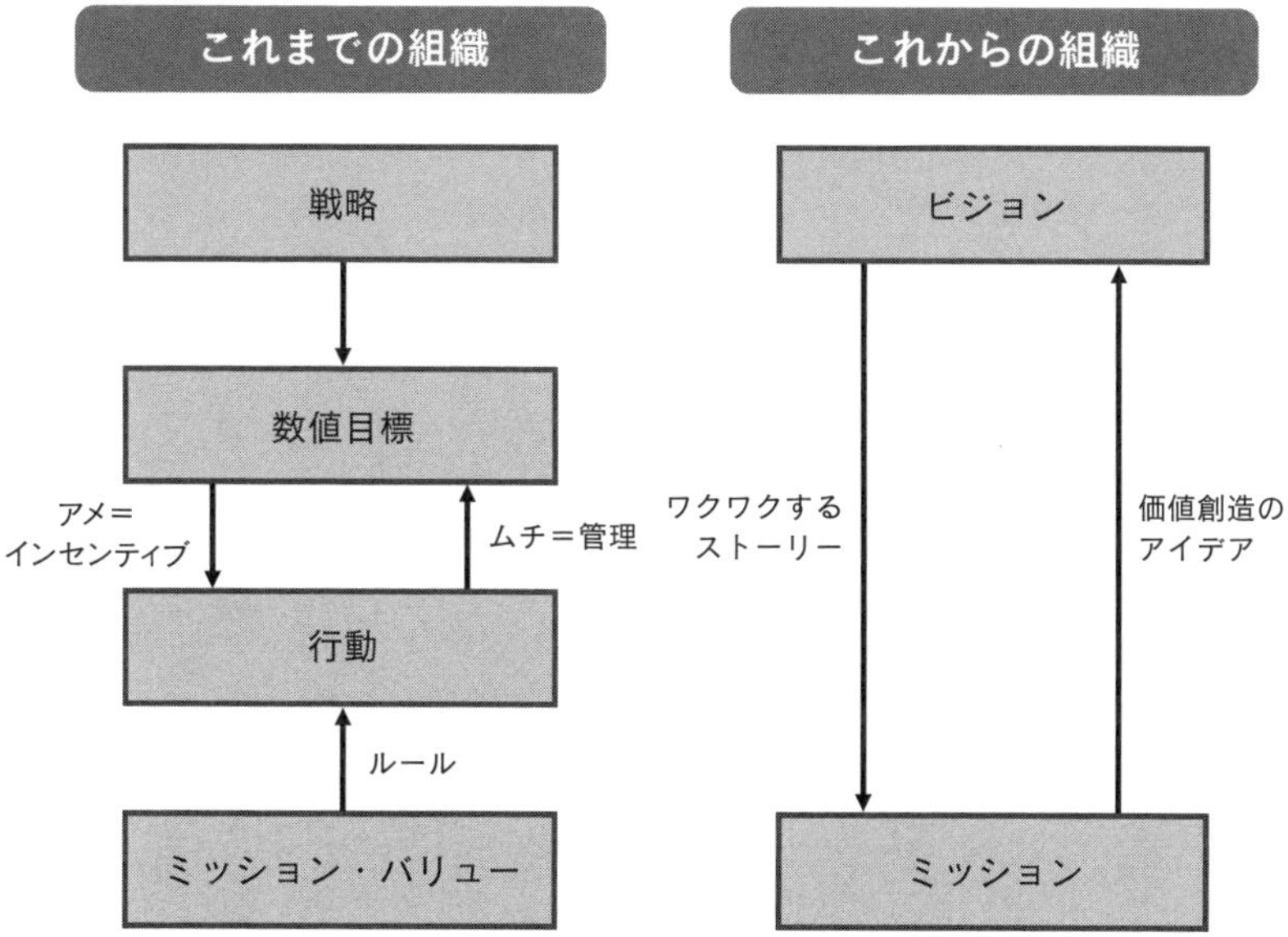

もはや「余力のある大企業が片手間にやる仕事」などではない。前述のようなゲームチェンジのなか、「自分たちの思想をどうデザインするか」は、企業の最も重大な課題の1つになり始めているのだ。

このような環境変化を受けて、これからの会社経営には「新たな常識」が生まれつつある。それを端的に表現するならば、次のひと言に尽きる。

会社は「意義を生み出す場」にシフトしていく。

これまでの企業は「利益を生み出す場」だった。その動力になっていたのは、ゴール設定とそこに向けた目標管理だ。がんばれば達成できる数値目標を定め、達成すればインセンティブを与えるという「アメとムチ」型の外発的な動機づけによって、社員をがんばらせる――そういう管理型の経営が基本だった。企業理念は、その組織の一員として心がけるべきルールのようなものとして機能していたにすぎない。

しかし、これからの企業は意義を生み出す場になる。その経営のコアリソースとなるのが、会社の持つ哲学や思想、つまり企業理念だ。

企業が社員に「意義」を感じる体験を提供できれば、社員は放っておいてもモチベーション高く仕事をする。すると結果的にイノベーションが起きやすくなる。それを生み出す社員は「意義」を感じているのだから、イノベーションは当然その「意義」に沿ったものになる。つまり、そのイノベーションを実現させることが、社員にとっての新たな「意義」を生む体験となるのだ。こういったサイクルが生み出せれば、企業は価値創造をし続けられるようになる。

これこそが「会社が『意義を生み出す場』にシフトしていく」ということの真意だ。

これからの企業においては、理念こそが経営資源の核なのである。

III

理念経営の新しい常識——1.0と2.0

とはいえ、現状では企業理念というものに、どこか浮世離れした印象を抱いている人も少なくないだろう。実際、単なる「額に入れられた標語」になっている企業も多い。これを再設定しようにも、どんな手順を踏めばそこに「自社なりの思想」を込められるのかがわからないというケースがほとんどではないだろうか。

企業理念をつくるとき、これまでは創業者が日々の経営を通じて大事にしたい原則を言語化し、憲法のように制定していた。宗教的カリスマ経営者が人生哲学を語った本を出版したり、社訓を唱和したり、社歌を歌ったりすることで、トップダウンで制定した理念を〝浸透〟させていくのが、理念経営の常識だった。

しかし現代では、創業者がつくった理念を一方的に浸透させようとしても、社員にはなかなか響かない。それは、世の中の価値観が多様化し、「トップの価値観＝組織の価値観」とはなりにくくなっているからだ。

これからの企業理念は、「社長の誓い」ではなく、「みんなの物語」の源泉としての性格を持つようになる。そんな理念をつくるには、組織のなかに暗黙裡に存在する思想を掘り起こし、言語化していくことが必要となる。

つまり、理念経営の常識そのものが大きく変わりつつあるのだ。

ここで、「社長の誓い」としての企業理念を植えつけていく経営スタイルが**理念経営１・０**であるとすれば、あくまでも「みんなの価値創造の物語を生むためのソース」として企業理念を位置づけていくあり方は**理念経営２・０**と呼ぶことができるだろう。

こういう話をすると、日本でもヒットした『ティール組織』を連想する人もいるかもしれない。同書の著者であるフレデリック・ラルーは、社員一人ひとりが自律的に働きながら全体として進化していく、生き物のような新しい組織の形を提唱している。

そのなかでもとくに大事な考え方が「進化する目的」という考え方だ。ここでは、組織の理念は、つねにその組織のメンバーによって探究され、アップデートされていくものだととらえられている。大義の旗を掲げたとしても、それはあくまで「現時点でのもの」であり、実際に組織を運営していく過程でどんどんアップデートするほうがいいという考え方だ。

その考え方には半分同意するが、同意できない部分もある。ティール組織では、理念は進化し続けるので、必ずしも言語化しなくてもよく、社員のなかに息づいていればいいという考え方をとる。

しかし、言語化しないで暗黙知のままにとどめていると、文脈を共有している限られた人にしか広がっていかない。組織の規模が大きくなっていくなかで、**自分たちの組織のエッセンスを言語化して共有することは不可欠なステップ**なのだ。

重要なのは、**社員それぞれが自分たちの理念について、つねに自問自答して語り合う場を持つことだ。**「自分たちはなんのために存在するのか?」「自分たちのミッションはなんなのか?」という問いは、個人に置き換えてみると、「自分はなんのために生きているのか?」「自分が人

図a-3｜「理念経営1.0」と「理念経営2.0」

	理念経営 1.0	理念経営 2.0
つくり方	経営者が自分の考え方を言語化する	経営者が社員やステークホルダーを巻き込んで言語化する
伝え方	創業者が魂を込めたステートメントはいわば憲法。何度も唱和させて、浸透させる	ステートメントよりも、組織や社員のなかで「生きた物語」になっているかどうかが大事。解釈は人それぞれでいい
使い方	すべて自分たちが体現していなくてはいけないルール	内外に示す意思決定や行動の基準。会社全体として体現できていなくても、現在進行形の体現プロジェクトがあればいい
リーダーの役割	理念の象徴でなければならない	理念の守り神であることが理想だが、一人ですべて体現するのは不可能。いろいろな人が事業やプロジェクトを通じて体現しようとするのが望ましい

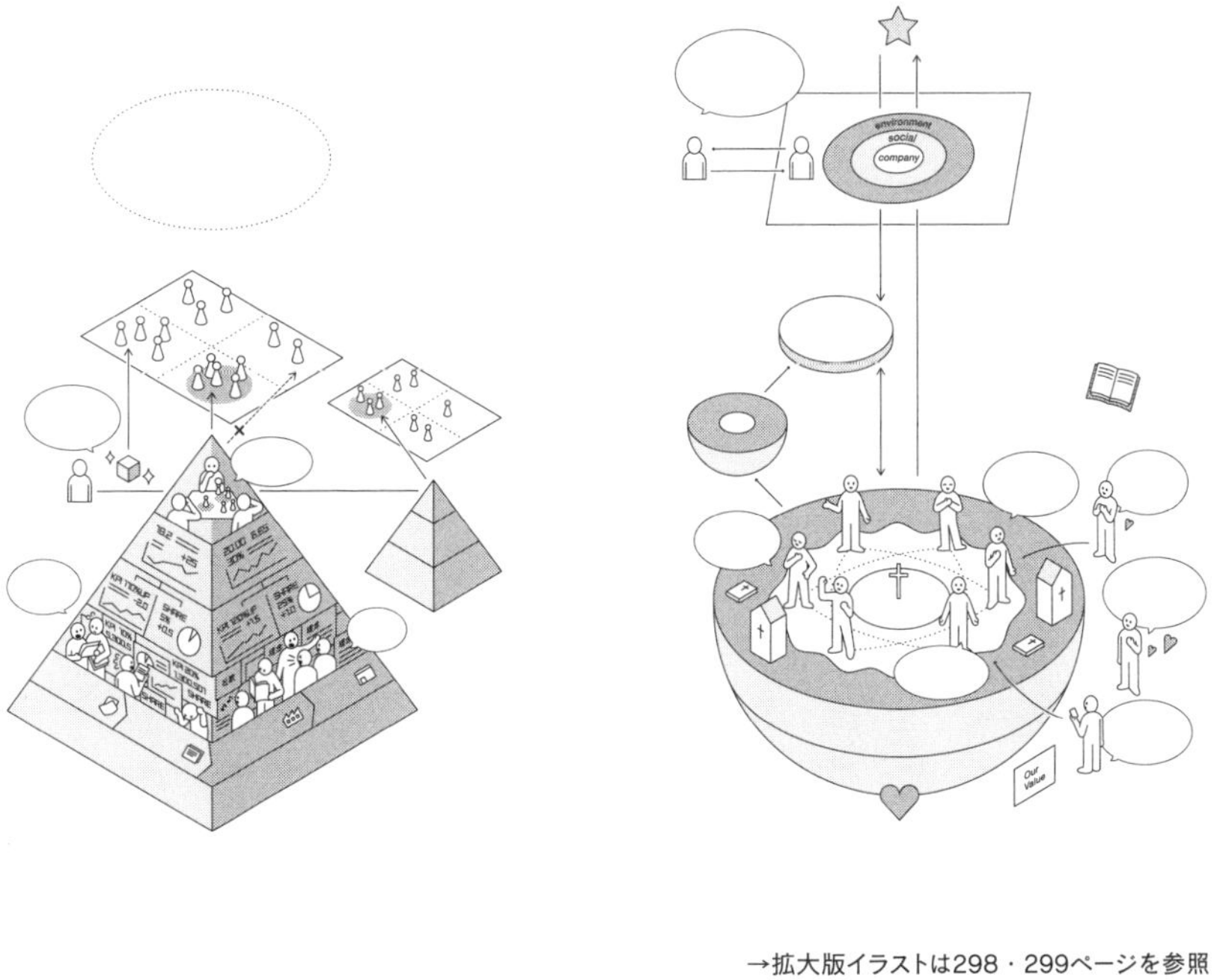

→拡大版イラストは298・299ページを参照

生で達成すべき役割とはなんだろう?」という自分探しの問いだ。

このような問いは、直接的には会社の売上・利益につながらないので、無駄な行為に思えるかもしれない。しかし、自分たちの理念について話し合う場というのは、いわば「企業の思想版R&D」のようなものだ。こうした語り合いが蓄積されていくことで、一人ひとりのなかに、そして組織のなかに思想の根が広がっていき、事業そのものが堅固になっていくのである。

III

ドラッカーが提唱したミッション・ビジョン・バリュー

企業理念に「近づきがたさ」があるもう1つの要因は、その用語群のややこしさだろう。最近では、ビジョン(Vision)、ミッション(Mission)、バリュー(Value)などに加えて、パーパス(Purpose)などという言葉も注目されるようになっている。すべての企業がこれらの4つをすべて定めているわけではないし、それぞれがどういった関係にあるのかも、はっきりわかっていない。ミッション、ビジョン、バリューを並べてMVVなどと省略している例があるが、逆にビジョン、ミッション、バリューの順に並べている会社もあったりする。

BIOTOPEが企業の理念づくりに携わるようになった当初、僕もこれらの言葉が整理されないままに使われていることが気になった。

そこで、さまざまな実践例や論文に当たった。経営学の分野を見ると、戦略論やマーケティング、ブランディングなどに関しては体系的な知見は存在する。一方で、企業理念に関していうと、実は経営学にはまとまった知見がなかった。いわゆるカリスマ経営者の事例がほとんどで、ふつうの会社が参照できるような一般理論は皆無と言っていい状況だった。

日本で理念に注目が集まったのは、ドラッカーの影響だろう。『あなたの会社はなんのために存在するのか？』という問いに答えることこそが企業経営の本質だ」と語るドラッカーは次のように喝破している。

第二次世界大戦後の半世紀、企業は経済組織として、すなわち富と雇用の創出者として、見事にその地位を確立してきた。次の社会での大企業、とくに多国籍企業にとって最大の挑戦は、その社会的正当性、すなわちそのバリュー、ミッション、ビジョンだろう。

(Drucker, P. F. (2003). *A Functioning Society.* Transaction Publishers. 邦訳筆者)

ドラッカーの思想にはミッション・ビジョン・バリューを区別するような発想の原型が見られる。また彼はこれらを「社会的正当性」という言葉で置き換えている。「企業の正当性を社会との関係性のなかでとらえる」というコンセプトは、ドラッカーが提唱したものだと言えそうだ。

III

「群れ」を崩壊させない3要素——渡り鳥の比喩

それにしても、なぜ、企業理念がこの3つでなければいけないのだろうか？　じつのところ、これには合理的な理由がある。

それを理解していただくために、まずは「渡り鳥の群れ」を想像してみてほしい。**渡り鳥の群れとこれからの企業のあり方は、いくつかの点においてよく似ている。**

僕らはそれぞれ、別の意思を持った個として生きながらも、1つの組織をつくっている。時には組織の向かう方角が急激に変わったりするが、それでもバラバラになることなく進み続けなければならない。このような変化に対応するためのメカニズムは、渡り鳥が群れを成して遠い目的地まで辿り着くやり方と同じだ。

群れをつくって飛ぶ渡り鳥のリーダーはその時々に応じて変わる。群れは個々の鳥の集合体でしかない。それなのに群れ全体としての意思を持っているかのように、目的地まで進むことができる。このようにバラバラな個体が群れとして活動するには、どんなメカニズムが必要だ

図a-4｜「群れ」が存続するための3条件

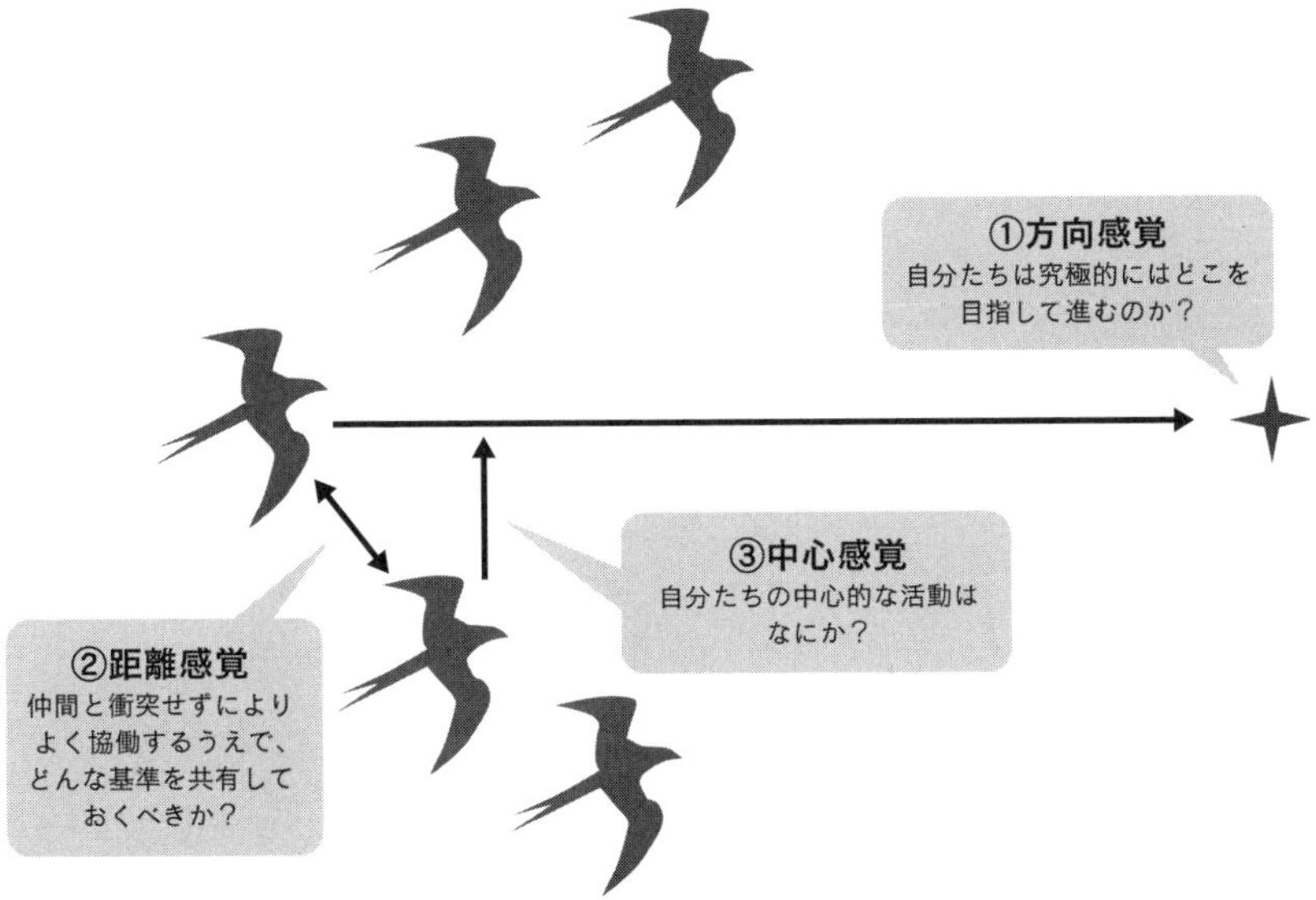
①方向感覚
自分たちは究極的にはどこを目指して進むのか？
②距離感覚
仲間と衝突せずによりよく協働するうえで、どんな基準を共有しておくべきか？
③中心感覚
自分たちの中心的な活動はなにか？

ろうか。研究によると、彼らのＤＮＡには次のような３つの原則が刻み込まれているという。

①方向感覚——これからの行き先がわかっている感覚

②距離感覚——周囲の鳥に対して適切な距離を取る感覚

③中心感覚——自分たちの群れの中心に向かう感覚

イメージしてみてほしい。僕たちは霧のなかにいる。そこに突然、遠くにパッと、ワクワクする未来の景色が現れる。「あ、あっちの方向に行きたい！」と思うだろう。群れが飛び続けるためには、「いま見えている世界」だけではなく「将来見たい世界」がメンバーたちに見えていないといけない。

それに魅力を感じたメンバーたちが「一緒に

||| 図a-5｜ミッション・ビジョン・バリューの関係性

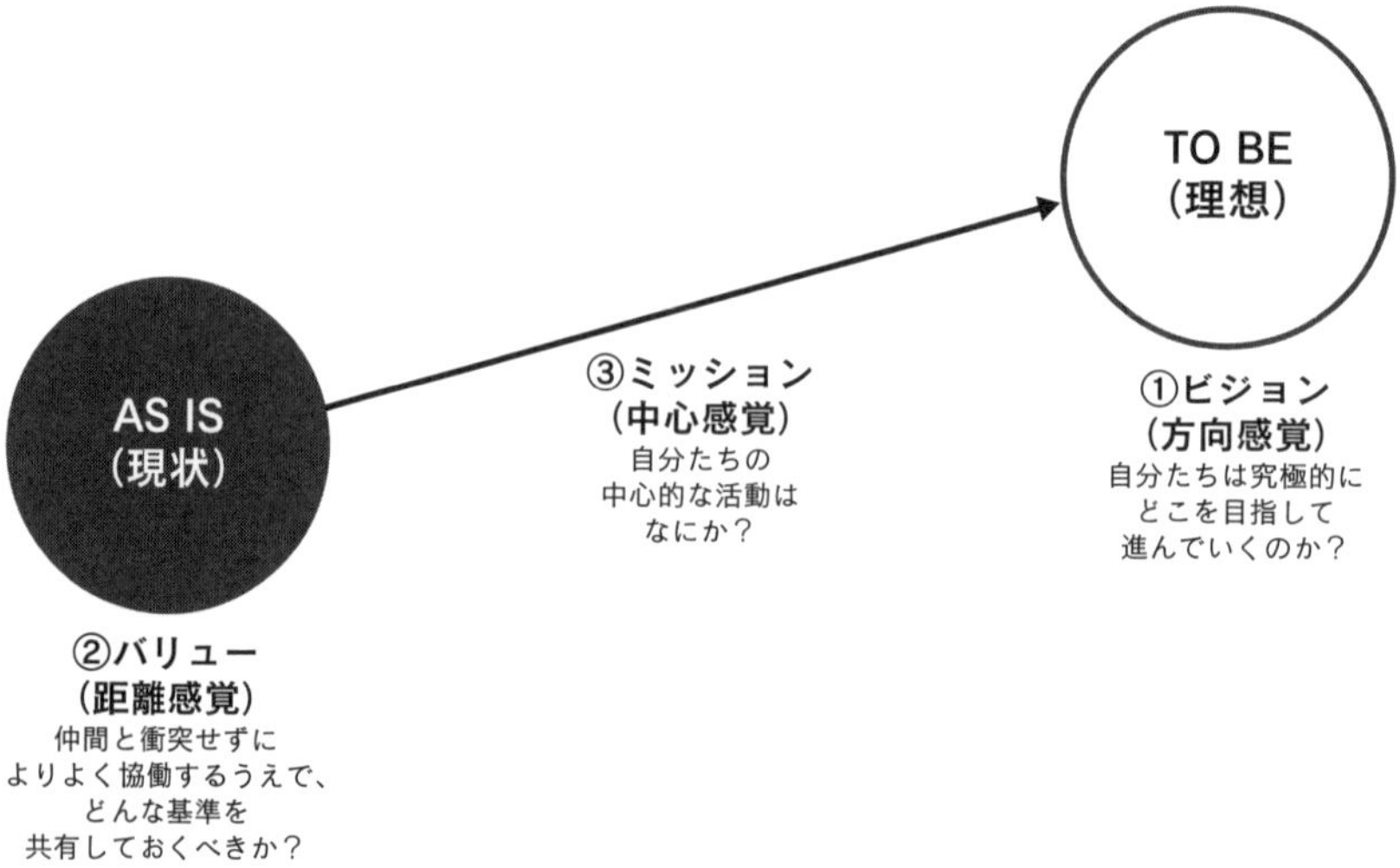
TO BE
（理想）
AS IS
（現状）
③ミッション
（中心感覚）
自分たちの
中心的な活動は
なにか？
①ビジョン
（方向感覚）
自分たちは究極的に
どこを目指して
進んでいくのか？
②バリュー
（距離感覚）
仲間と衝突せずに
よりよく協働するうえで、
どんな基準を
共有しておくべきか？

行きたい」「仲間にしてほしい」と集まってくる。そのときに、だれでも受け入れるというわけにはいかない。自分たちの仲間になれる個体かどうかを判断する基準が必要だ。また、仲間になったメンバーと衝突を避けたりするときにも、この感覚が頼りになる。

そしていざ、仲間たちと一緒に進み始めるときには、群れが未来にわたってどんな存在であり続けるのかという意思が必要になる。未来に向かって放たれた矢印のような中心軸をイメージしてもらうといいだろう。これがないと、群れは無限に広がってしまい、やがて仲間全体で動くことができなくなってしまう。

バラバラの個体が1つの群れを成して飛び続けるためには、未来の景色という方向感覚、仲間と共有する価値観という距離感覚、未来に向けた意思の矢印という中心感覚の3つが必要になる。所属するメンバーに、この3つを「体内羅針盤」のようにうまくインストールできた組織だけが、空中分解せずに前に進み続けることができるのだ。

そして実のところ、この3つの感覚がそれぞれビジョン、バリュー、ミッションに対応する。渡り鳥のメタファーで全体像をつかんでいただいたところで、それぞれをもう少し具体的に見ていこう。

①方向感覚（ビジョン）——究極的にどこを目指して進んでいくのか？

最初に明確にしておきたいのが、まだ到達できていない自分たちの未来の理想状態を定義する「ビジョン」だ。

ビジョンは、**「私たちは将来、どんな景色をつくり出したいか？」という問いに対する答え**だ。理想の自分たちの会社像（ビジネスや組織）や社会像、さらには周囲の環境に対しどんな影響を及ぼし、その結果どんな景色をつくり出したいかを描いていく。ビジョンの役割は、周りの人をワクワクさせ、創造性を刺激し、社員やパートナー企業を動かしていく推進力をつくることだ。

共感・共鳴によってワクワクを生み出すことが必要なので、その景色は感性に訴えかける「絵」や「映像」などの視覚的な表現が適している。

図a-6｜ビジョンとはなにか？

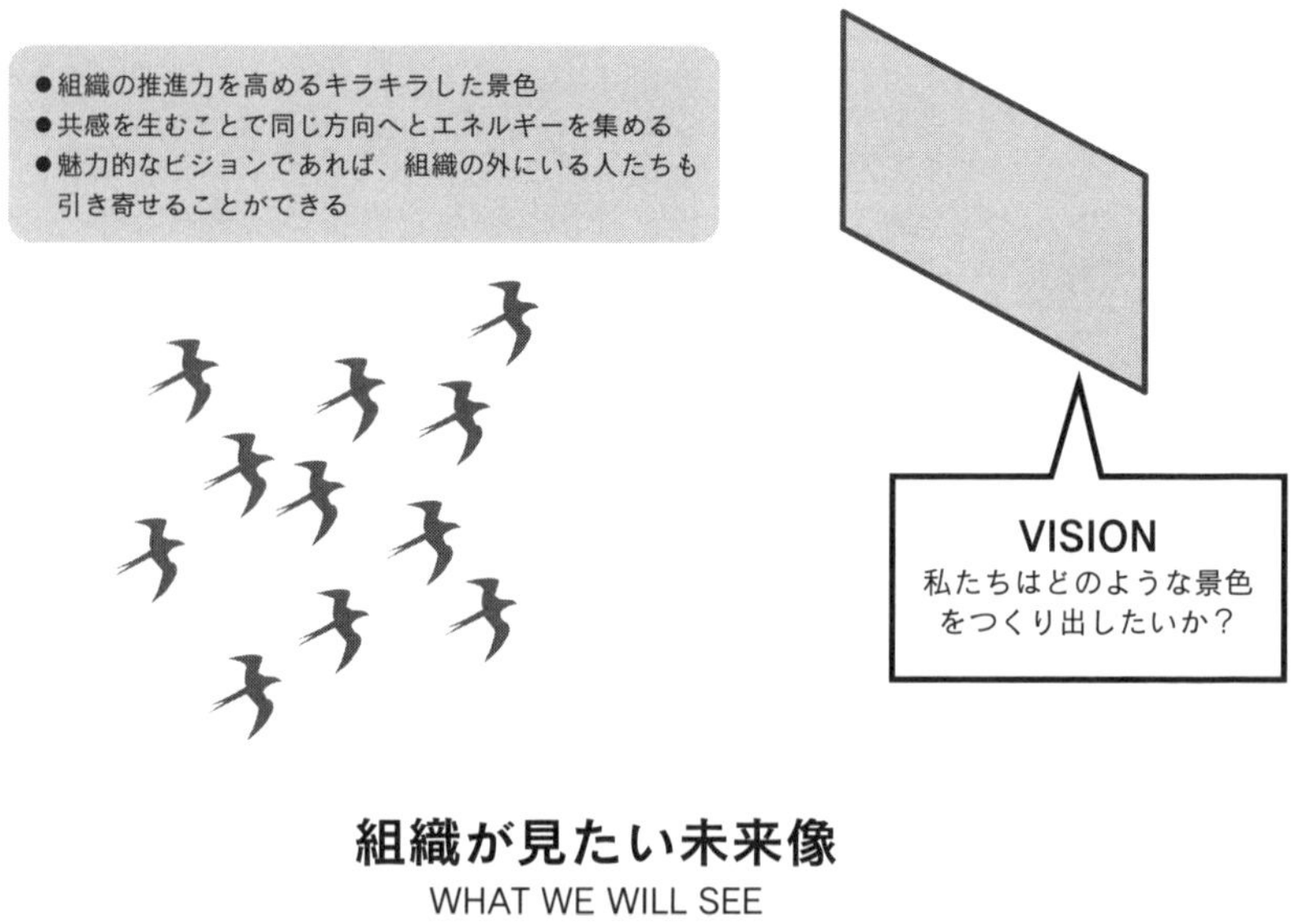
●組織の推進力を高めるキラキラした景色
●共感を生むことで同じ方向へとエネルギーを集める
●魅力的なビジョンであれば、組織の外にいる人たちも引き寄せることができる
VISION
私たちはどのような景色をつくり出したいか？
組織が見たい未来像
WHAT WE WILL SEE

②距離感覚（バリュー）——仲間と衝突せずに協働するための基準はなにか？

ビジョンをつくるプロジェクトを複数の業界で実施するとわかるのだが、理想の未来の社会像というのは意外と多様性がない。

ＳＤＧｓが、人類が解決するべき共通の17のゴールと１６９のターゲットを示していることからもわかるように、理想の未来というものは、人によってさほど変わるものではない。

だからこそ、ビジョンを言葉で表現するだけだと、独自性のないものになりがちだ。絵や映像を使って、その人たちが見ているシーンをできるだけ具体的に表現していくにしても、それにも限界がある。ビジョンが独自性を持つためには、その会社でしかできないことを明確にする必要がある。

そこで考えなければいけないのがバリューだ。

個々の会社には、創業期から長い歴史をかけて

図a-7｜バリューとはなにか？

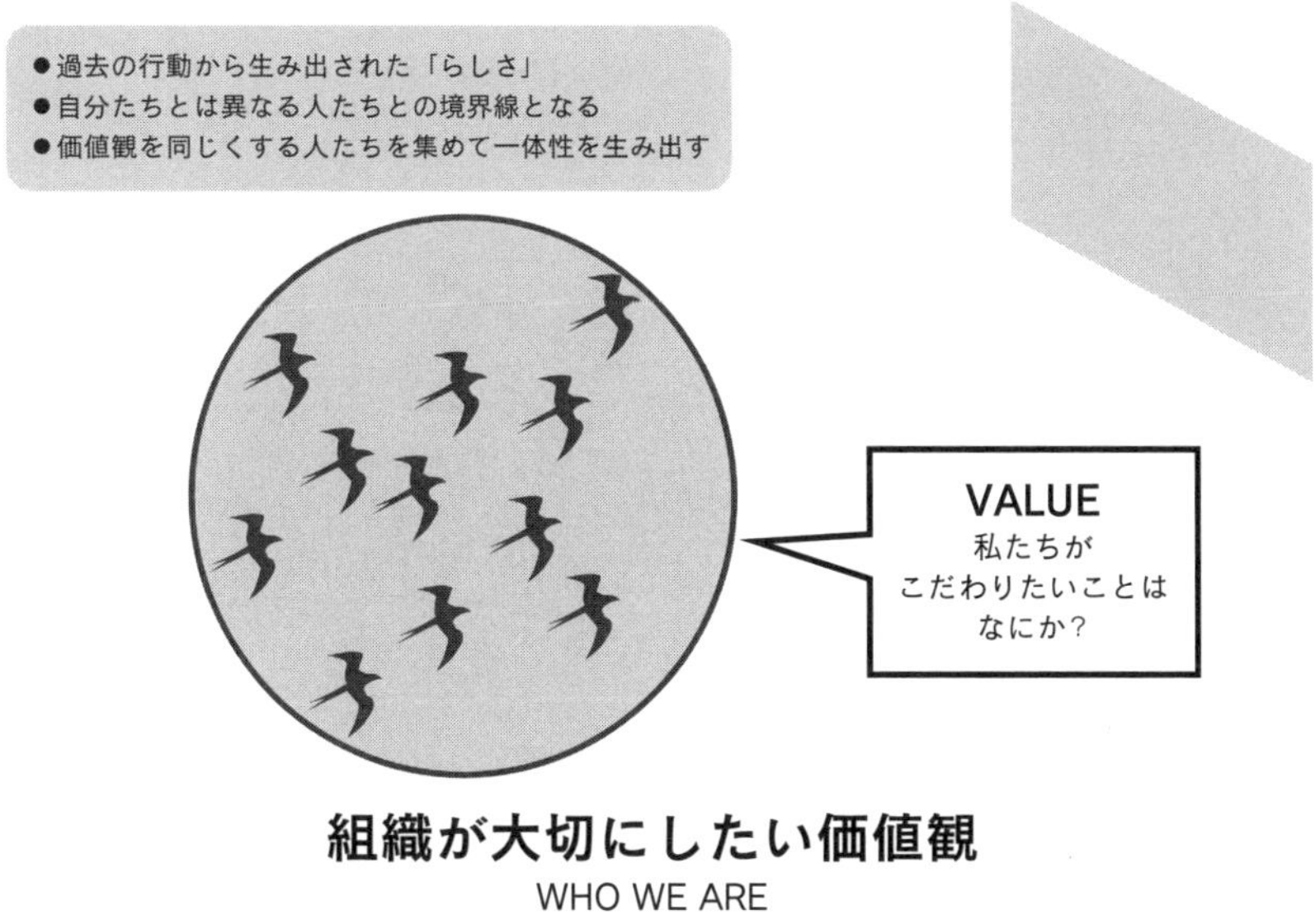
●過去の行動から生み出された「らしさ」
●自分たちとは異なる人たちとの境界線となる
●価値観を同じくする人たちを集めて一体性を生み出す
VALUE
私たちが
こだわりたいことは
なにか？
組織が大切にしたい価値観
WHO WE ARE

培ってきた価値観、つまり「バリュー」がある。バリューを明確にすることによって、その会社でしかできないこと、自分たちがどんな人格で、どんなことができるのかがはっきりしてくる。

バリューは、**「私たちがこだわりたいことはなにか？」という問いに対する答え**だ。

仮に合理的でなかったとしても、自分たちがこだわりたい美意識がバリューだ。バリューには、組織の個性が表れる。そしてその組織のこだわりが日常の活動になり、組織がうまく協働するコツをつくっていく。

それが蓄積されていくと**組織文化**になる。ユニークなバリューやその結果としての組織文化がある会社ほど、ビジョンもユニークになり、組織への求心力が高まっていく。

図a-8｜ミッションとはなにか？

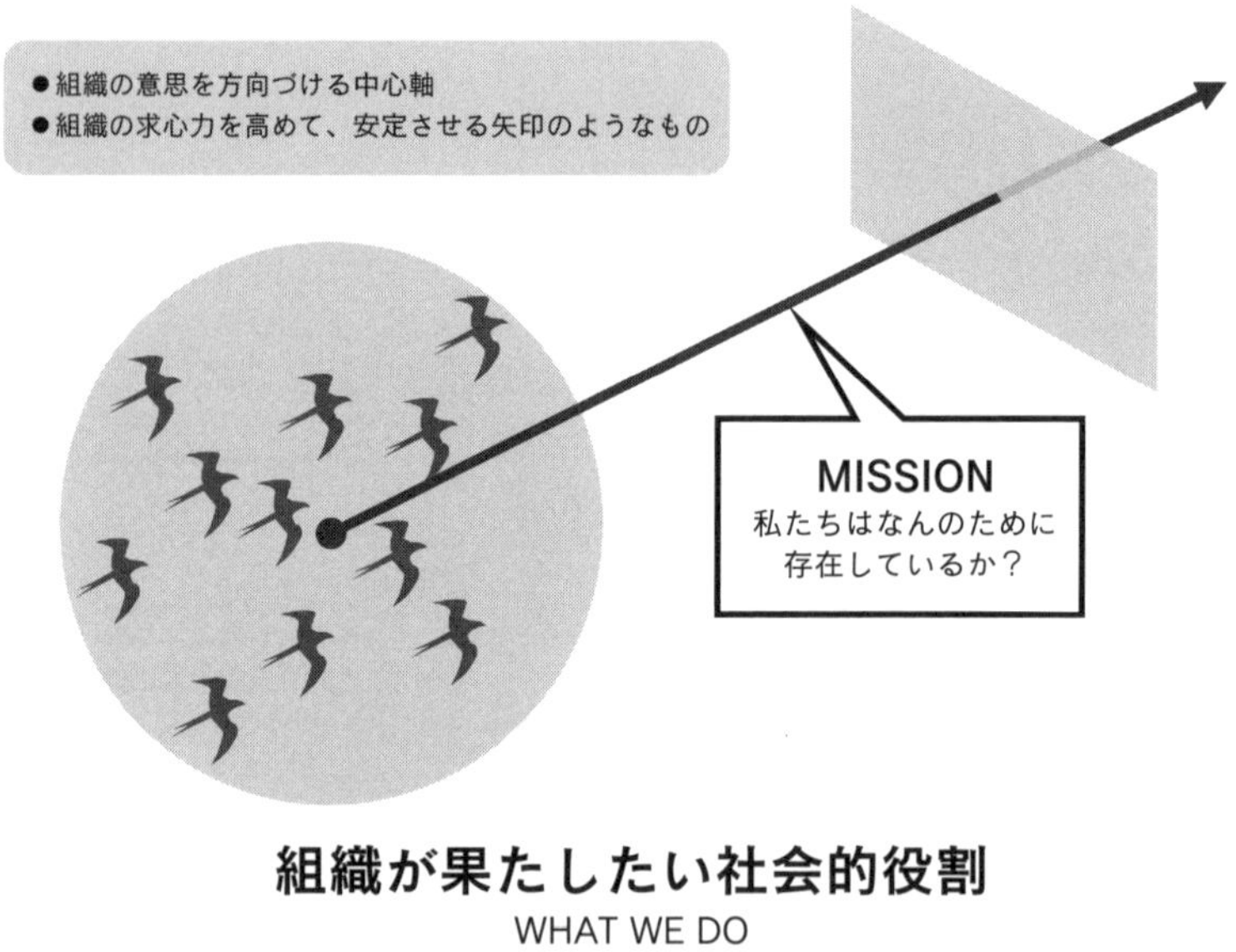
●組織の意思を方向づける中心軸
●組織の求心力を高めて、安定させる矢印のようなもの
MISSION
私たちはなんのために
存在しているか？
組織が果たしたい社会的役割
WHAT WE DO

③中心感覚（ミッション）——自分たちの中心的な活動はなにか？

組織に人が増えてくると、できることも増えてくる。複数の事業ができてくると、次第に組織としての優先事項がボケてくる。

多様性を持った組織で「なにを優先するのか」という意思を中心軸として設定し、さまざまな取り組みの「矢印」をまとめていくことが必要になる。これを統合する「未来に向けた意思の中心軸」がミッションだ。

ミッションは、**「私たちはなんのために存在しているか？」という問いの答えだ。**

この中心軸は、過去から現在まで積み重ねてきた自分たちなりのこだわり（バリュー）と、未来の社会像（ビジョン）とをつなぐ1本のベクトルである。

III

「企業のライフサイクル」から見る3つの企業理念

組織が〝1つの群れ〟として機能するための「体内羅針盤」――その構成要素を分解したのが、ビジョン・バリュー・ミッションといった企業理念群である。

だからといって、どの企業も必ずビジョン・バリュー・ミッションのすべてをはっきりさせるべきかというと、決してそんなことはない。なぜなら、**これらはそれぞれ必要とされる局面が違う**からだ。企業が置かれているフェーズに応じて、ビジョンさえあればなんとかなるステージがあったり、バリューが活用されるタイミングがあったりする。

これを理解するためには、**会社が生まれてから死ぬまでのライフサイクル**を考えてみるといい。

まずスタートアップなど、生まれたばかりの企業にはビジョンしかない。創業者が自身の妄想する「未来のワクワクする景色」を物語り、それに共感した社員やユーザーがそのビジョンに協力していく。これは言ってみれば、人が青年期に抱く「志」である。

成長途上の企業は、みずからが唯一持っている「無限の可能性」を最大化しなければならない。だから、自身の持つ未来像をビジョンとして語ることによって、ヒト・モノ・カネ・チエなどの資源を集め、社員やパートナーを動かしていく。そのための駆動力を生み出すエンジン、それがビジョンである。「持たざる者」が資源を集めるために、ビジョンほど効率のいいものはない。なにしろ、語るだけならコストはゼロなのだから。

事業がある程度回りだすと、組織が次第に大きくなってくる。ビジョンが壮大だと、多くのメンバーがそれぞれの共感ポイントで集まってくるため、組織マネジメントが難しくなる。多様な価値観を大事にしようと思えばなおさらだ。そこで必要になるのが、自分たちが群れとして共有する規範、つまりバリューの設定だ。

群れのなかで優先される価値観＝バリューを定めることで、自分たちの仲間とそうではない人たちの差が明確になる。「彼らは○○だけど、僕たちは××だ」というように、外の集団との差を明確化することで、仲間としての一体感は強くなる。

バリューを共有する集団が協働して物事を進めて時間が経つと、独自のお作法や口グセ、儀式など、組織をよりよく回すノウハウが溜まっていく。こうしていわゆる組織文化が生まれてくる。「大人」になりかけた会社には、人がどんどん増えていき、創業時には暗黙であった組織の「あたり前」が曖昧になりやすい。そこで、バリューや組織文化を明示化して、衝突を避け、多様な人たちが協働する土台にする。

バリューや組織文化によって組織に力がついてくると、「やりたいこと＝ビジョン」と「やれること＝事業遂行能力」とのギャップが埋まってきて、社会に対してさまざまな価値を生み出せるようになる。とてつもなく壮大だったビジョンのうち、自分たちだからこそ果たせる中核的な役割が明確になってくる。このようにして、自分たちの会社のミッションが定まる。

ミッションが創業時からはっきりしている会社もあるが、それは少数派だ。むしろ、最初の段階では明確にミッションは定まらず、早ければ2〜3年、長ければ10年ほどかけて事業を成長させ、そのなかでコアと言えるものが明確化してきて、「自社のユニークな使命はこれだ！」と確信できたタイミングで定まることが多い。ミッションが定まった組織では、さまざまな事業の優先順位が明確になり、「やらないこと」を無意識に決めることができるようになる。ミッションが定まった会社は壮年期に入ったと言えるだろう。

III

パーパスとはなにか——「中年の危機」から抜け出す〝北極星〟

ここまで、企業においてなぜビジョン・バリュー・ミッションのような「複数の企業理念」が必要になるのかを見てきた。一方で、多くの人が気になっているのが、近年に注目を集めた「パーパス」の存在だろう。じつのところ、「企業のライフサイクル」という補助線を入れてみると、日本においてパーパスが注目を集めている背景もよく見えてくる。

規模が大きくなり「できること」が増えてきた壮年期企業は、自ずとその能力を使って事業の範囲を広げようとする。多くの場合、事業の多角化が起こる。祖業とは違うドメインの事業をやったり、M&Aなどでいろいろな組織を吸収したりすると、1つの会社のなかにそれまでとはまったく違う事業・人・組織が共存することになる。結果として、従来のビジョン・ミッション・バリューの焦点がボケてきて、組織文化も曖昧になってくる。そういうバラバラの個人や組織を束ねるためには、どうしたらいいのだろうか？

さしあたって有効なのは「成長」だ。企業が成長している限り、組織のアイデンティティ（同一性）をめぐる問題は表面化してこない。成長は資本主義における善であると同時に、組織の同一性という課題を解決する万能薬だ。そのため、いつのまにか成長こそが組織にとっての「絶対善」になっていく。

しかし、会社の成長はいつまでも続くわけではない。人間で言えば40〜50歳ころ、成長がひと段落したときに起こるのが「中年の危機」だ。30代まではひたすらさまざまな仕事を経験し、自分の能力を伸ばし、経験を積めば積むほど「できること」が増える。自分の体力もあるので、やりたいことは全部やってもなんとかなってしまう。しかし、40歳を過ぎてくると、自分がな

図a-9｜パーパスとはなにか？

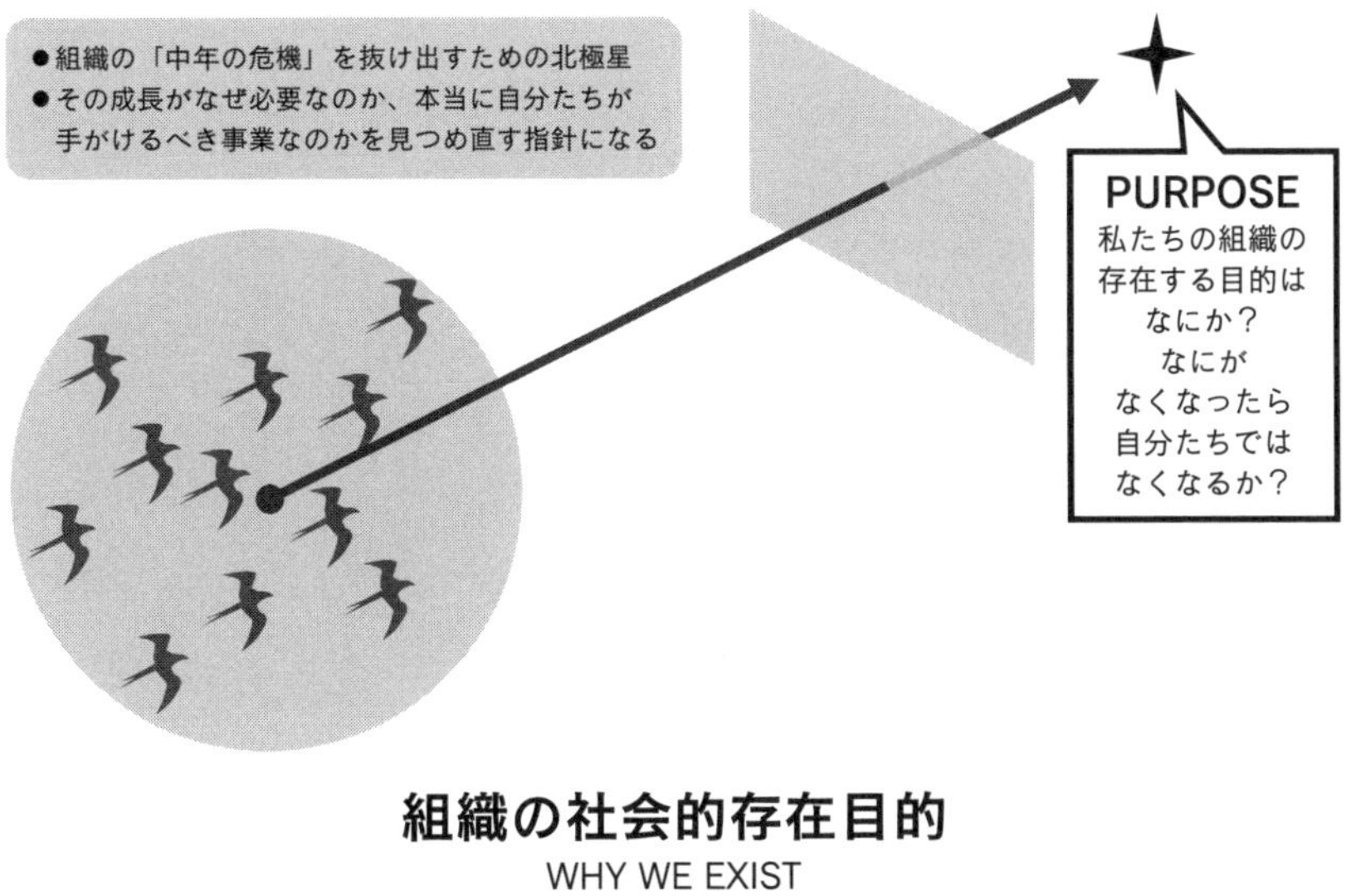
●組織の「中年の危機」を抜け出すための北極星
●その成長がなぜ必要なのか、本当に自分たちが手がけるべき事業なのかを見つめ直す指針になる
PURPOSE
私たちの組織の存在する目的はなにか？
なにがなくなったら自分たちではなくなるか？
組織の社会的存在目的
WHY WE EXIST

んでもできるわけではないことに気づき始める。自分の人生の目的がわからなくなってくる。

　このときに必要なのは、自分の向かう方角を定め直し、いろいろと手を広げてきたことをやめて、本当にやるべきことに焦点を絞る作業だ。これは個人のみならず、企業にとっても同じだ。ただ盲目的に成長したり、むやみやたらに事業を多角化するのではなく、その成長がなぜ必要なのか、本当に自分たちが手がけるべき事業なのかを、改めて問い直す必要が出てくる。

　パーパスが必要になるのは、この時期だ。そしてそれは、ミッションの延長線上にあるものだと言える。ミッションが自分たちの中心的な活動に焦点を当てるものだとすれば、パーパスではそれを社会の側からとらえ直したものだと言える。「私たちの組織の存在する目的はなにか？　なにがなくなったら自分たちではなくなるか?」という問いに対する答えだ。

そしてパーパスは、渡り鳥の比喩における「方向感覚」の機能、つまりビジョンのように「目指すべき方向」を示す役割も果たす。パーパスは、未来の社会において自分たちはどんな役割を果たしたいのか、なぜそれを実現したいと思うのかを表現する「北極星」のようなものである。

人も組織も、いつかは成長が止まって自分の存在意義を改めて考え直すタイミングがやってくる。成長がすべてを癒やしてくれるわけではない。しかも現代では、必ずしも成長=絶対善ではない。

こうしたなかで必要になるのが、パーパスなのである。日本では、多くの企業が「中年の危機」に直面しているからこそ、パーパス策定の必要性が共感を持って受け入れられたのだろう。

Ⅲ 企業理念をとりまく「6つの課題」

ビジョン、バリュー、ミッション、そしてパーパスが、それぞれどういう機能を持った企業理念なのかはわかっていただけたのではないかと思う。これらは企業が1つの「群れ」を形成し続けるためのツールであり、企業が置かれているフェーズによって、どのような理念が必要とされるかは違ってくる。

しかしいずれにせよ、現代の組織における深刻な問題の多くは、企業理念に関わるなんらかの不具合に由来している。実際、さまざまな企業の理念デザインを支援してきた経験からすると、企業理念に関わる課題は次の2つに大別される。

①企業理念が存在しない
②企業理念が生きていない

前者に含まれるのは、そもそも理念が定められていないケースだけではない。創業時になんらかの理念がつくられていても、過去に埋もれて忘却されていたり、時代変化に伴って古くなっていたりする場合もある。こういう企業には、まず**企業理念の「つくり方」**から伝えていく必要がある。

他方で後者は、立派な理念をつくってはみたものの、それらを組織文化や行動原理、戦略などに落とし込めていないパターンである。言い換えれば、企業理念が「絵に描いた餅」になっているケースだ。こうしたときには、**企業理念の「使い方」**が求められる。つまり、企業が描いている「理想」を現実の「事業」につなぐための仕組みのデザインである。

そして、これらの二大課題は、個々の経営者においては、より具体的な悩みのかたちをとることになる。僕のところに相談があった例を見ていくと、それらは次の6つのパターンに分けることができる。前半の3つが「つくり方」、後半の3つが「使い方」におけるつまずきなのだと解釈できる。

悩み①——組織の推進力がない

外部の環境変化には適応できておらず、事業が惰性で回っている。社内には新しい取り組みに着手する活気がなく、若手社員も目が死んでいる。市場がジリ貧で、将来的に持続可能な事業の柱があるかどうかも疑わしい。新規事業をつくりたいとは思うのだが、どんなものをやればいいかわからず、出てきたアイデアのデメリットばかり見えてしまう。

【こんなときには？】ビジョンをつくったり見直したりすることで、組織のなかに推進力を生み出していく施策が有効になる。

悩み②——組織の一体感がない

組織が部署の枠を越えて協働する機運が少ないうえに、社員個人の組織に対する愛着が薄い。リモートワークになって、離職していく社員が増えている。

【こんなときには？】バリューに手を入れるべきだ。組織が大事にしている価値観を明確にし、あえて尖ったバリューを定めることで、一体感を生むことができる。

悩み③——組織のなかで合意形成が難しい

いままでは「売上・利益の大きい仕事＝よい仕事」という明確な基準があった。しかし、新規事業やＳＤＧｓへの取り組みなどのような売上・利益が予測しにくい案件が増えていくなかで、会社としてどのプロジェクトを優先させるべきか、合意を形成するのが難しくなっており、なかなか意思決定を下せない。

【こんなときには？】ミッションの策定・改定を行うといい。また、多角化した事業を複数持っているときには、それを束ねるパーパスを新たにつくってみるのもいいだろう。結果を読みづらいプロジェクトに対する判断軸が明確になる。

悩み④——現場の社員が企業理念を自分ごととしてとらえていない

策定した企業理念を社員に発表し、ウェブサイトに載せたりしたものの、策定プロジェクトに関わっていない大多数の社員は、理念と自分と結びつけられていない。せっかく自社なりの思想をつくったつもりなのに、自分ごととして感じている社員が少ないようだ。

【こんなときには？】理念についてのナラティブ（語り）を生む場をつくる施策が有効だ。本来的には、理念策定の段階から社員みんなが関わるべきだが、策定後に入社してきた社員へのアプローチを考えると、ナラティブを通じた自分ごと化の仕組みをつくるのが望ましい。

悩み⑤――会社が持っていた強みが薄れてきている

急成長するなかで一気に採用する社員を増やしたり、M&Aなどで組織の規模が大きくなってきたりした結果、組織の過去について知っている社員の割合が減り、自社固有の強みが見えなくなっている。また、組織に対する愛着も十分に醸成されていない。

【こんなときには?】組織のヒストリー（歴史）を紐解き、それを共有することで、組織への愛着を生み出すといい。失われかけていた強みが再発掘される機会にもなる。

悩み⑥――企業理念が社員の現場の行動に落ちていない

企業理念を策定したものの、社員たちの行動がそれを体現するまでには至っていない。理念が建前になってしまっており、個々の行動を起こす際の原理として機能していない。

【こんなときには?】理念と行動をつなぐカルチャー（組織文化）を見直す必要がある。組織文化を可視化し、理念を体現する行動を生む仕組みをつくったり、そうした価値創造モデルを可視化して共有することが効果的だ。

危機はいつも、産業や企業の新陳代謝の契機になる。たとえば、日本の経営思想の元祖とも言える松下幸之助氏の「水道哲学」は、昭和恐慌下に生まれた。

事業の存在意義を考え、本質に立ち返ることができれば、危機は企業にとって新たな進化へのチャンスとなる。他方で、「意義」を生み出すことに失敗した組織からは、ヒト・モノ・カネが離れていき、やがてその組織は淘汰される。

いまは、まさにそうした危機の時代なのではないだろうか？

その危機を打開するための資源が企業理念だ。

III

会社の存在意義を「つい語りたくなる」問いかけ

これ以降の6つの章構成は、いまあげた6つの悩みに対応している。さらにこれらを1つの体系のもとに統合し、「①人材」「②イノベーション」「③ブランディング」「④資金調達」のサイクルへとつなげていく「エコシステム（生態系）」の考え方が、第7章として続く。

本論に入る前に、もう1つだけ大切にしてほしいポイントがある。

それは**問い**だ。各章の冒頭には、あなたの会社の企業理念をつくり、それを生きたものにするための問いを用意しておいた。

理念経営2・0の本質は「みんなで対話してつくること」だ。経営者や一部のメンバーだけでつくったステートメントを一方的に社員に押しつけ、何度も復唱させたりして教え込んでいくようなものではない。もちろん一定のステートメントはあっていいが、それをもとに各人が自分なりの意義を語りだすような仕掛けがなくてはならない。

そうした仕掛けの最たるものが「問い」だ。これからの時代の理念経営を実践するうえで、本当に大切なのは、いかにして「憲法」と言えるような理念をつくるかではない。むしろ、魅力的な問いかけを次々とメンバーたちに投げかけて、どんどん理念が更新されていくようなサイクルをつくることが求められている。理念経営2・0における経営者の役割は、理念そのものをつくるイニシアティブをとり、理念を生み、育てるような問いとそれについて語り合う場をつくることなのだ。

各章冒頭に掲げたのは、あくまでも僕なりに考えてきた問いだ。さまざまな会社の企業理念づくりを支援するなかで得た知見、そのために収集した歴史学・宗教学・心理学・文化人類学などの人文知、さらには一人の経営者として自分の会社経営で悩んだり考えたりしてきたことなどを、次のとおり、できるかぎりコンパクトなかたちに結晶化させたつもりだ。

第1章　ビジョン――私たちは将来、どんな景色をつくり出したいか？
第2章　バリュー――私たちがこだわりたいことはなにか？
第3章　ミッション／パーパス――私たちはなんのために存在しているのか？

第4章　ナラティブ——私たちの会社はどこから来て、どこに向かうのか？　私たちは、なぜここにいるのか？

第5章　ヒストリー——私たちのいまをつくった原点は、どこにあったのか？

第6章　カルチャー——私たちの会社の「らしさ」とはなんだろうか？

第7章　エコシステム——私たちの理念を育てるためには、どんな仕組みが必要か？

本書を読むときには、これらの問いに対する答えを自分なりに考えてほしい。そして、本を読み終えた人はぜひ、会社の同僚と一緒にこの問いについて語り合ってみてほしい。

いや、極端なことを言えば、この本を全部読まなくてもいいかもしれない。これらの問いに触発された「みんなの物語」が組織内に生まれた時点で、本書が目指している核心部分は実現できたことになるのだから。

日々、目の前の仕事に真剣に向き合っている人ほど、最初はうまく言葉が出てこなくて苦労するかもしれない。でも心配しなくていい。当然ながら、これは「正解」があるような問いではないし、仲間たちとの対話のなかで答えを少しずつ磨き上げていけばいいのだ。

というわけで、まずは企業理念をめぐる旅の起点——「ビジョン」から見ていこう。

第 1 章

Vision

ビジョン

未来への「動力」をつくる

Question

私たちは将来、
どんな景色をつくり出したいか？

III

高い目標を掲げても「ビジョンがない」と言われるのはなぜ？

あなたの会社にはビジョンはあるだろうか？　この問いに対して、ほとんどの社員は、自社の経営者の顔を思い浮かべるに違いない。うちの会社の経営者はビジョンを持っている。そういう人はとても幸運だ。しかし、多くの場合そうではなさそうだ。その会社にビジョンがあるか、ないかの違いはなにから生まれるのだろうか？

先日、ある小売業の会社の経営者が、次のような悩みを抱えて相談にやってきた。現在２５００億円くらいの売上規模で、年15％の成長をしている会社だ。これは市場全体が縮小傾向にある日本では、圧倒的なパフォーマンスだと言える。

「『10年後にいまの10倍、２兆円の売上』というゴールに向かって社員一丸となってさまざまな取り組みをしています。ただ、とくに店舗マネージャーなど、若手の現場のキーパーソンが、そのゴールを自分ごとにできていないようなんです」

果たして、この会社にはビジョンはあるだろうか?

その話を聞いて、僕は自分自身の経験を思い出した。P&Gで柔軟剤レノアのマーケティング担当をしていたころの話だ。P&Gは数字至上主義の会社で、当時のレノアでは、柔軟剤市場のシェア25%獲得に向けて邁進していた。しかし、僕には、なぜそれが必要なのかがわからなかった。だからハーバード大学出身のアメリカ人上司に詰め寄った。

「僕たちがやっているレノアのビジョンを知りたいんです!」
「ビジョン? 25%のシェアを押さえることだよ。明確だろう?」
「たしかに明確でわかりやすい。でも、なぜそれを目指すべきなのかがわかりません。それを聞いても、ちっともワクワクしないんです」
「25%のシェアを取れれば、市場トップに近づけるんだぞ。すばらしいじゃないか。なぜそんな簡単なことがわからないんだ?」

このやりとりは、僕が最初にビジョンとはなにかを考えるきっかけになった。当時の僕にとって、25%のシェアを取ることは決してワクワクするものではなかった。柔軟剤市場のシェアを伸ばすのは、P&Gが市場で勝つためには大事なことかもしれないが、自分や社会にとってどういう意味があることなのか、わからなかったのだ。

この会話のズレはなぜ起こっているのだろう？　それは、「目標」と「目指す未来像」の違いだと思う。

当時の上司は、ビジョンを目標だととらえていた。全員が共有する目標ならば、ストレッチすれば達成できる範囲のものであるほうがいいし、達成できたかどうかは解釈の余地がないほうがいい。明確な数値的ゴールがあることで売上が伸びていくというのも、１つの真実ではある。

しかし、当時の僕が知りたかったのは、「レノアが25％シェアを押さえたとしたら、そのときには僕たちにどんな未来が訪れることになるのか？」「生活者のライフスタイルはどう変わり、どんなふうに幸せになっているのか？」だった。究極的になにを目指して、シェア25％を取りたいのかを知りたかったのだ。そうでなければ、自分ごと化するのは難しかった。

以前の経営観では、高い数値目標を設定し、それを超えた際にボーナスを払えば、社員のモチベーションはより高まると想定されていた。そういう会社はいまでもまだ残っているかもしれないが、現在の多くの会社員にとって、高い数値目標というのは「自分に関係ないこと」だ。会社の説明資料のなかにビジョンという項目がある会社は多いが、それが「市場シェアＮｏ．

1」「売上規模〇兆円」などと数字で表されるようなゴール数値だとしたら、それは理念経営2・0的なビジョンとは言えないのだ。そういう意味では、冒頭で紹介した会社の「10年後に2兆円の売上」は目標であって、ビジョンとは言えないだろう。その会社が圧倒的に成長した背景には顧客に愛されているという事実がある。売上目標の先に実現したいビジョンがあるはずだ。

社員一人ひとりが、ビジョンが実現した状態をありありとイメージできて、それにワクワクし、毎日仕事に行くのが楽しみになる。それが本当の意味で「ビジョンがある」という状態だ。あなたは、あなたの会社の掲げるビジョンにワクワクしているだろうか？　もしワクワクしていなかったとしたら、ビジョンに問題があるのかもしれない。

III

ビジョンとは「夢」である——あらゆる「資産」を動かすもの

では、ビジョンとはどのようなものなのか？　それは、がんばれば実現するかもしれない「夢」だ。自分たちのがんばりで、将来つくり出すことができる、ワクワクしながらありありと見ることができる「景色」とも言える。

ビジョンを世の中に提示する。共感を得られるビジョンだと、すぐに人から人を通じて伝わり、評判になる。共感を得られるビジョンを提示できれば、その実現に参画したいと、とくにエンジニアやデザイナーなどのクリエイティブ層や、長期的な投資にコミットしてくれる投資家を呼び集められる。

夢を語れば、無形資産が集まる。無形資産が集まれば、有形資産が動く。

元サッカー日本代表監督で、いまはFC今治のオーナーでもある岡田武史さんの印象的な言葉だ。夢＝ビジョンを語ると、チエやヒト、共感、評判などの無形資産が集まってくる。それを通じて、モノ・カネなどの有形資産が動く時代なのだ。

岡田さんは、ビジョンをつねにありありと語る人だ。彼の夢は、「岡田メソッド」という独自のサッカー指導の方法論を16歳以下の子どもに浸透させ、日本のサッカーを世界一にすることだという。

その実現のためには、岡田メソッドが有効であることを示さねばならない。しかし、新しいメソッドを導入しようとしても、Jリーグのチームはすでにできあがっていて、ゼロから新しい方法論を試す場所としてはふさわしくない。そこで、FC今治というチームにこれを導入してJ1に昇格させることで、そのメソッドの確かさを示そうとしている。

J1に昇格する過程では、大きな収容人数のスタジアムが必要だ。しかし今治市の周囲の人口だけではＪ１規模のスタジアムは採算が合わない。そこで、今治に人を集めるべく、エンタメ×ヘルスケア×スポーツの産業をもつくろうとしている。

だから岡田さんは、岡田メソッドによって日本をワールドカップで優勝させるために、今治に新しい産業をつくるという夢を語っているのだ。多くの今治の企業がスポンサーとなって２０２３年にはついにスタジアムが完成し、最大１万５０００人が収容できるように増設も予定されている。岡田さんが夢を語ることで、実際にお金が動き、自治体が動き、そしてスタジアムが生まれているのだ。これは紛れもなく、彼の夢が動力となって無形資産を集め、有形資産を動かしている実例である。

Ⅲ 中期経営計画から長期ビジョンへ

ビジョンが必要とされるのは、岡田さんのようなオーナー経営者にとどまらない。２０１０年代後半から、ＢＩＯＴＯＰＥには「長期ビジョンを立案したい」という相談が殺到した。多くの場合は10年程度の長期ビジョンだったが、30年先のビジョンの相談もあった。

それ以前にもビジョン策定支援の依頼はあったが、それはすべてデザイン部門やＲ＆Ｄ部門など、先行的な取り組みをしている部署からのものであり、最近の経営企画部門からの依頼とは毛色が異なる。

以前なら「そんな『絵に描いた餅』の話をしても仕方がない」と言っていただろう経営陣たちが、いまでは長期ビジョンを求めているのだ。この背景にはなにが起こっているのだろうか？

欧米を中心とする世界の機関投資家が、ステークホルダー全体のバランスを取る方向、いわゆるＥＳＧ投資にシフトしたことはすでに述べた。その結果として、事業の短期的な経済利益だけではなく、社会に対する長期的なインパクトが問われるようになっている。株主目線では、企業価値を算定するうえで中期経営計画が基本になることに変わりはない。しかし、その先の社会における意義を問われるようになったことで、自然に経営者としても中期経営計画の先の、長期ビジョンを考えなければいけなくなったのだ。

未来の企業活動はこれまで**中期経営計画**で示されてきた。その中期経営計画は一般的に、各事業部門がそれぞれ市場を分析して3～5年後の市場動向を予測し、社内で並行してつくる技術ロードマップを土台に、商品開発戦略やマーケティング戦略の微修正を行うような方法でつくられる。中期経営を「計画する」プロセスのなかで、ゲームを変える野心的な意思が込められるケースは少ない。

図1-1｜Forecasting型とBackcasting型の違い

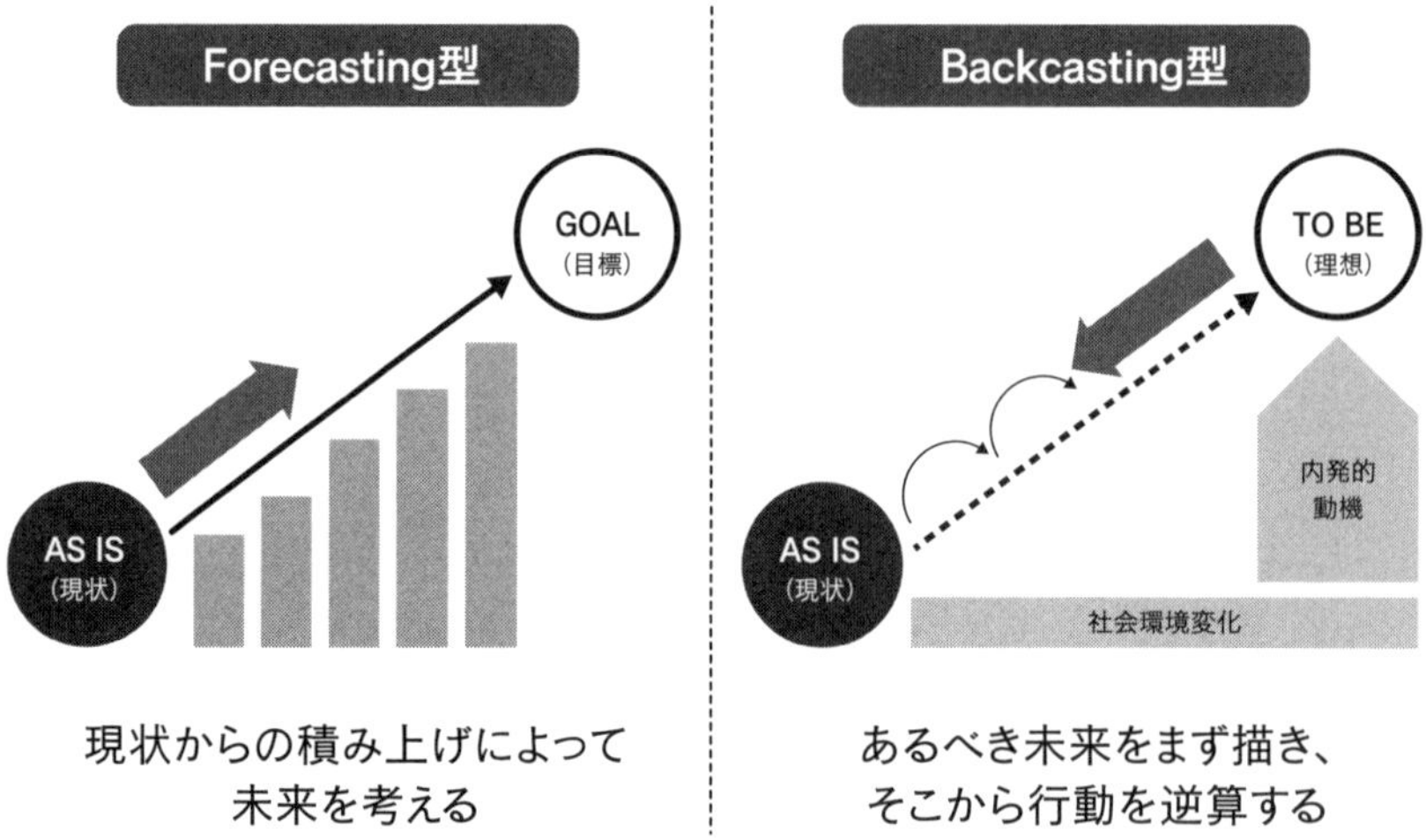

しかし、長期ビジョンになると、このアプローチが使えない。10年先の未来になると予測変数が大きすぎて、計画を立てようがないからだ。コロナ禍でさらに先が読めなくなった時代、予測がほとんど意味を持たなくなっているのは明白だろう。

先が読めないからこそ、現状から積み上げて未来を考える**Forecasting型**から、自分たちの意思を込め、形にしながら未来を引き寄せる**Backcasting型**への計画方法の変換が必要になる。

アラン・ケイの「未来を予測する最善の方法は、それを発明することだ（The best way to predict the future is to invent it.）」という言葉どおり、自分たちで未来を描き、未来を切り拓いていくようなビジョンのつくり方が不可欠になるのだ。

III

これから求められるビジョンとは？――ステートメントから物語へ

長期ビジョンを立案したら、それを最終的にはシンプルな**ステートメント**にまとめないといけない――そう思い込んでいないだろうか？　実際にはビジョン立案をする会社が増える一方で、以前と比べるとビジョンをシンプルなステートメントで掲げる会社は減っている。

たとえば米テスラ社にはビジョンステートメントと呼べるものはない。その代わりに、ビジョンをシナリオとして提示している。

①スポーツカーをつくる
②その売上で手頃な価格のクルマをつくる
③さらにその売上でもっと手頃な価格のクルマをつくる
④これら①〜③を進めながら、ゼロエミッションの発電オプションを提供する
（⑤その結果、世界を電気ベースの持続可能なエネルギーシステムに移行する）

前述のように、岡田武史さんのビジョンは、『岡田メソッド』という独自のサッカー指導の方法論を16歳以下の子どもに浸透させ、日本のサッカーを世界一にしたい」というものだ。岡田さんはこのビジョンを、ステートメントとしては語っていない。それよりも、エンタメ×ヘルスケア×スポーツの産業をつくる**物語**として伝えている。

ビジョンが企業の成長目標だった時代には、ビジョンステートメントは「市場シェア25％」などと簡単に掲げられた。

しかしいまの時代のビジョンは「夢」だ。**ビジョンが機能するうえで必要なのは、ステートメントではなく「物語」なのだ。**ステークホルダー一人ひとりが、夢に到達するための物語に登場するように伝えるには、シナリオは効果的な方法だ。

別の方法もある。BIOTOPEが支援したALE《エール》というスタートアップの事例を見てみよう。同社は「科学を社会につなぎ　宇宙を文化圏にする」をミッションに掲げ、人工流れ星を流すための第一段階として、民間スタートアップとしては初めてJAXAと共同で小型人工衛星の打ち上げに成功した会社だ。

次ページの図は、2019年に同社がミッション・ビジョン・バリューを策定した際に、創業者や社員がそれぞれ描いたビジョンを1枚にまとめた「ビジョンのマンダラ図」である。図のなかには、実現したい「夢」が時系列で生き生きと描かれている。

図1-2｜宇宙ベンチャー ALEのビジョンをまとめた「マンダラ図」

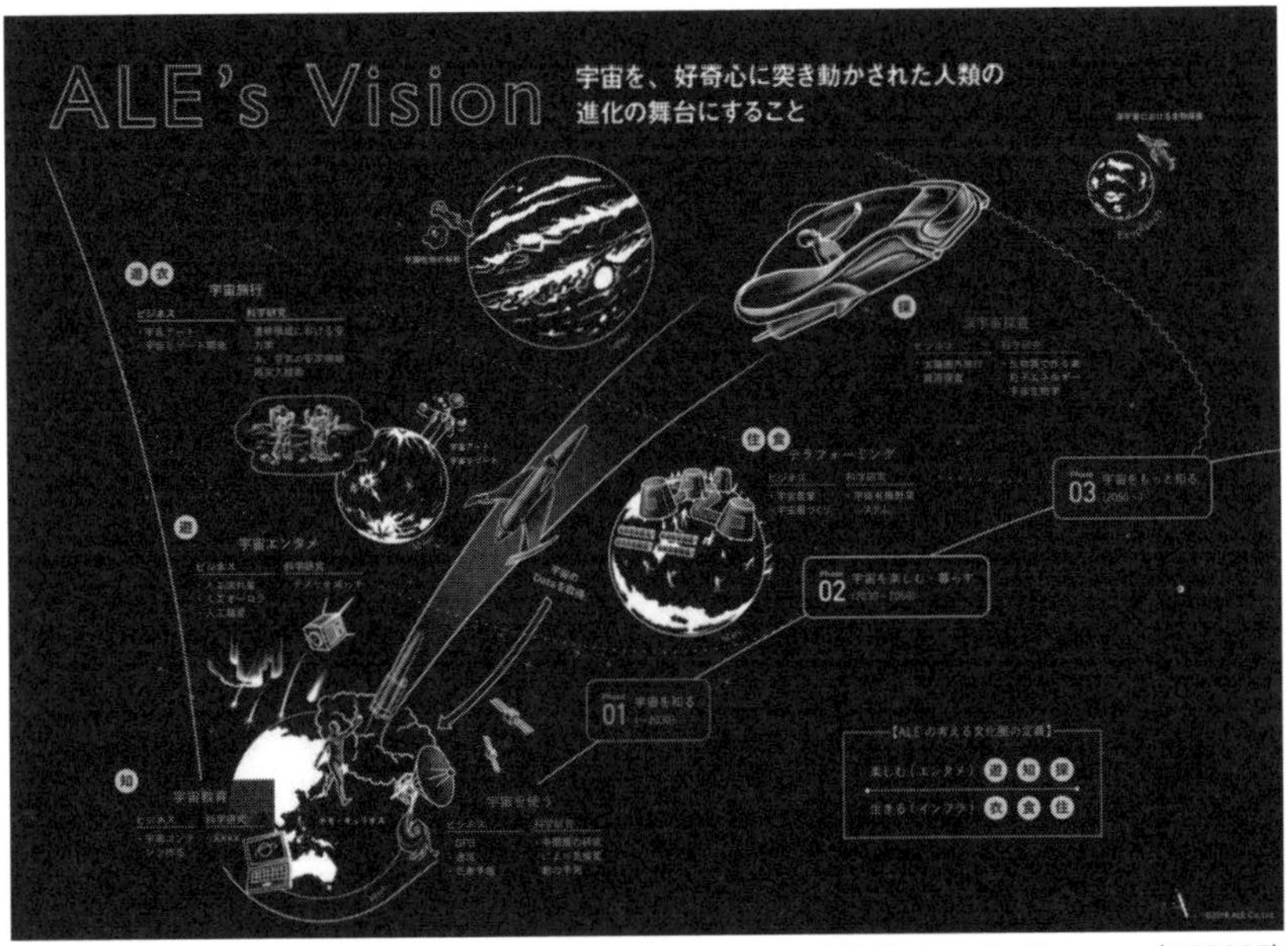

デザイン：Momoko Matsuura（BIOTOPE）

このマンダラ図は、次のような内容を語っている。

２０２０年代はまず人工流れ星を通じて宇宙という場所自体に興味を持ってもらう時期だ。すると人々の関心は次第に月への旅行など、その場まで移動することに移っていく。宇宙に移住ができるようになる頃には、ＡＬＥは宇宙という新たな舞台での農業やアートなど、持続可能な新しい文明や文化を育むことを目指す。さらに、宇宙で培った新たな文化を、地球に逆輸入して地球の持続可能性に貢献するところまで考えている。２０５０年以降まで続く時間軸の長い物語だ。「宇宙を、好奇心に動かされた人類の、進化の舞台にする」というステートメントだけだとスケールが大きすぎて想像しづらい。しかし、イラストでわかりやすく提示すれば、紹介された人も具体的に中身を想像しやすくなる。

ＡＬＥが具体的にどのようなステップでＭＶＶを刷新したかについて興味がある方は、次のＱＲコードのリンク先も見てほしい。

これからのビジョンの役割は、具体的に理想像をイメージさせ、人々のインスピレーションをかき立てることだ。それが新たな創造を生み出す原動力になる。

シナリオやビジョンのマンダラ図以外にも、ビジョンを物語化するうえではさまざまな工夫がある。フェーズごとに区切って絵や文章で伝えていく方法や、ＳＦ小説などのクリエイティブな作品にして伝えていく取り組みもされている。ＴＯＹＯＴＡがWoven City（ウーブン・シティ）のような実証実験の街をつくったり、ソニーが次世代の移動のカタチを追求するVISION-SというＥＶ（電気自動車）を「CES 2022」のような見本市に展示したりしているのも、ビジョンをよりくっきりと伝えていくためなのである。実際その翌年、ソニーはＨＯＮＤＡと組んだ新ＥＶブランド「ＡＦＥＥＬＡ」のプロトタイプを発表し、そのビジョンの体現に向けて歩みを進めている。

III

ワクワクするビジョンをつくる「3つのレシピ」

長期ビジョンはステークホルダーみんなをワクワクさせる「夢」だ。それがいまや企業にとっては必要で、それを提示するにもステートメント以外にさまざまな方法があることがわかった。とはいえ、「よし！　では、自分たちBackcasting型でビジョンをつくろう」と思っても、簡単にはいかないことが多い。

「未来から逆算して考えたいとは思うんです。でも、いままでの仕事ではせいぜい2～3年先のことを考えるくらいだったから、10年も先のことなんて、どうやって考えていいかわかりません」

これは、元大手広告代理店出身の人と話したときに出てきた悩みだ。いまでこそ、仕事で10年後から30年後の未来を考えている僕も、P＆Gで働いていた頃を振り返れば、長期の時間軸はせいぜい3年、ほとんどの時間は1年だった。リアリティを持って数年先を考えたことがない人は多いだろう。

どうすれば、未来に思考を飛ばせるのだろうか？　共感してもらえる、大義としてのビジョンは、どのようにつくればいいのだろうか？　こんな問いに答えることがその第一歩になるだろう。

「私たちは将来、どんな景色を見ていたいか？」

理念経営2・0におけるビジョンは、自社を越えた多くの関係者の共感を呼ぶ、ワクワクする「未来の社会の景色」だ。最初は絵からスタートし、時間軸を加えることで物語化し、その解像度を高めることで映像のようなかたちでも表現できるようになる。

とはいえ、未来の景色がいきなりくっきりと見える人は少ないだろう。そこで、ビジョンを具体化するうえで効果的な3つの要素について紹介しよう。

①解像度
②広がり
③時間軸だ

図1-3｜ビジョンを具体化するつの3要素

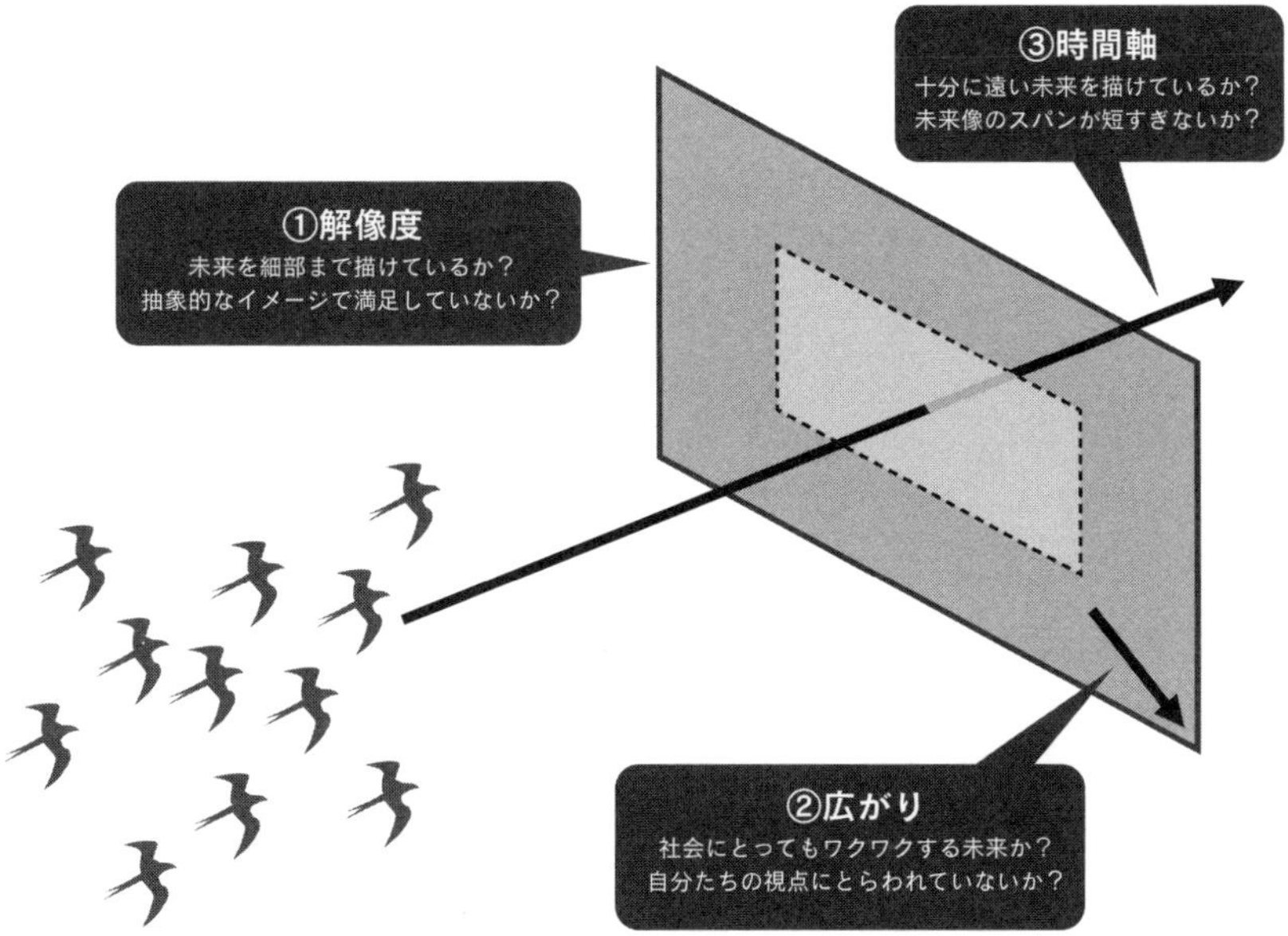
③時間軸
十分に遠い未来を描けているか？
未来像のスパンが短すぎないか？
①解像度
未来を細部まで描けているか？
抽象的なイメージで満足していないか？
②広がり
社会にとってもワクワクする未来か？
自分たちの視点にとらわれていないか？

解像度――ビジョンを具体化する要素①

ビジョンをつくるためには、自分たちがワクワクする未来の景色をできるだけ具体的に表現する必要がある。人の生活の細部まで、未来の景色の「解像度」を上げたほうが、ワクワクが生まれやすい。たとえば、精肉業者の例で考えてみよう。

「すばらしい肉屋になる」

これだけのビジョンではイメージが湧きにくく、共感しにくい。どんな基準で「すばらしい」ととらえているかがわからないからだ。では、次のように言われたらどうだろう？

「熱狂的なファンが1000人いて、その口コミだけで日本中から注文が来る、すばらしい肉屋になる」

「プロの目で見たときに最高品質の和牛を扱っていて、２０２２年『世界のベストレストラン50』で1位をとったデンマークのGeraniumから注文が来る、すばらしい肉屋になる」

こういった内容だと、具体的なイメージが湧かないだろうか？　これが、解像度を上げるということだ。

広がり——ビジョンを具体化する要素②

ビジョンはなるべく「広がり」を意識し、さまざまな関係者にとって自分ごと化してもらえるものがいい。自分たちの組織やビジネスにとっての未来の理想像という、自分たちしかワクワクできない未来よりも、社会や環境への影響まで考えたほうがいいのだ。

前述の精肉業者の例に戻ろう。社会や環境に目を向けると、たとえば肉牛は育つプロセスで温室効果ガスを大量に排出するという事実にぶつかる。その事実を無視したまま「プロの目で見たときに最高品質の和牛を扱う、すばらしい肉屋になる」という「夢」を見続けていていいのだろうか？　いくら最高品質でも、普通に和牛を売るだけでは、環境意識の高まりとともに将来的には多くの人にとって「すばらしい肉屋」とは言えなくなるのでは？　そこでビジョンにもう少し手を加えてみる。

「牛の糞尿バイオガス発電でゼロエミッションを達成しながら、プロの目で見たときに最高品質の和牛を扱う、すばらしい肉屋になる」

たとえば、こんなふうに広がりを持たせれば、共感してくれる人は増えるのではないだろうか。

時間軸――ビジョンを具体化する要素③

最後に「時間軸」を長く取り、10年後より先の未来を考えてみる。究極的に長く考える場合には、自分の死後や100年後でもいい。

たとえば、「牛の糞尿バイオガス発電でゼロエミッションを達成しながら、プロの目で見たときに最高品質の和牛を扱う、すばらしい肉屋になる」としたときに、10年後くらいならば「これからアジア圏の和食市場も伸びていくだろう」と予想できる。

しかし30年後はどうだろう。もしかしたら気候危機がさらに進んで、いまのタバコ産業のように食肉産業も衰退していくかもしれない。そうなったときに、「この会社は、最高品質の和牛と同等の人工肉を販売している」と考えるようになる可能性もある。もしくは、精肉のビジネスから食のビジネスへと事業の変更を行うかもしれない。

時間軸を長くしてみると、いまやっている事業にこだわる必要がなくなり、思い描くビジョンも変わっていく。

このようにして、「景色の解像度」「広がり」「時間軸の長さ」を考えることでビジョンに揺さぶりをかけ、研ぎ澄ましていくことをおすすめする。

しかし、いざやってみようとすると、迷うこともあるはずだ。ここからは、解像度・広がり・時間軸という3つの要素をどうやって考えていくか、具体的に紹介していこう。

Ⅲ その未来像は十分に「具体的」か？——ビジョンの解像度

「あなたが最高にワクワクする未来の景色」を思い浮かべてほしい。少し目を閉じてイメージしてから、スケッチブックとペンで描いてみよう。絵を描くと、抽象的なビジョンが具体的なシーンになるからだ。

絵を描く際にまず意識してほしいのは、中心になにを描くかだ。絵には、自分の見ている視点が表れる（逆に見ていない視点が浮き彫りにされてしまう面もある）。一般的には、自分のいちばん大事にしたいことが絵の中心に描かれる。たとえば、米エアビーアンドビー共同創業者のジョ

図1-4｜Airbnb共同創業者ジョー・ゲビアが描いたビジョンスケッチ

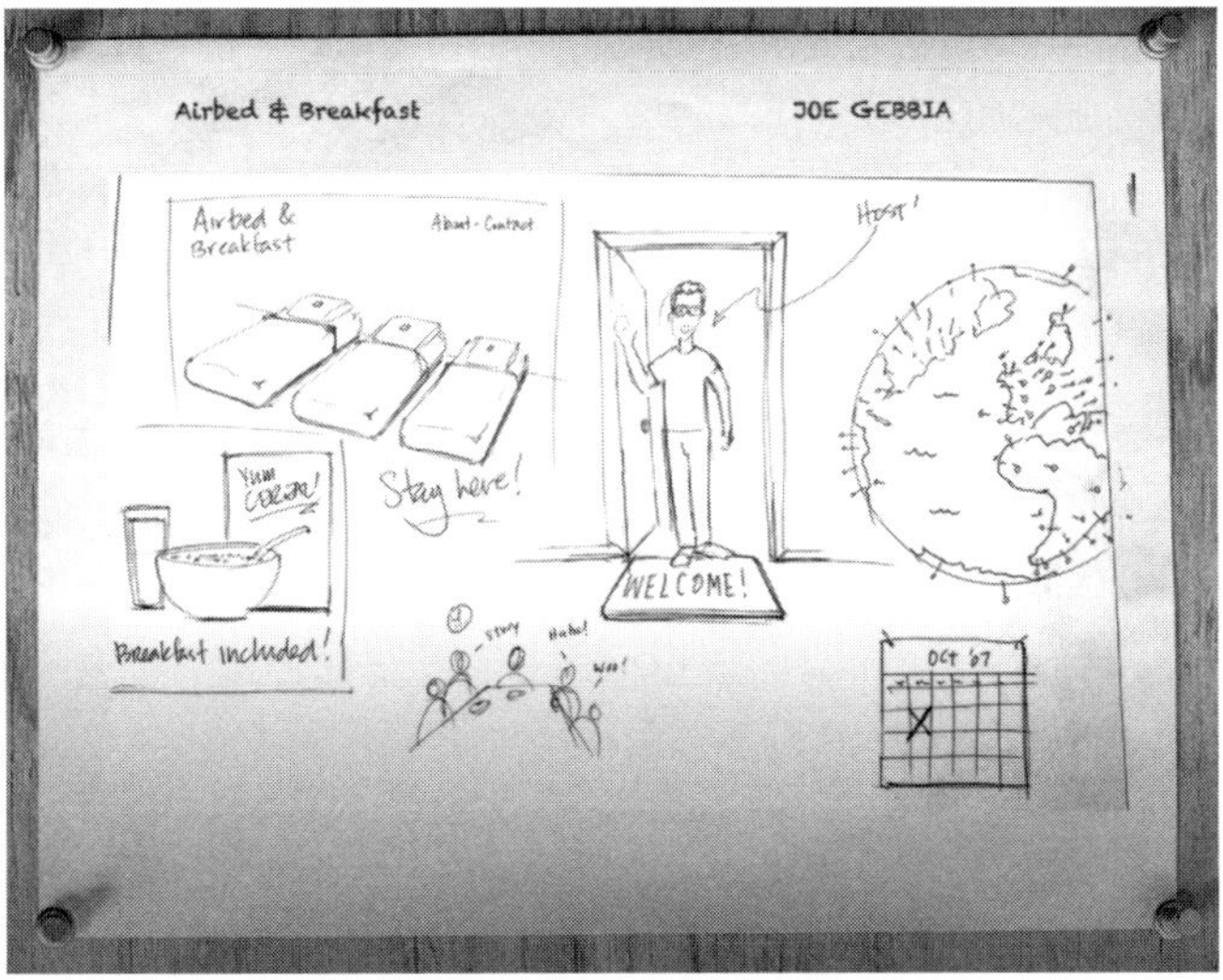

出所：Joe Gebbia: Executing Your Idea Starts With a Small Single Step
(https://www.youtube.com/watch?v=e6Xt0RvTR6A)

ー・ゲビアが創業初期に描いたと言われる**ビジョンスケッチ**を見てみよう。

同社は、事業領域としては民泊のマッチングサービスを提供する企業だ。だが、単なる宿泊先のマッチング事業者ではない。

このビジョンスケッチの真ん中に描かれているのは、ホストがゲスト（旅行者）を迎える姿だ。世界を旅しながらも、自分の家のような環境で宿泊する様子が描かれていたり、現地で出会う人の笑顔があったりする。食卓を一緒に囲んで、世界のいろいろな人との出会いや体験を大切にすることを重視した世界観が表現されていることがわかる。

エアービアンドビーは、コミュニティをとても大切にしており、ヒューマンタッチな組織文化を持つ企業として知られている。このスケッチは、「ゲストが世界中の街の素顔に触れ、人とのつながりを肌で感じながら旅をする」という現在のあり方が、創業当初からの彼らの頭にあったことを示している。

岐阜県白川町に日本でいちばん有機農家の割合が高い黒川という集落がある。BIOTOPEは以前にそこで有機農家のNPOのビジョンづくりの支援をしたことがある。そこで、一人ひとりにビジョンをスケッチしてもらったときにも、大事にしているその人なりの視点が見えてきた。たとえば、日本地図を書いて、全国から白川町に人がたくさん集まるという、マクロ的な視点での絵を描いた人もいれば、自然から学べるテーマパークというコンセプトで土中の菌のことや有機農業自体を学ぶイメージを抱いている人、里山の再生として間伐の方法を学ぶというミクロ的な視点で絵を描く人もいた。

一般的に、ミクロ的な視点で描くほうが、具体的でワクワクするものになりやすい。といっても、最初に絵を描くときにはそれほど解像度は高く描けないだろう。エアビーアンドビーも、最初は「自分の家に他人を泊める」レベルのイメージだったはずだ。何度も絵を描いたり、チーム内で共有したりすることで、「そこでこんなアクティビティがあるといい」「こんなことが起きるといい」「こんな気持ちが生まれるといい」と解像度が高くなっていく。すると、描く景色には、あなたやあなたの会社、地域社会やさまざまなステークホルダーとの関係も表現されてくるはずだ。

図1-5｜アラン・ケイの構想したDynabook

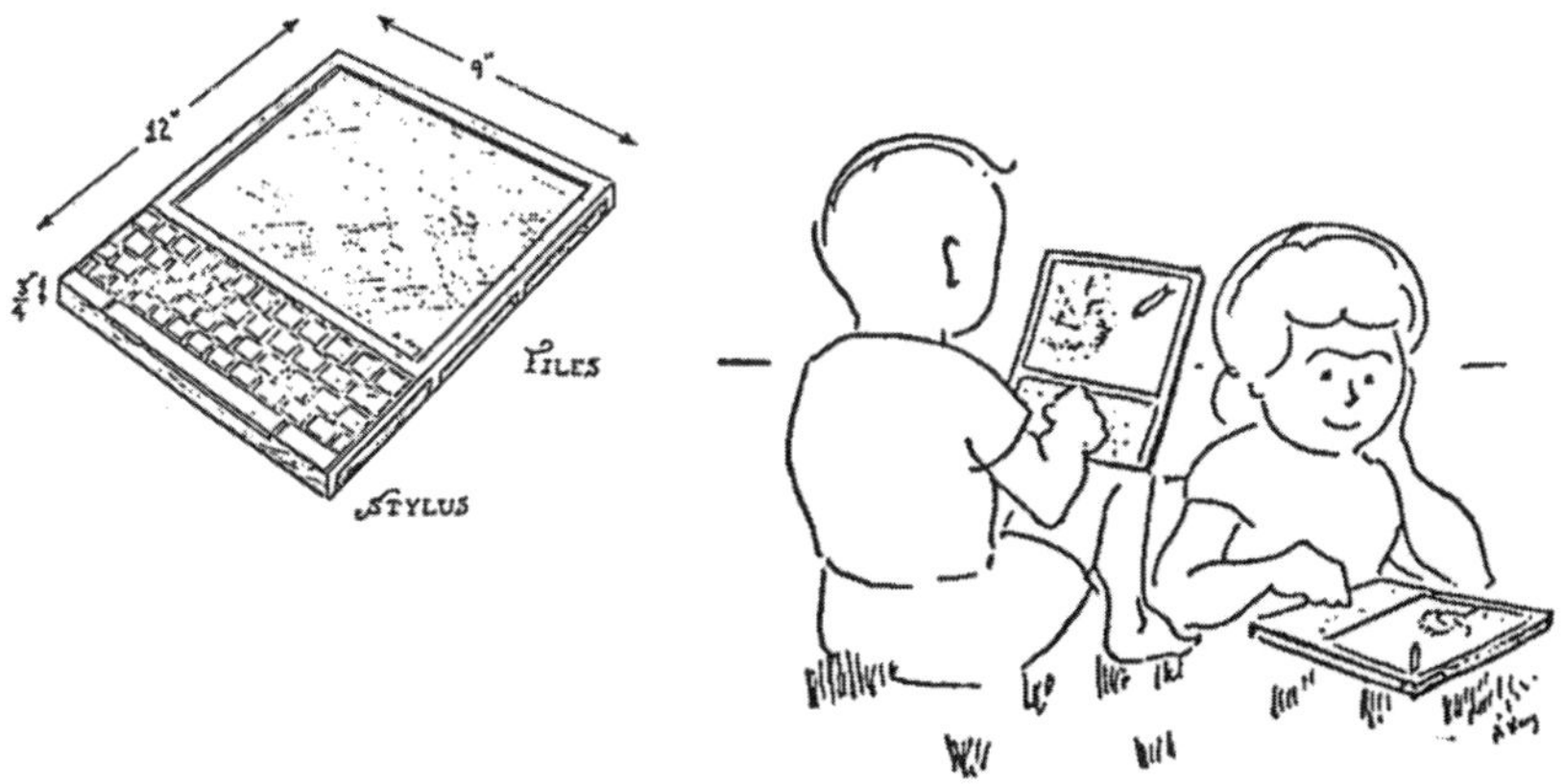

出所：Alan C. Kay, A Personal Computer for Children of All Ages, The Proceedings of the ACM National Conference, 1972.

さらに、「こんなことがやりたい（WHAT）」と思うことだけでなく、「どうやるか（HOW）」のレベルの絵も描くと解像度を高めることができる。

たとえばスティーブ・ジョブズが最初に思い描いていたビジョンは、「1人1台『私のコンピュータ』を行き渡らせる」である。これはパーソナルコンピュータの父と呼ばれるアラン・ケイが夢見ていた「すべての年齢の『子どもたち』のためのパーソナルコンピュータ」というビジョンをもとにしている。

ジョブズのビジョンの実現は、段階的になされてきた。まず、それまではコードを入力する方法でしか使えなかったパソコンにGUI（グラフィカルユーザーインターフェース）を実装し、Macintosh（通称マック）をつくった。そのあと、マルチメディアを楽しめるiPodというプレーヤーをつくり、それを持ち運べるコンピュータ＝iPhoneに進化させ、さらにその機能をiPadに広げて

図1-6｜三者が目指す未来のビジョン

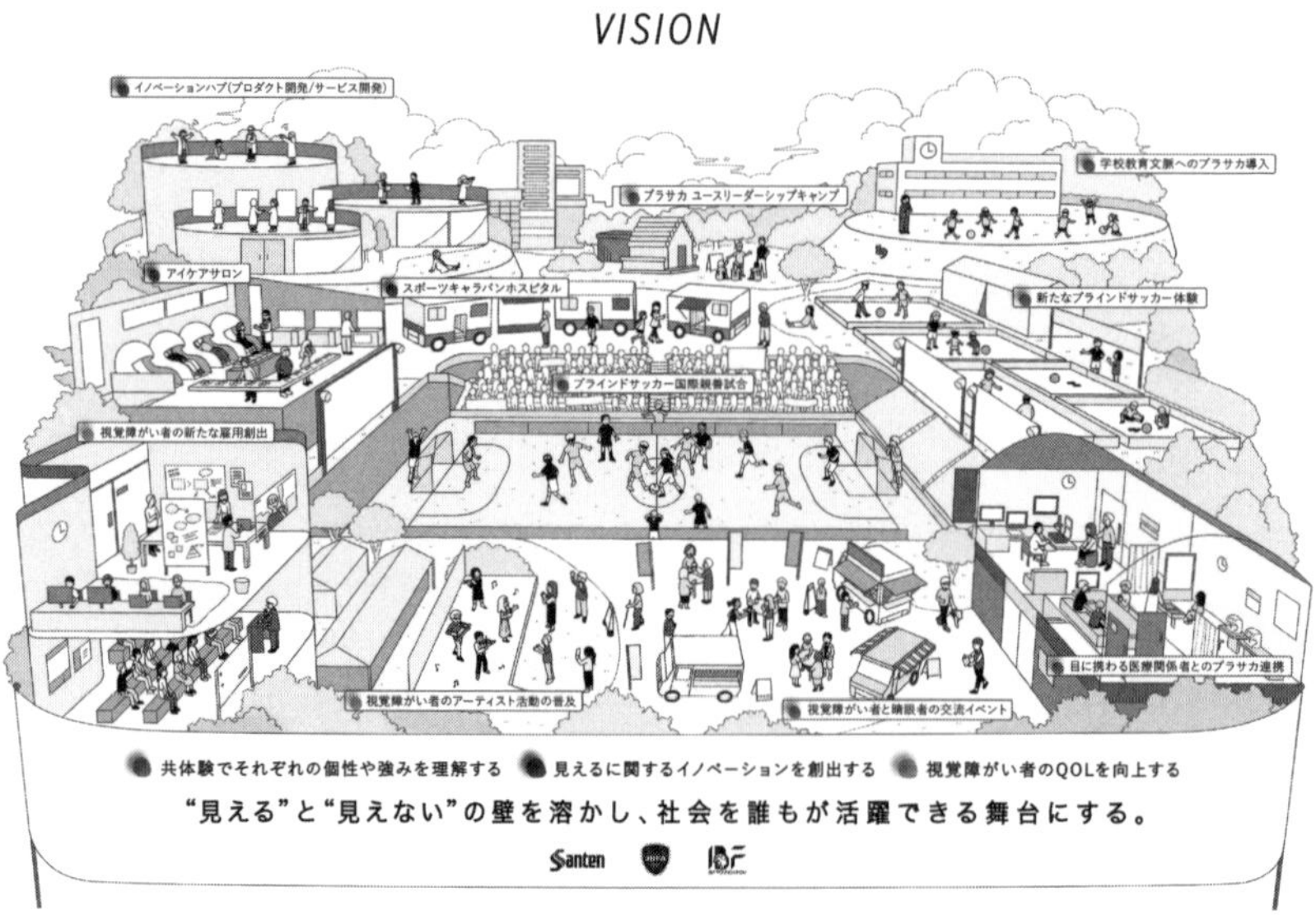

デザイン：Yuiko Nagai（BIOTOPE）

iTunesも整えた。最終的にiTunes Uという、世界の大学などの講義を動画で視聴できるアプリまでつくっている。彼が死の直前に教育に関するサービスを出したのは、アラン・ケイのビジョンに触発されていたからではなかっただろうか。

　このビジョン実現の過程にはさまざまなHOWがある。実現するためのHOWも入れ込みながら描いていくと、ビジョンはさらに具体化する。ビジョンは計画ではないから、実際に実現に向けて行動するときには、時間的なズレが生じるだろうが、それもビジョンを描くときには気にしなくていい。

　BIOTOPEは、参天製薬とNPO法人日本ブラインドサッカー協会、一般財団法人インターナショナル・ブラインドフットボール・ファウンデーションの「インクルージョン社会」

の実現に向けた10年長期パートナーシップ契約のビジョンづくりを支援した。
最終的に「〝見える〟と〝見えない〟の壁を溶かし、社会を誰もが活躍できる舞台にする。」というビジョンが生まれたが、ビジョンスケッチにはHOWの部分も入れ込んでいる。ブラインドサッカーという、晴眼者と障がい者がプレーを通じて溶け合う場では、観客が緑内障の検査を受けられる場があり、目を総合的にケアする新しいサロンのような業態のお店が描かれている。具体的にやりたい活動であるHOWを考えながら、それらを統合した「つくり出したい世界＝WHAT」を考えることで、ビジョンの解像度は一気に上がっていくのだ。

参天製薬とブランドサッカー協会との10年パートナーシップの長期ビジョンは、コロナ禍のなかですべてオンラインで協働しながらつくっていくことになった。具体的なストーリーについては、次のQRコードのリンク先も見てほしい。

その未来像は「自分中心」ではないか？——ビジョンの広がり

絵を描くことで、もう1つ見えてくることがある。それは、どのような視座で未来の社会を見ているかという、その人の深層心理だ。視座とは、その人がある物事を見るうえでの視点のことをいう。たとえば、10年後を想像せよと言われたときに、自分のスキルを伸ばして売上を成長させているシーンをイメージする新入社員がいたとする。それに対して、その会社の経営者は、さまざまな社員はもちろん、ユーザー、株主などいろいろな人の存在を意識して、理想の会社像を描いたとする。この2人を比較すると、経営者のほうがはるかに視座が高い。

「10年後に会社の売上を10倍にする」というビジョンは、いまの時代には共感を生みにくい。それは、自分たちのことしか考えていないように思えるからだ。「2025年までに売上を○○億円に伸ばす」とか、「○○市場のシェアNo.1になる」というように、自分たち本位でビジネスをとらえている人は、自分たちが成功している絵や達成できた数値を眺めているような絵を描くだろう。しかし、そのビジョンを見た社外の人はどう思うだろうか。「ふーん、がんばってくださいね」と思うだけだ。

図1-7｜ビジョンの「広がり」とは？

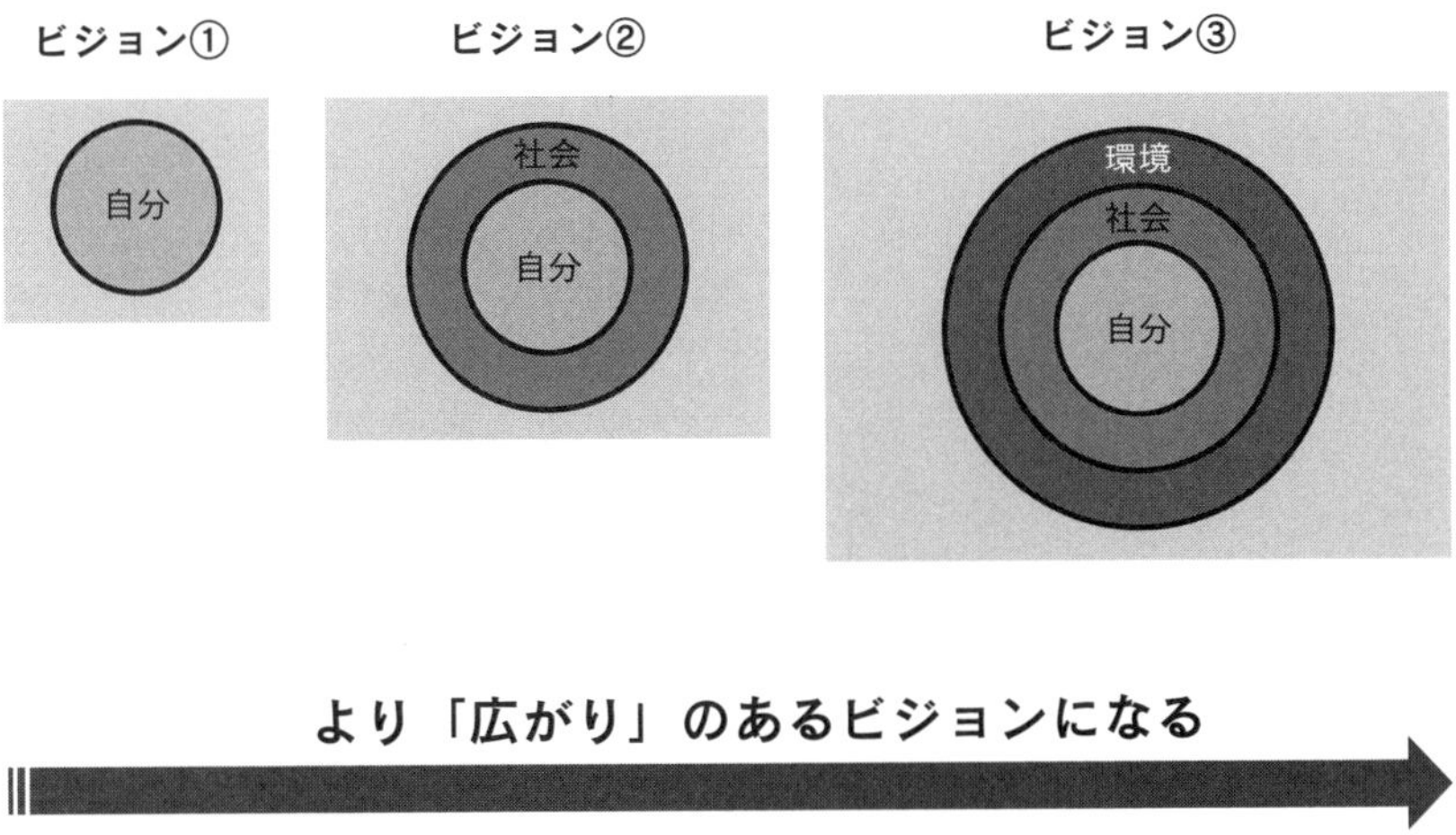

しかし、絵のなかにユーザーが登場したらどうだろう。その絵はおのずと変わってくるはずだ。そして絵を見るユーザーは自分のことが描き込まれていると知れば、ワクワクしやすくなる。大義のある、広がりのあるビジョンほど、絵にしたときには多くの人が登場するものなのだ。

別の発想からも考えてみよう。図1―7を見てほしい。左は、自分たちのビジョンに、自分たちの未来しか描かれていないものだ。それに対して、真ん中の図は、自分たちの事業を拡大した結果、社会にどんな影響が及ぶかが考えられているビジョン。右は、さらにそれが環境にどう影響するかまで考えられているビジョンだ。

これからのビジョンは、自分たちだけではなく、ステークホルダー全体に共感され、ワクワクされる必要がある。そのためには、他の人の視点も持って、社会における共通のよいことはなにかを考えていく必要がある。自分たち目線でつくっているビジョンを、より高い視座、

図1-8｜ドーナツ経済学のフレームワーク

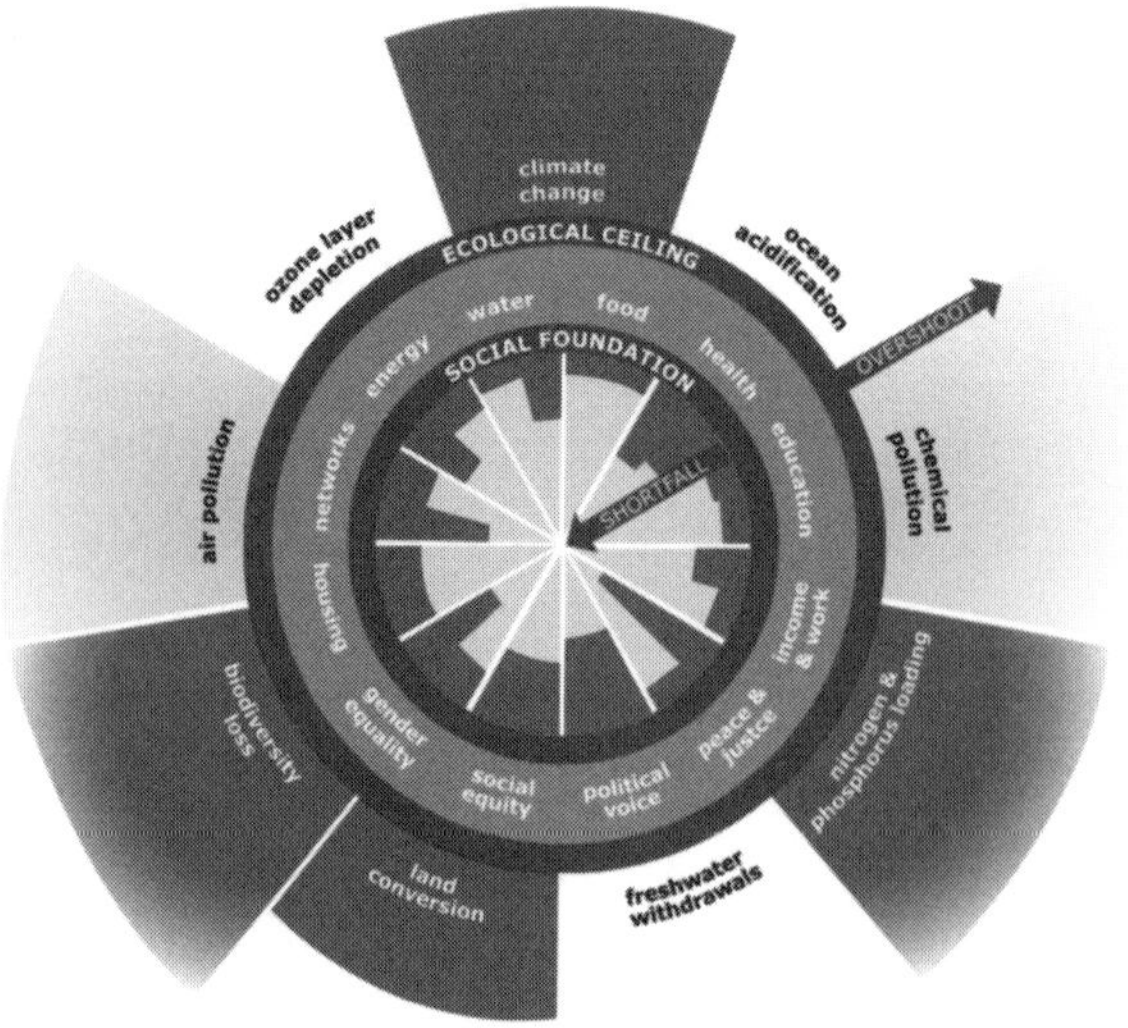

出所：Kate Raworth, The Doughnut of Social and Planetary Boundaries , 2017 (https://www.kateraworth.com/doughnut).

社会目線や環境目線でとらえ直してみよう。

その際、経済学者ケイト・ラワースの提唱するドーナツ経済学という考え方を使うとわかりやすいだろう。ドーナツ経済学は、通常の経済的な資本の「外部（社会資本と環境資本という2層）」を考慮に入れた経済学で、欧州のサステイナビリティ思想の中心となっている考え方だ。これからのビジネスでは、経済活動を通じて社会・環境資本をできるだけ損なわないばかりか、できればそれらをいっそう豊かにしていくことが求められるというわけだ。

自分たちの事業や組織のビジョンを真ん中に起き、それが周囲の社会、そして環境資本にどんな影響を与えていくか、という視点でビジョンを考えてみることが必要な時代になっている。

この視点に立つためには、ビジョンの絵を描くときに、たとえば、こんな質問を設定してみるといい。

・あなたのビジョンが実現したとき、あなたの会社は、社会からどんな言葉で感謝されているだろうか？　喜んでいる人はどんな人だろうか？

・あなたのビジョンが実現したとき、あなたの事業は、地球環境にどのような影響を与えているだろうか？　その結果、自然環境にはどのような影響があるだろうか？

会社が社会的意義を考えなくてはならない時代には、視座を高めることが必要だ。ほとんどの会社は自分たち本位で計画し、実行する。しかし、その計画の起点となる構想段階では、自分たち以外のステークホルダーの目線も加味して、なにが実現できたらいいか、環境にどんな影響を与えるかを考えるとよい。そうすることで、自然とあなたのビジョンの視座は高まっていくだろう。

III

その未来像に「長期の展望」はあるか？——ビジョンの時間軸

あなたは、ふだん何年先のことを考えて生きているだろうか？　そんな先のことは考えていない。せいぜい今年1年と答える人が多いのではないか？　経営者になると、3～10年スパンで考えている人も増えてくるだろう。ビジョナリーで有名な起業家の多くは、見ている時間軸がかなり長い。

米マサチューセッツ工科大学（MIT）メディアラボ副所長の石井裕教授は、「あなたが死んだあとになにを残したいですか？」という問いを投げかける。自分がいなくなったあとに残るものはなにかと考えるのだ。これは自分の研究が歴史にどのような影響を与えるのかを客観的に見るために、100年という時間軸で考えるための問いなのだという。

あなたのふだん考えている時間軸を知るために次の問いに答えてみてほしい。

・なんでもやっていいと言われたら、あなたはいま、なにをしたいですか？
・あなたが、もし3年間の自由な時間と100億円のお金をもらえるとしたら、なにをしたいですか？　それはなぜですか？
・あなたが、あなたの子ども世代に残したいものはなんですか？
・2200年を生きる未来の人のために、あなたはなにを残したいですか？　どんな存在として思い出されたいですか？

どこまで答えられただろうか？　自然にすらすら答えられるのが、あなたが見ている未来の

図1-9｜ビジョンの時間軸による違い

利己的欲求 ← → 利他的欲望

	1年	3年	5〜10年	20〜30年	50〜100年
個人レベル	今年の計画	ジョブ	キャリアプラン	ライフプラン	（ほぼ考えない）
組織レベル	事業計画	中期計画	長期計画	ムーンショット	憲法、綱領、社訓
だれのため？	自分	会社の同僚	会社の次世代	自分の子ども世代	子孫、人類、環境
どうつくる？	主観	生活者ニーズ	テクノロジー、社会変化		人文科学、地政学、歴史学、生態学

時間軸の射程と言える。

次の1年を考えるときの問いは、「あなたはいまなにをしたいのか?」という問いだ。つまり、自分たちが持っている能力の範囲で、できることを想像して、それを具体化することだ。

次の3年くらいになると、「3年間、自由なお金と時間があればなにをしたいか?」という問いになる。会社で言うと、1つのキャリアやポジションの単位だ。自分だけではなく、会社の同僚と協働して、仮に自分がいなくなったとしても回るためになにが必要かを考える程度の時間の長さであり、企業全体で言えば中期計画を立てていく時間軸だ。この時間軸においては、市場予測や、生活者のニーズがその土台となる。

次の10年になると、企業で言うと長期ビジョンの時間軸になる。会社の場合は一世代下への世代交代が視野に入ってくるため、長期ビジョンを立案するプロセスでは、若手タスクフォースなど、マネジメント層より10歳下の世代によってビジョンのドラフトをつくることが多い。

20～30年は**ムーンショット**と呼ばれる、実現可能かどうかわからないような夢のゴールを設定する時間軸になる。20～30年というのは、人間の時間では子どもが大人になる時間だ。この時間軸においては、自分の娘や息子のことを念頭に考えるのが自然だ。「あなたが、あなたの子ども世代に残したいものはなんですか?」という問いだと考えると、イメージしやすいだろう。

50～100年スパンになると、自分が生きているかどうかもわからない時間軸だ。企業で言えば社訓や綱領など、あまり変えずに次世代にしっかり継承していくことを主眼においたものに変わる。この時間軸においては、「2200年を生きる未来の人のために、あなたはなにを残したいですか?　どのようにして思い出されたいですか?」という問いで考えるといいだろう。

サステイナビリティを重視する時代になっているが、これは1～3年スパンで考えていた時間軸の射程を最低でも10～30年、もしかすると次世代や子孫の世代にまで広げるということを意味するのだ。

そして、この時間軸の変化は、自分が関わる動機にも影響を与える。1～3年のことであれば、自分がどんな利益を得られるかということが気になるが、50～100年先のことになると、自分の利益というのはさほど意識しなくなる。**時間軸を長くすることで人のモチベーションも、利己から利他へ自然にシフトする**のだ。

短期的な時間軸で考えると、いままでやっていたことの延長になりやすいし、どうしてもそこから離れづらい。しかし時間軸を長くしてみて、現在の事業や営みを見たとき、果たしていまこだわっていることにどれだけ意味があるのかと思えてくる。

宇宙から地球を見た宇宙飛行士の山崎直子さんが、「長年宇宙が憧れだったが、地球こそが美しい場所だった」といった主旨のことを語っているように、いまの自分から離れて自分たちのやっていることの本質や、本当に向かいたい方向を見ると、意識が変わる。

自分がいま見ている時間軸を、少しだけ長くしてみよう。いま3年先を見ている人であれば10年、すでに10年先を見ている人であれば30年と、時間軸を伸ばして考えてみると、より自分のビジョンを、俯瞰《ふかん》した目でとらえることができるだろう。ビジョンを考えるときには、より長い時間軸で考えることが必要なのだ。

III

推進力を高めるだけではないビジョンの効果

企業で長期ビジョンを構想する際に、多くの社員を巻き込んで考えるケースが増えている。少なければ6名程度、多ければ100名くらいのコアメンバーを巻き込んで構想することもある。

ここまで紹介してきたように、ビジョンはできるだけ具体的に描くほうがいい。先の見えない世の中で、複数の視点を入れることは、広い視野で複眼的に未来をとらえられるようになるので効果的だ。また、多くの人を巻き込んでみんなでビジョンを考えることには、実は推進力を高める以外の効果もある。ビジョンを構想する体験自体が、この不確実な時代に、社員の幸福度を高める心の基礎トレになるのだ。

ポジティブ心理学の研究者フレッド・ルーサンスらの著書『こころの資本――心理的資本とその展開』によると、不確実な環境において幸せに生きられる人は、希望（Hope）、自己効力感（Efficacy）、レジリエンス（Resilience）、楽観性（Optimism）という4つの心理的資本を持つとされる。

ビジョン構想に関わることで、参加した人は「希望」を強化する要素としてあげられている「胸を躍らせるような未来の目標」を考えることになる。また、ビジョンを構想したことがある人は、自然に楽観性が高まるとも言われている。あらかじめ未来像をシミュレーションすることで、先が見えない世の中に対して楽観的に向き合うための「心の資本」が育つわけだ。

また、長期的なビジョンを明確化して伝え、共感してもらうことで、社員に希望を与えることができる。希望に満ちた組織は、メンバーの目標達成を促進するための機会を探し求め、創出することに積極的になるという。

先が見えない世の中で、自分たちの方向性を示すのがビジョンだ。ビジョンを仲間と策定すると、方向性を共有できるだけではなく、より豊かな心理的資本を持ったチームをつくることができるのだ。

形式化した中期経営計画から、想いがこもり、社員の幸福度をも上げるビジョンへ——。これがいま、みんなでつくるビジョンづくりが求められている理由だ。

【実践ワーク】　だれもが未来思考になれる「未来新聞」

企業の未来を議論するのが難しい1つの理由は、未来になにが起こるかが不確実なうえに、「未来」と聞いたときにそれぞれの頭に思い浮かぶ時間軸の前提が違うからだ。そんな時間軸の多様なメンバー同士で、ビジョンを議論するときにおすすめの方法がある。「**未来新聞**」というエクササイズだ。

時間軸を定めず、自分の理想の未来を思い描く。そして自分のなかで理想的な未来の出来事がメディアに取材され、記事として掲載されているところを想像する。

その記事はどんな見出しになっているだろうか。それはどんなメディアだろうか。そしてそれが実現するまでにどのようなことが起こっているだろうか。

それらを想像し、新聞として具体化していく方法だ。これは、未来を実現するためになにが必要かを逆算して考えていく「物語的な思考法」と言ってもいい。

まずヘッドラインと、出来事を書いてもらったあとに次のような問いに答えていく。

図1-10｜つくり出したい未来を具体化する「未来新聞」のフォーマット（例）

新聞のタイトル

発行日

ヘッドニュース見出し

リード文章（140文字程度）

起こった変化

サービス詳細（サービスの概要）の見出し

サービス詳細（サービスの概要）の本文（140文字程度）

ユーザーがどのようにサービスを楽しんでいるか

サービスに対する思い（例えば、苦労したこと、今後の期待など）の見出し

サービスを実現するまでの苦労

サービスに対する思い（例えば、苦労したこと、今後の期待など）の本文

・いつ、どのような出来事が起こったか？
・その出来事が実現した結果、自分の周りの人の生活にどんな変化が起こったか？
・その出来事が実現するうえで、自分たちのどのような能力が使われたのだろうか？　そのために自分たちはどのように協働したのだろうか？
・その出来事が実現するうえで、大きな壁はなんだったか？　それはどのようにして乗り越えられたのだろうか？

これらの問いに答えるなかで、楽観的な未来だけではなく、将来の自分たちに必要な能力や、乗り越えるべき壁などのネガティブなシナリオを自然に考えることができる。単なる未来の理想的な姿だけを考えるのではなく、現在と未来をつなぐ物語を、ピースを埋めていくように自然とつくっていくことができるのだ。

ビジョンをつくる手始めとして、関わるメンバーとお互いの物語を重ねていく未来新聞を共有し合ってみてほしい。

第2章

Value

バリュー

「こだわり」を可視化し、自分たちの輪郭を描く

Question

私たちがこだわりたいこと
はなにか？

III

リモートワークが生み出す仲間意識の希薄さ

「御社の方は週にどれくらい出勤していますか？」

コロナ禍以降、挨拶代わりにこんな言葉を交わす機会が増えた。あなたも一度くらいはそんな会話をしたことがあるはずだ。

2022年3月の調査結果をまとめた『日本の人事部　人事白書2022』によると、すでに8割を超える日本企業がリモートワークを取り入れている。「全面的にリモート」という企業から「オフィス出社が半分」という企業まで合わせると、ほぼ半数の企業がリモートワークをあたり前のものとして考えるようになった。これと並行して、打ち合わせの多くもリモートになっている。

BIOTOPEでもコロナ禍以降、完全フルリモートに近いかたちで仕事をしてきた。そのあいだ、経営者として「**リモートワークでも、うちの会社の仲間意識は保てるのだろうか？　バラバラになってしまわないだろうか？**」と、ずっと悩んでいた。

組織とは群れである。しかしリモートワークでは群れているということを実感しづらい。ただでさえ、ＢＩＯＴＯＰＥは、多様な働き方のメンバーで成り立っている。フルタイムのいわゆる正社員以外に、フルタイムの業務委託、週3の業務委託、週1〜3のインターン、時短勤務、外部パートナーなど、多様な働き方のオンパレードだ。

これまでは、リアルなオフィスで対話の場を定期的につくることで、お互いを理解し、仲間意識を醸成していた。しかし、コロナ禍でそれはできなくなった。

加えて、社員のモチベーションも見えにくくなった。経営者にとって社員のモチベーションは、売上や利益などと並んで会社の経営の良し悪しを決める重要な尺度だ。しかし、僕自身もリモートワークになって物理的に会わない日が続くと、社員の心のなかは見えにくくなった。社員一人ひとりが違う方向を向き、組織がバラバラになって壊れていくのではないかという不安に襲われた。

僕が感じていたような不安を抱えながら、日々、自分を鼓舞してリモートワークに取り組んでいる経営者は多いのだろう。デザインファームであるはずのＢＩＯＴＯＰＥに「**組織の一体感を高めるにはどうしたらいいでしょうか？**」と相談してくる企業が、コロナ禍以降にぐっと増えた。

「コロナ禍の巣ごもり需要の恩恵を受けて、うちの会社の事業は急成長しています。中途社員の採用も多いのですが、リモート環境でお互いに顔を合わせる機会も減るなかで、会社の一体感のなさがボトルネックになるのではないかと危惧しています。会社として共通のバリューを定めたり、共通の行動規範であるクレドをつくったりしたいんです」

一方で、働き手の目線で考えると、リモートワークは魅力的だ。国土交通省の調査によると、9割近い人がリモートワークの継続を希望している。大学生はオンライン授業経験者が大半を占めるためか、約6割が「就職先を選ぶ際の要素として、リモートワーク環境があるかを考慮する」と答えている。コロナ禍が終わりを迎え、オフィス勤務が戻りつつあるが、リモートワークOKであることは、優秀な社員の確保をするうえで、今後も重要なポイントであり続けるだろう。各自がリモートで自律的に仕事をすることは、もはや前提として考えていったほうがいい。

もともと日本は、「○○会社に勤めています」「○○部です」と、自分の所属する集団をアイデンティティとして考える人が多い国だった。それが、以前からの働き方改革で副業解禁が本格化し、さらにコロナ禍の影響で働く場所も自由になった。日本ではいまだかつてないレベルで、働き手が自分主体で働けるようになったのだ。すると、**「なぜこの組織という群れにいる**

必要があるのか？」と急に疑問に感じる人も出てくるはずだ。

こんな時代に、組織の一体感をどのように醸成していけばいいのだろうか？　いままでオフィスで同じ体験をすることで一体感を保ってきた僕たちは、なにを共通の土台にして群れればいいのだろうか？

その答えは、**共通の価値観＝バリュー**だ。バリューは、組織を束ねる規範として機能する。「離れていても、一緒にいる」——そんな共通の土台をどうつくっていくか？　これが本章のテーマだ。

III

自由になれば、人はフリーエージェント化するのか？

「リモートワークがあたり前になった先に、うちはどんな組織になっていくのだろう？」

経営者であれば一度は考えた問いだと思う。リモートワークを経験した社員は、自由を求めて独立していくのだろうか？　面倒なルールのある組織はなくなるのだろうか？　僕自身もそんな疑問を抱えながら、ＢＩＯＴＯＰＥの経営をしてきた。しかし、リモートワークが定着し

図2-1｜バリューとはなにか？（再掲）

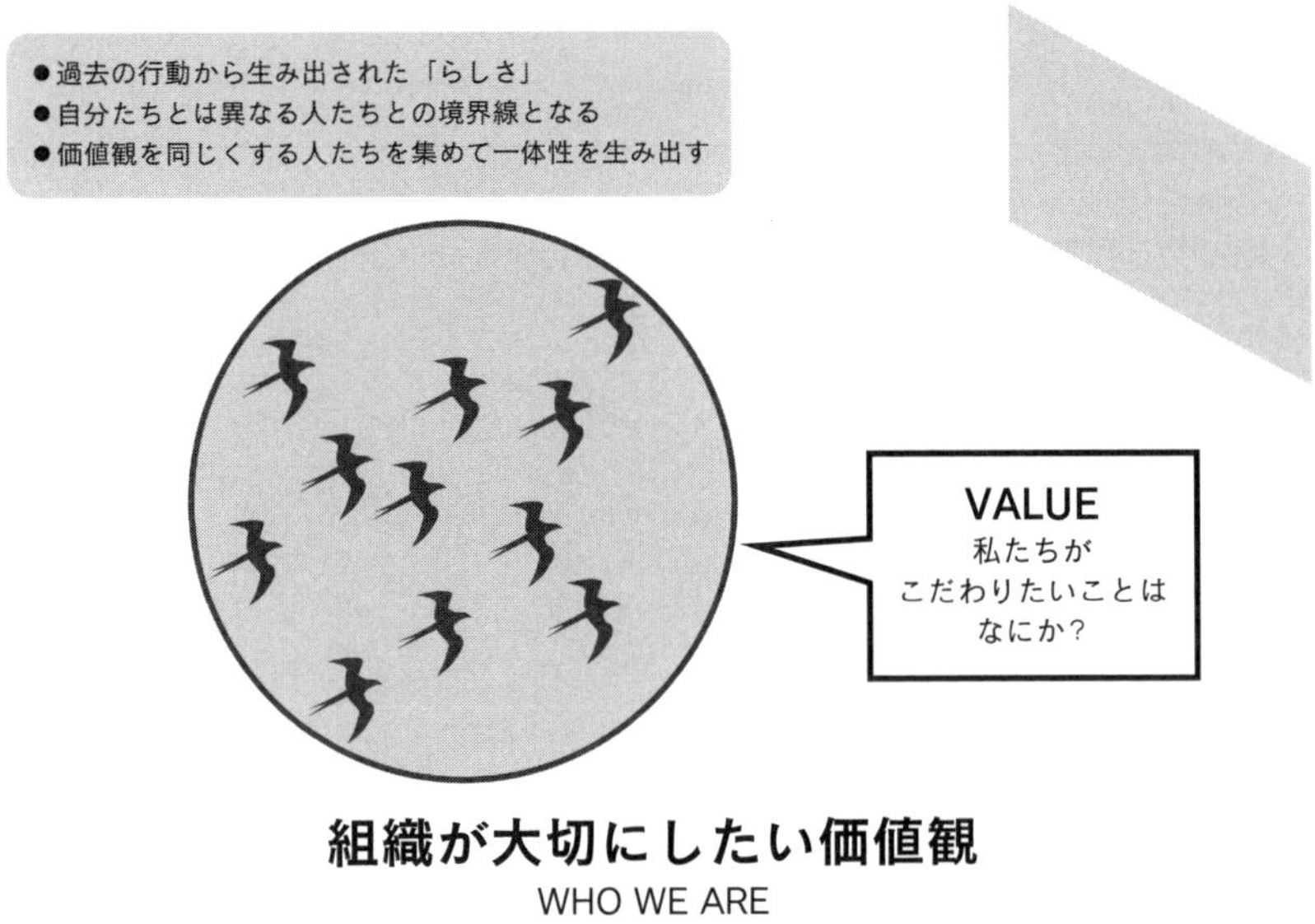
●過去の行動から生み出された「らしさ」
●自分たちとは異なる人たちとの境界線となる
●価値観を同じくする人たちを集めて一体性を生み出す
VALUE
私たちが
こだわりたいことは
なにか？
組織が大切にしたい価値観
WHO WE ARE

て時間がたったいま、それは誤解なのではないかと思っている。その理由を説明しよう。

1つめの、自由になったら社員は独立してしまうのではないかという疑問にまずは答えたい。2000年代にフリーエージェント、ノマドという言葉が生まれ、それ以降、個人が自分の力で生きていくことがもてはやされるようになった。組織に縛られずに仕事やライフスタイルを自由に選ぶフリーランスという働き方が憧れの対象になった。

2010年代になると、大企業でもイノベーション部門を中心に、社外の知見を取り入れて共創やオープンイノベーションを行うことが増えた。会社や雇用形態といったさまざまな境界を溶かして、新たなつながりからいままでにはない発想を生むような仕事の仕方が次第に一般化してきた。それによって、スキルを持つ人は自分で仕事をつくれる環境が整った。

この流れはコロナ禍によって加速する。アメリカでは「Great Resignation（大量離職）」という言葉が生まれたように、2021年初頭から多くの社員が大量に自主的に離職している。副業で、もしくは脱サラして自分の会社を始めた人も周りには多い。

しかし実際に起こっているのは、必ずしも独立ではなく、より自分のワークスタイルに合った会社への転職だ。独立してフリーランスになることは必ずしも理想的な状況ではないと、多くの人が気づき始めているのではないだろうか。フリーランスとして完全に独立する人は一部で、多くの人は組織にゆるく所属する。

BIOTOPEでも、コアメンバーでありながら正社員ではなく業務委託という働き方を選択したり、フリーランスとして独立したあとも変わらず週3～4日の勤務契約をしているメンバーが増えている。これはなぜだろうか？

1つは、単純に経済的な理由。フリーランスになっても、自分の名前で仕事を取れる人は必ずしも多くない。

フリーランスは自分自身というキャラクター、スキル、またはコンテンツを収益化する**クリエイター経済**で仕事をすることが多い。しかし、クリエイター経済はパッと名前が思い浮かぶ人のところに多くの仕事が集中する、べき乗の収入分布になると言われる。大きく稼いでいるYouTuberは有名なほんのひと握りの人であり、それ以外の大多数の人はほとんど稼げないことを思い返してみてほしい。名前で仕事を取れず、プラットフォームから仕事を得るしかないギグワーカーとトップクリエイターの差は大きくなる。ある意味残酷で、向き不向きのある生態系だ。そういう環境では、仕事が回らない個人や会社を中心に、群れたくなるのは必然だ。

また、群れで働くのは、一人で働くよりも楽しいという理由もある。フリーランスは日々、一人で仕事をする。コロナ禍で不特定多数の人と会うことができなかったとき、日々つながれる小さなコミュニティに救われたという声をよく聞く。フリーランスとして一人で仕事をするよりも、気の合う仲間と楽しい時間を過ごしたいと思う人は多いだろう。大きなゴールに携わりたいという理由で、群れで働くことを選択する人もいるはずだ。

実は会社にとってもリモートワークは悪い面ばかりではない。いままで日本の会社では、多くの従業員が、会社のなかで周囲の空気を読んで、みずからそれに合わせていくような働き方をしていた。日本の会社における正しい行動規範とは、いままでは「組織の空気」に合わせることだったのだ。

だからこそ日本には、明確なバリューを設定して、それをもとに組織を運営している会社は少なかった。なぜなら、日本企業はそこにいる人ありきで動くムラ社会的コミュニティだったからだ。日本企業は終身雇用制をとっていたため、そのコミュニティにずっと所属する前提で、場に溶け込んでいくのがあたり前だったのだ。

ムラ社会的組織では、大事な原則はあえて言語化しないほうが都合がいい。その場を仕切っている権威者からすると、価値基準を明確に定義すれば自分の裁量が減ってしまうからだ。

しかし、リモートワークになると、状況は変わる。日々オフィスで感じていた同調圧力の空気から解放されるというメリットと同時に、ポジティブなつながりや一体感も失われるというデメリットもある。望むと望まざるとにかかわらず、周囲の目がない自宅で、自分がなにをしたいのか、するべきなのかを考える「個」にならざるをえない。

従業員が「個」として振る舞う状況は、うまくやれば組織を進化させる機会にできる。ポイントはそれぞれの持つ多様性を活かすことだ。

ここでいう多様性とは、国籍やジェンダーという意味ではない。いまでこそ多様性が叫ばれているが、これまで多くの企業では比較的均質な社員を入社させてきた。しかしその均質性は、学歴や職歴のような背景や能力についてだけのものだった。企業が多様性を求めた採用をし始めても、その背景や能力に関しては同じものを求めたまま、国籍やジェンダーなどを多様にしようという発想でやってきた。つまり、**背景や能力は均質でも、経験や考え方は決して均質で**

はなかったのだ。

だから、いまの時点ですでに社内には、多様な経験や考えがあるとも言えるのだ。多様性があることは企業にとってはメリットだろう。そして**多様な個を束ねるのがバリュー**なのだ。

一方で、「個」の集団になった組織はマネジメントが難しい。お互いの状況を読み合うこともしにくくなるため、放っておくとバラバラになってしまう。組織のなかでなにがよしとされるのかという基準が明確になっていないと、お互いのやりたいことをめぐって価値観の衝突も起こりやすくなる。これをどのように解決したらいいのだろうか？

III

最低限のルールで活動する組織に必要なもの

「リモートワークに慣れ、フリーランスも視野に入れるようなクリエイティブで優秀な人たちと群れをつくるなら、自律的な組織を目指すほうがいい。個人の自由を大事にし、そのつど対話ですり合わせていくような組織のほうが、働きやすいように思える」

僕はそう考えて、独立してＢＩＯＴＯＰＥをつくったとき、とにかくルールを最小限にして、個人の自由を大事にする方針で経営をしていった。

大企業で働いていた頃は、さまざまなルールを煩わしく思っていたし、自由を大事にするほうが、デザインファームとして創造性あふれる集団になると考えたからだ。自律性を高めるために、最初は、「自分の給料は自分で決める」というやり方をしたらどうかと提案をしたほどだ（とはいえ、結局は「給料なんて自分で決められない！」との反対の声があがり、導入するには至らなかったが）。

理念も計画もルールも最小限の組織は、人数が少ないうちはよかった。しかし、集団が10人を超えると、ほどなくそのモデルには限界が来た。コミュニケーションコストが大きくなったのだ。

組織に明確な価値基準がない場合、それぞれのメンバーの価値観を尊重していくためには対話を重ねることが必要になる。一人ひとりに合わせて、柔軟に対応していくことができれば、最も人にやさしい組織がつくれるだろう。

しかし、感覚的には集団の構成員が10人を超えると、すべての人の価値観を尊重するのは難しくなるのだ。それぞれの価値観は状況によってもつねに変わるため、理解するのに時間がかかり、その対立の調整にも多大なる労力を要する。

その結果、人の認知能力、脳内メモリが多大に食われてしまい、新しいことにチャレンジするための意欲は、悲しいことに薄れていく。ルールでがんじがらめにせず、自律分散型でやっていく組織は**ティール組織**として注目を浴びているが、ティール組織を目指す組織の多くが陥る「**グリーンの罠**」と呼ばれる「対話を繰り返せど、なにも決まらず、前に進めない」という状態に陥るのだ。

グリーンの罠の典型的な症状は、次のようなステップをたどる。

議論をすると、いろんな意見が出る

↓

一人でも違う意見の人がいると、それを無視するわけにいかない

↓

いろんな人が、どんなことを考えているのかを推し量るようになる

↓

「とりあえず、みんなで話そう」が口グセになるが、意見の対立を避けたぬるい話し合いに

↓

結果、なんのアクションも起こらない

そんな状況にみんなが疲れ果てた結果、最終的に起こるのは、トップの判断をみんなが気に

し始めるということだ。最終的には、トップにすべての決定が委ねられることになってしまう。**自律型を志向して多様性を尊重した結果、共通の価値基準がなくなり、認知限界を超えて、トップへの忖度が起こる**のだ。メンバーの自律性を促そうとして、よりトップに権限が集中するとは、なんという皮肉だろうか。

これを回避するためには、さまざまな価値観を持つ人が働く組織のなかで、優先させる価値観を明確にしていくしかない。

組織の価値観、つまりバリューを定めることで、自律的組織が性質上持ちやすい「人治」が、「法治」に変わっていく。会社のなかでよしとされる基準が明確になると、組織内の暗黙の前提が共有され、そのうえで会話がしやすくなる。判断の背景が明示されているため、パワーバランスがフラットになり、「このバリューに沿っているから、これはやっていい」という判断をそれぞれができるようになる。コミュニケーションコストが劇的に減少するのだ。

実際、BIOTOPEでも、バリューを定めたあと、「価値基準の軸が明確にされたので、会社の日常のちょっとした場面で、物事が決めやすくなった。『代表である佐宗さんがなにを考えているか』と気にすることなく、自分の判断で前に進めやすくなった」という声を聞くようになった。バリューは、コミュニティ内における社会規範であるため、それが明示されることで、ルールが少ない組織でも、意思決定の共通基盤ができるのだ。

III

バリューとは「多様性」を価値に転換する土台

自立した多様な個人が、トップに忖度するのではなく自律的に働くには、その組織が働く人にとって「いい群れ」であることが必要だ。

自分にとってその群れがふさわしいか、また、その人が群れの仲間としてふさわしいどうかを判断するときの基準になるのがバリューである。

では、世界的な企業はどのようなバリューをつくっているのだろうか？　いくつか実例を見てみよう。

パタゴニア

・最高の製品をつくる
・不必要な悪影響を最小限に抑える
・ビジネスを手段に自然を保護する
・従来のやり方にとらわれない

Airbnb（※日本語訳は筆者）

・使命を果たす（Champion the mission）

・ホストたれ（Be a host）

・冒険に挑もう（Embrace the adventure）

・シリアルアントレプレナーたれ（Be a cereal entrepreneur）

バリューとは、文字どおりの翻訳をすると自分たちが信じている「価値観」なのだが、ここで書かれている内容は、もう少し踏み込んで「自分たちのどうしてもこだわりたいこと」だと言えるだろう。

他の会社と比べてもとくにこだわっている価値観を明示することで、自分たちの組織に属する人や、場合によっては共創する外部パートナーをスクリーニングできるのだ。とくにスタートアップなど、価値創造を大事にし、ビジョン駆動型で仕事をする企業ほど、自分たちのこだわりをコアバリュー、ビリーフなどと呼んで、明確化している。

ベンチャーキャピタル、アンドリーセン・ホロウィッツ共同代表のベン・ホロウィッツも、著書『WHO YOU ARE――君の真の言葉と行動こそが困難を生き抜くチームをつくる』でバリューと組織文化の重要性を強調している。デジタル化された働き方の先進地であるシリコンバレーのスタートアップを震源地に、バリューの重要性が世界に広がりつつあるのだ。

III

最高の体験から始める

では、バリューはどのようにすればつくれるのだろうか？

ビジョンは、自分たちの目指す姿に合わせて理想を描き出すものだった。しかし、**バリューは、あるべき価値観を新しくつくり出すものではない。**

バリューの議論をする際に、自分たちのキャラとはまったく違う「革新」などの望ましい価値観を掲げてしまうことがよくある。だが、人はいきなり別人にはなれない。未来の理想の価値観というよりは、現在の自分たちがありのままに心から信じていて、これからも信じ続けていきたい価値観を引き出して言語化するほうが、機能するバリューになりやすい。

とはいえ、その価値観を言語化するのは簡単ではない。

あなたは、「自分の信じる価値観を３つ言ってください」と言われて、すぐにスラスラ答えられるだろうか？　価値観というのは、自分にとっては空気のようにあたり前のことだ。だから、自分だけで言語化するのは案外難しい。いちばんいいのは、自分の行動を長く知っている他の人から客観的に教えてもらうことだろう。

しかし、自分たちでも価値観にアクセスする手段はある。それは、次の問いに答えることだ。

・あなたの組織における「最高の体験」はなんですか？
・その際にどのような行動をしましたか？
・その行動を選んだのは、どんなことを大事にしているからでしょうか？

とある小売企業のバリューづくりを支援したときにも、インタビューのなかで「最高の体験」を聞いた。すると、「いままでにない業態のお店をゼロからつくるチャレンジをしたとき」と答える方が多かった。そのエピソードの裏にどんな価値観が隠れているかを知るために「そのエピソードを選んだのはどんなことを大事にしているからですか？」と聞いてみた。答えは、「前例がないことを自分で工夫して成し遂げたこと」「新しいお店をスピード感を持って自分の判断で決めていったこと」「困難を乗り越えて新しい店舗を実現させたことに知的興奮を感じた」というものだった。つまり、このエピソードを最高の体験と考えるこの会社の背景には、「前例のない大きなチャレンジを設定してスピーディに実現させること」をよしとする価値観、つまりバリューがあると考えられる。

価値観とは、人や組織が積み重ねてきた成功体験によって次第に形成されていくものだ。いきなり「価値観を言え」と言われても答えにくいが、「最高の体験」を聞くと、その裏にある成功体験が明確になり、バリューが見えやすくなる。

ただし、このアプローチだけだと、**だれも否定しない価値観が出てきやすい。**

たとえば、「顧客志向・公正・創造」といった教条的なバリューを掲げる会社は多い。しかし、この言葉を見て、どの会社のことだかわかるだろうか？　このバリューを掲げられた社員は、「他ではない自分の会社に所属していること」の意味がわかるだろうか？　人は、ほかの集団との違いによって、組織としての一体感を抱きやすくなる。より個性的なバリューを打ち出したほうが、群れとして強くなれるのだ。

メルカリはバリューとして次のものを掲げている。こうなると、かなり個性が見えるだろう。

- Go Bold ――― 大胆にやろう
- All for One ――― 全ては成功のために
- Be Professional ――― プロフェッショナルであれ

Soup Stock Tokyoなどを運営するスマイルズは、バリューを「スマイルズらしさ」を呼び、「5感」という5つの感性を表す言葉を定めている。その言葉とは、「低投資高感度」「誠実」「作品性」「主体性」「賞賛」だ。これは「生活価値の拡充」というミッションを行動に移すため、当時の社員にふだん使っている言葉を集めてもらい、そこから5つに絞ってつくったのだという。感性を大事にしているスマイルズらしい個人的なバリューだ。

あなたは、前述の「顧客志向・公正・創造」というバリューを掲げた会社と比べ、どちらで働きたいと思うだろうか？　個性あるバリューと教条的なバリューでは、大きな違いがある。

III

共通の「嫌い」から浮かび上がる個性的な価値観

では個性的なバリューをつくるにはどうしたらいいだろうか？

ヒントになるのが、漫画の主人公だ。漫画の主人公に1つも欠点がなかったら、魅力的だろうか？　欠点は強烈な長所にもなり、それが個性をつくる。

魅力的な組織にも、ネガティブな黒い部分がある。個性あるバリューを設定するには、いい価値観だけに焦点を当てていてもきれいごとになってしまってダメなのだ。バリューを設定するうえで、スパイスとなる要素が必要だ。

わかりやすいのが美意識だ。人は自分の理想のイメージが、世の中に現実化しているものに触れたときに美しいと感じるという。逆に、理想と現実がずれている状態に対して、気持ち悪

図2-2｜バリューを浮かび上がらせる「ネガティブ・スペース」

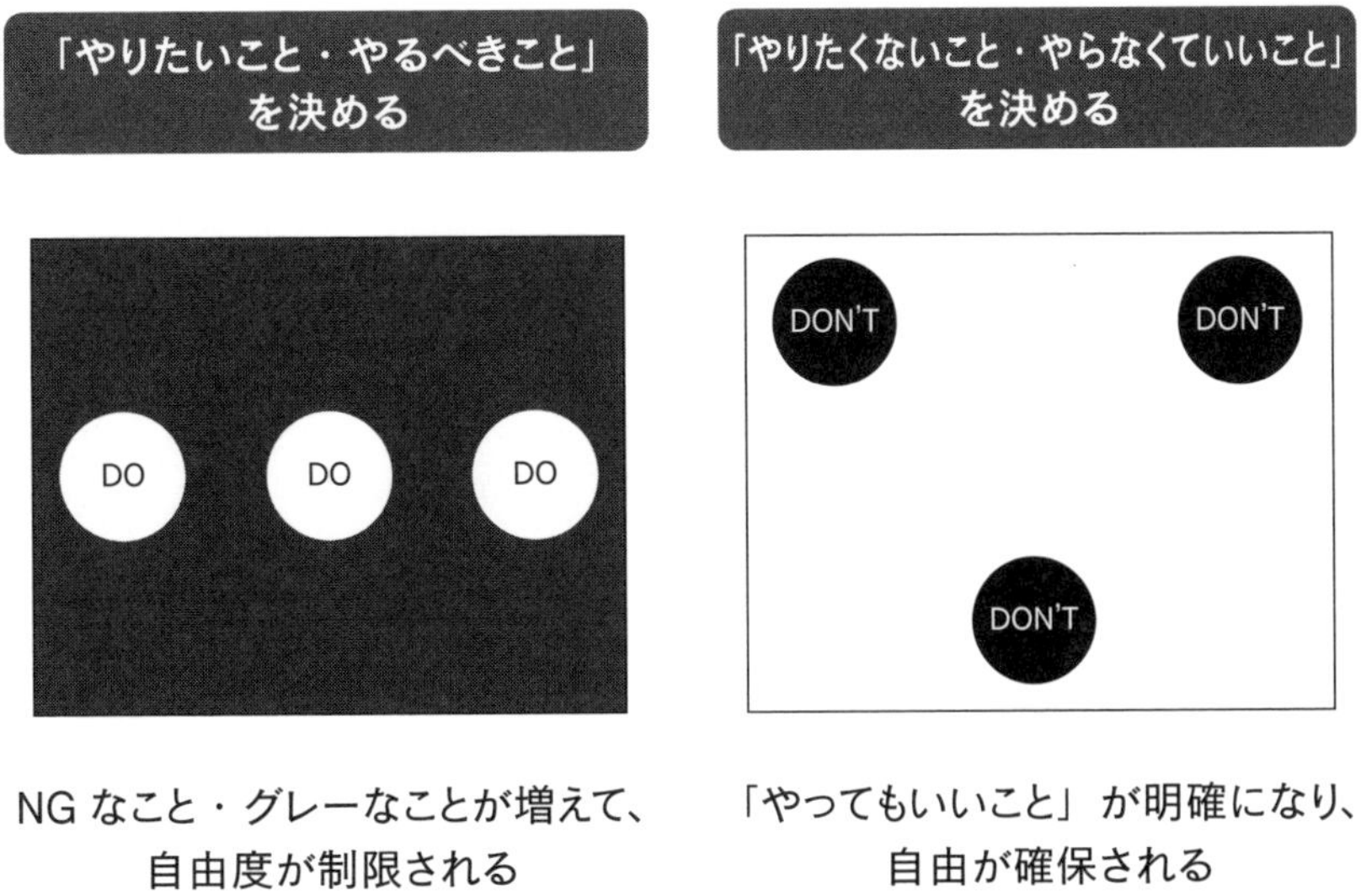
「やりたいこと・やるべきこと」を決める
「やりたくないこと・やらなくていいこと」を決める
DO
DO
DO
DON'T
DON'T
DON'T
NG なこと・グレーなことが増えて、自由度が制限される
「やってもいいこと」が明確になり、自由が確保される

いと感じる。この自分の個人的な感覚に忠実になると、こだわりが見えてくる。

このときに有効なのが、アートの世界で使われている**ネガティブスペース**という考え方だ。ネガティブスペースとは、なにをどこに配置するかを決めるのではなく、なにも配置しない場所、つまり余白を決めることで統一感を出したり、インパクトを与えたり、ユーザーの視点を誘導したりするような効果を狙う考え方である。これを援用する。

通常、僕らはやりたいこと、いいことに焦点を当てる。しかし、逆にやらないこと、やりたくないこと、嫌なことに焦点を当て、それを消していくことでこだわりを浮かび上がらせるのだ。

DOの範囲を決める場合、それでないものはグレーや黒になると、自由度はかなり制限される。

それに対して、ＤＯＮ’Ｔの範囲を明確にする場合は、それ以外のものはやっていいことになるので自由度は上がる。一部のＤＯＮ’Ｔを明確にすることで個性も明確に出る。「やるべきことを決める」のではなく、「やりたくないことを決める」ことが効果的なのはこのような理由からだ。

ネガティブスペースによって価値観を浮き彫りにするときには、次のような問いが有効だ。

・過去の経験で許せなかったことはなにか？
・反対を押し切ってでもこだわったことはなにか？
・ダサいからしたくないことはなにか？

この問いを考えると、自分たちの組織が過去に経験したかっこいいことや誇りを持てることが見えてくる。それが、「群れ」としてこだわりたいものなのである。

Ⅲ バリューを言語化するポイント

バリューは、自分たちが大事にしたい価値観をスローガンのようなシンプルなステートメントに落とし込んでいくことが多い。企業のバリューを言語化するプロジェクトで、僕が気をつけていることを紹介しよう。

①できれば3つ、多くて5つに絞る

人間は6つ以上のことは覚えられない。バリューは、最大5つに絞りたい。その際に優先するべきは、社員である自分たちがそのバリューを読んだときに、誇りを感じられる言葉を選ぶことだ。候補の言葉があれば、複数のなかで社員に投票をしてもらい、いちばん誇りを持てる言葉を選んでいくといい。

②ビジョンやミッションとのつながりが語れるバリューを選ぶ

バリューは、自分たちの組織が大事にしている価値観であるが、同時に、組織として達成したい事業目的や行動とつながっていることが望ましい。とくに、最低でも1つは、ビジョンやミッションを達成するための望ましい価値観や行動が入っていることを確認しよう。

③自分たちらしい言い回しの短いコピーライティングを考える

バリューは、社員が日常会話のなかで自然に会話できることが望ましい。そのためには、あまり長く、抽象的な言葉だと覚えられないし、話してくれない。できれば、コピーライターを入れて、覚えやすく、口に出しやすい言葉を開発しよう。

【実践ワーク】

「らしさ」の輪郭をつくる「こだわりキャンバス」

ネガティブスペースの考え方を活用した、自分たちのバリューを明確にする実践ワークがある。それが、「**こだわりキャンバス**」というものだ。

まずは過去からいままでに自分たちがやってきたプロジェクトやつくったもの、サービスを象徴する写真をなるべくたくさん集める。いまの自分たちから見て、かっこいいと思うもの、ダサいと思うもの、いいと思うもの、ダメなもの、すべてを集める。それぞれの写真には、それが表している価値観を短いテキストにして添えておく。

次に大きな紙を用意して、「かっこいい＝美しい」と思うエピソードを中心に、ダメだと思うものをいちばん外に配置し、残りのダサいけどいいものをそのあいだに配置していく。その際、ダサさとかっこよさに応じて、中心から距離を離しておくことが重要だ。

最後に、真ん中から「美意識のエリア」「善ではあるが美ではないエリア」をどこにするか

図2-3｜こだわりキャンバス

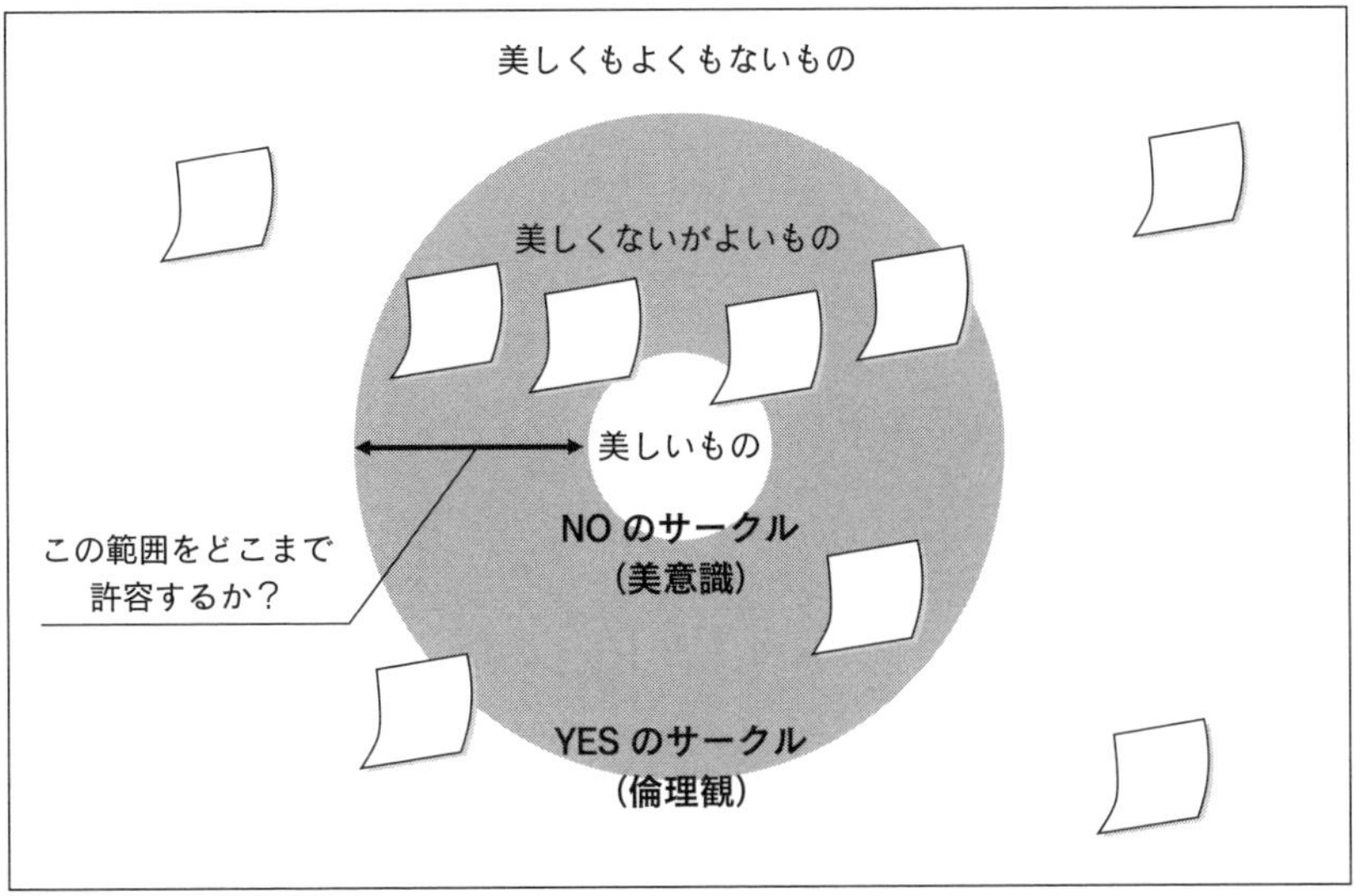

YES / NO のラインをどこに置くかによって、組織の価値観が見えてくる

を決めて線を引く。真ん中の「美意識のエリア」をどの程度まで広げるかで、その組織の価値観が明確になる。美意識を重視する組織であればあるほどその円は小さくなり、普遍性を求める組織ほど大きくなる。

だいたい4～6のまとまりができてくると思うので、中心に近いまとまりがどんなこだわりを言い表しているかを言葉にしてみよう。

写真を使うほうが、自分たちの好みや美意識が見えやすい。ビジュアルや景色、エピソードで考えると、非言語的な価値観も落とさず考えられるからだ。価値観は感性的な刺激を得たときに、自動的に表れるものだ。写真で提示されると、それぞれの人にとっての許せるもの、許せないものが見えてくる。

「いま」かっこいいだけのものを見ても、価値観は見えてこない。過去からいままでの写真を集めるようにしよう。過去と現在の連続性のなかで初めて、自分たちがなにを美しいと感じてきたのかを見ることができるからだ。

写真を貼っていくときに「これはいいよね」「これはカッコ悪かったね」と議論をしてみよう。そうすることによって、自分たちの「こだわり」が見えてくるのだ。

第3章

Mission Purpose

ミッション／パーパス

組織の中心軸となる社会的意思を定める

Question

私たちはなんのために
存在しているのか？

III

会社の存在意義が問われる時代

「うちの会社にどんな意義があるか、社員に聞かれることが増えています。事業を回して儲けを出し、しっかり納税するだけで十分に存在意義があると思っていたのですが、いまの時代、それだけでは足りないのでしょうか？」

「売上の予測が難しいプロジェクトの継続・中止を判断するのが難しくて困っています」

「さまざまなM&Aを行った結果、どの事業を優先にすべきか順位がつけられなくて、会社の方向性がぶれている気がします」

ここ数年、こんな相談がBIOTOPEにたくさん寄せられている。「流動性（Volatility）」「不確実性（Uncertainty）」「複雑性（Complexity）」「曖昧性（Ambiguity）」が高いVUCAと呼ばれる時代には、自分たちをどんどん変化させ続けていくことが合理的だ。しかし、あまりに変化しすぎると、今度は自分たちの核がわからなくなってくる。**変化し続けるが、変わらない芯を持つ。**そんな矛盾を解決するために必要なのが、自分たちが社会に対して変わらず果たし続ける役割の意思表明（つまり社会的意思）としての、ミッションやパーパスだ。芯が揺らいだときこそ、ミッションやパーパスをつくったり見直したりするタイミングだろう。

「はじめに」で紹介したように、僕自身も、コロナ禍でメンバーの入れ替わりなどが続いた際、BIOTOPEが存在する必要はあるのかと悩んだ。創業以降は順調に事業が拡大し、会社のメンバーも増えていったので、ミッションがなくても成長だけを考えていれば問題がなかった。しかし、会社の存続の危機を前に、「意思ある道をつくり、希望の物語を巡らせる。」というミッションを定めた。半年に渡って議論した結果、自分たちが向かう方向性が見え、結束感が高まった。創業後5年経ったときだった。

ミッションの効用は、ミッションがないときになにが起こるかを考えてみればおのずと明らかになる。ミッション設定のポジティブ面はいくつもあるが、いちばん大きいのが、経営者自身も社員も、意思決定の優先順位で迷ったときに立ち戻る原点になるということだろう。BIOTOPEの場合は、ミッションが決まっていない時期は、チームで議論をした末に、最終的に経営者である僕自身が意思決定をしていた。

逆に言うと、どんなに細かいことであっても、自分が意思決定をしないと物事が進まなかった。デザインファームなので、必ずしも経済的な利益は優先ではないが、最低限稼いでいくラインは超えないといけない。すると、利益が出るプロジェクトと、利益がさほど出なくても自分たちが意義を感じるプロジェクトをどの程度のバランスでやるかを考えて、各プロジェクトのやる／やらないを判断することになる。それは毎度、経営者である僕の意思決定事項になっていた。しかし、ミッションを定めることで、僕がいちいち意思決定をしなくてもメンバーが勝手にそのバランスを判断して提案してくれるようになったのだ。

ミッションが存在することで、意思決定の基準が明確になる。その典型的な例が、「私たちは、故郷である地球を救うためにビジネスを営む。」という目的を定めたパタゴニアだ。

２０２１年、パタゴニアの創業者であるイヴォン・シュイナードはオーナーシップに関するレターを発行した。そこには、「株式公開に進む（Going public）のではなく、目的に進む（Going purpose）ために、自社の株式の98％（無決議権株式）を環境ＮＰＯのHoldfast Collectiveに、残りの2％（すべての議決権付株式）をPatagonia Purpose Trustに譲渡する」とある。

現在の資本主義の仕組みのなかでは、株式公開が環境問題の解決にはならず、それどころか自然から収奪して富を生み出すスピードを加速してしまう。それよりは自分たちの事業を通じて生まれた利益を、そのまま環境問題の解決に向かわせるガバナンスの仕組みをつくったほうがいい——これがシュイナードの結論だ。これは、意思決定基準としてのミッションを会社のガバナンスシステムに取り込んでしまう究極的な例ではないかと思う。

ミッションが明確であることのメリットは、会社としての意思決定基準を明確にするだけではない。僕のソニー時代の同僚で、その後アマゾンに転職した友人に話を聞いたときに、ソニーとアマゾンの違いについて、こんなことを言っていたのが印象に残っている。

「アマゾンはミッションがはっきりしているから、ミッションに合うものであれば、短期的に儲かるかどうかわからないものでも投資しようという意思決定がされやすいんだよね。僕がいた時点のソニーではミッションがはっきりしていなかったから、儲かると証明できない新規事業や新商品は即『できない』と判断されていた」

このように、ミッションは、短期的な経済的利益が期待できない長期的なプロジェクトへの投資を正当化し、社員にチャレンジを促す効果がある。

ミッションは、その会社の「真ん中」を規定することで、経営者の意思決定だけでなく、社員やパートナーにとっての判断の基準にもなる。ソニーは、前述の友人が退職したあと、「クリエイティビティとテクノロジーの力で、世界を感動で満たす。」というパーパスを定めた。このおかげで社内では、世界を感動で満たす事業を提案する「感動祭り」とも言うべき動きが起こっていると聞く。ミッションは社員の日々の業務の優先順位を変えるのだ。

また現場レベルだと、経済的利益と社会的意義のどちらを優先するかと悩むことが多いが、理念経営を長いあいだ実践している会社の経営者は、次のような言葉で社員にその判断基準を伝えているという。

「経済的利益と社会的意義、もし迷ったら社会的意義を優先しよう」

ミッション至上主義になってしまうと、自分たちのやることに制限がかかりすぎてしまうし、経済性を過度に低く見てしまうことにもなりやすい。「経済性も社会的意義も両方大事だ。ただ、もし迷ったら社会的意義を優先しようぜ」くらいのゆるさを持って運用することが効果的だと思う。

では、このミッションはいつ設定すればいいのだろうか？　企業や新しい組織を立ち上げた当初からなければいけないのだろうか？

もしあなたの組織でミッションがしっかりと定まってなくても、それは必ずしも間違いとは言えない。なぜなら、ミッションは創業時ではなく、数年経ってから定まるケースのほうが多いからだ。

たとえば、松下電器がかの有名な「水道哲学」のミッションを掲げたのは、創業から14年後だ。それはなぜだろうか。ミッションを掲げて起業する人もいるが、ミッションがなくても会社はある程度は回る。創業後すぐは「食っていけること」が最優先になることもあって、急いで設定する必要を感じないことがほとんどだろう。

そのうちに自分たちが食べていけるようになると、それだけでは意義を感じられなくなる。そのときに求められるのは事業の成長だ。長く事業をやっていくと組織の軋《きし》みも出てくるが、成長は組織の問題の多くを解決してくれる。成長すると、だんだん自分たちにできることが増えてきて、いろんな事業をやり始める。するとその会社がなにをやりたい会社なのかが、ぼやけてくる。そんなときに、必要な大義の旗印がミッションだ。だから、ミッションは創業後少し経ってから定まるケースが多いのだ。

さらに成長が止まったとき、もしくは成長が実感できなくなったらどうだろう。等比級数的な成長をする企業が注目を浴びる時代に、自分たちの成長が実感できないことは多い。そんな状況だと、「自分たちはなんのために仕事をしているのか?」と人は悩み始める。いま、ミッションやパーパスがより切実に求められているのは、自分たちの仕事の大義を日々感じていたいという社員が増えているからだ。

こう書くと、なぜミッションとパーパスが一緒に語られるのかと違和感を抱く人もいるかもしれない。しかし、つくり方の点でも意味合いの点でも、ミッションとパーパスはかなり似通っている。**どちらも会社が社会でどんな役割を担うか、どんな価値をもたらすか、自分の会社の中心軸としてなにを置くかをひと言で言い切るものだ。**どちらも、社会に対して自分たちがコミットする意思を示している。社会的意思を表すことに変わりはない。それを未来における社会的な存在目的（Why we exist）として表せばパーパスになり、現実的に自分たちが果たし続ける社会的役割（What we do）として表せばミッションになる。渡り鳥が目指す最終目的地（パ

図3-1｜ミッションとパーパス（再掲）

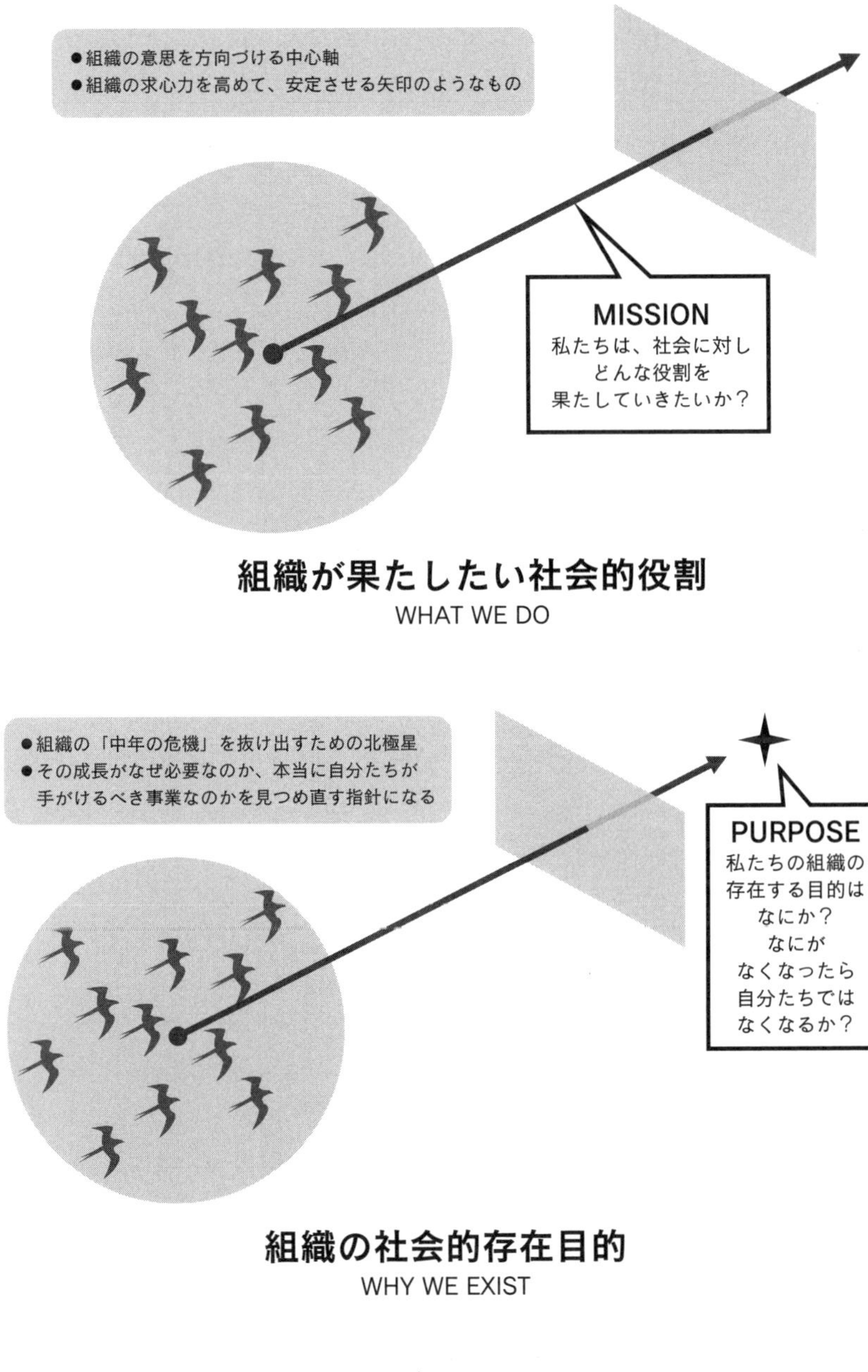
●組織の意思を方向づける中心軸
●組織の求心力を高めて、安定させる矢印のようなもの
MISSION
私たちは、社会に対しどんな役割を果たしていきたいか？
組織が果たしたい社会的役割
WHAT WE DO
●組織の「中年の危機」を抜け出すための北極星
●その成長がなぜ必要なのか、本当に自分たちが手がけるべき事業なのかを見つめ直す指針になる
PURPOSE
私たちの組織の存在する目的はなにか？
なにがなくなったら自分たちではなくなるか？
組織の社会的存在目的
WHY WE EXIST

ーパス）と、群れの中心が進む方向（ミッション）が一致しているのは自然なことだ。

ただし、パーパスの歴史は浅いため、ビジョンやミッションを「パーパス」と呼んでいる企業もあるし、とくに2018年以前の理念経営企業では、ミッションという言葉を使っているケースが多い。すでに書いたとおり、呼び方にとらわれる必要はない。

前述したパタゴニアは、2018年にパーパスを「私たちは、故郷である地球を救うためにビジネスを営む。」としたが、こういった精神的成熟期に入った企業が、将来体現していきたい役割を示した大目的を、この本ではパーパスと呼んでいる。

こんなふうにも言える。組織はビジョンを推進力にする。そのビジョンが大きければ大きいほど、そこに到達できる可能性のある道は増える。一方で、自分たちができることは限られる。できるかもしれない多くのことのなかから、自分たちが果たすべき役割の中心軸を明確にすることで、エネルギーのベクトルを束ねていくことが必要だ。その中心軸がミッションでありパーパスなのだ。以降、この本ではとくに断りのない限り、パーパスも包含した意味でミッションという言葉を使うことにする。

III

ミッションに必要な「自分たちの価値・ドメイン・役割」の洗い出し

では、自分たちのミッションはどうつくっていけばいいのだろうか？　ミッションとは端的に言えば、次のような問いに対する答えだ。

・**私たちは、なぜ社会において必要なのか？**
・**どんな役割を果たしていく意思があるか？**

とはいえ、これにいきなりひと言で答えるのは難しい。そこで実際は、自分たちの会社の事業がさまざまなステークホルダーに対して果たしてきた価値貢献を洗い出し、自分たちが最も大事だと思うコアの価値貢献を整理するプロセスが必要になる。その過程は、多様な取り組みをする組織の**意味の片づけ**だとも言える。「意味の片づけ」をするうえで、次の3つが重要な要素となる。

・**どんな世界に価値があると信じているか？**

・どの領域で活動するか？
・どんな役割を果たすか？

ここで考えたことをミッションのステートメントに直接書くわけではないが、この3つがミッションに必要な要素だ。とくに1つめの「どんな世界に価値があると信じているか？」は重要だ。それがそのままビジョンに表れていることもあれば、ビジョンとはまったく違うこともある。

例としてBIOTOPEと、前述のALE、そして同じくBIOTOPEがビジョン・ミッションづくりを支援したNPO法人クロスフィールズの事例を見てみよう。

BIOTOPEは「意思ある道をつくり、希望の物語を巡らせる」をミッションに、経営者やイノベーターのビジョンを引き出し、そのビジョンの実現を伴走していく共創型戦略デザインファームだ。

ALEは「科学を社会につなぎ　宇宙を文化圏にする」をミッションに掲げ、人工流れ星を流すための第一段階として民間スタートアップとしては初めてJAXAと共同で小型人工衛星の打ち上げに成功した会社である。

クロスフィールズは、「社会課題が解決され続ける世界」をビジョンに、「社会課題を自分事化する人を増やす／課題の現場に資源をおくり、ともに解決策をつくる」をミッションに掲げ

図3-2｜ミッションの背景にある意志——3社比較（BIOTOPE/ALE/クロスフィールズ）

	BIOTOPE	ALE	クロスフィールズ
どんな世界に価値があると信じているか？	誰もが希望を持って生きている世界	基礎研究の重要性が認知され、資金が十分に行きわたっている世界	社会課題の存在を多くの人が自分事化し、さまざまな課題解決の動きが起きている世界
どの領域で活動するか？	前例のない取り組みを妄想している経営者やイノベーター	宇宙に関わるビジネスとサイエンスのあいだの領域	ビジネスとソーシャルのあいだの領域
どんな役割を果たすか？	ビジョンを描き、具現化することで、世の中に希望の物語を巡らせていく	宇宙に新しい人類の文化圏をつくる	社会課題自分事化する人を増やす。課題の現場に資源を送り、共に解決策をつくる

るNPOだ。国内外のNGOなどに企業の人材を派遣して社会課題の解決を図り、同時に次世代リーダーを育成する「留職」プログラムを手がけたり、マネジメント層向けに社会課題を体感できるフィールドスタディを提供したりしている。

まずは先ほどの3要素を考えることで、自分たちがなにに価値を置き、どこでなにをする人たちなのかを整理する。それがミッションに必要な要素だからだ。

しかし、いきなりこれをやろうとしても難しい。そこで、もう少し具体的な手順を紹介しよう。

III

ミッションとの出会い方——意味の片づけをしよう

もし、あなたが自分自身のミッションをつくるとしたら、どんなふうにアプローチするだろうか？　自分が過去にやってきたことを洗い出しながら、自分がワクワクし、かつ、世の中に対して提供できることを考えていくはずだ。組織のミッションをつくるときにも、やるべきことは基本的には一緒だ。

ミッションづくりは、次の6つのステップで進めていくことをおすすめする。

①自分たちの活動や価値の棚卸し
②外部視点から見た自分たちの役割の明確化
③「WHY」を繰り返し、究極的な目的を見つける
④適度に広く、適度に具体的な中目的を設定する
⑤ステートメントづくり
⑥ステートメントと人格が合うかを考えて見直す

図3-3｜意味の片づけフレームワーク

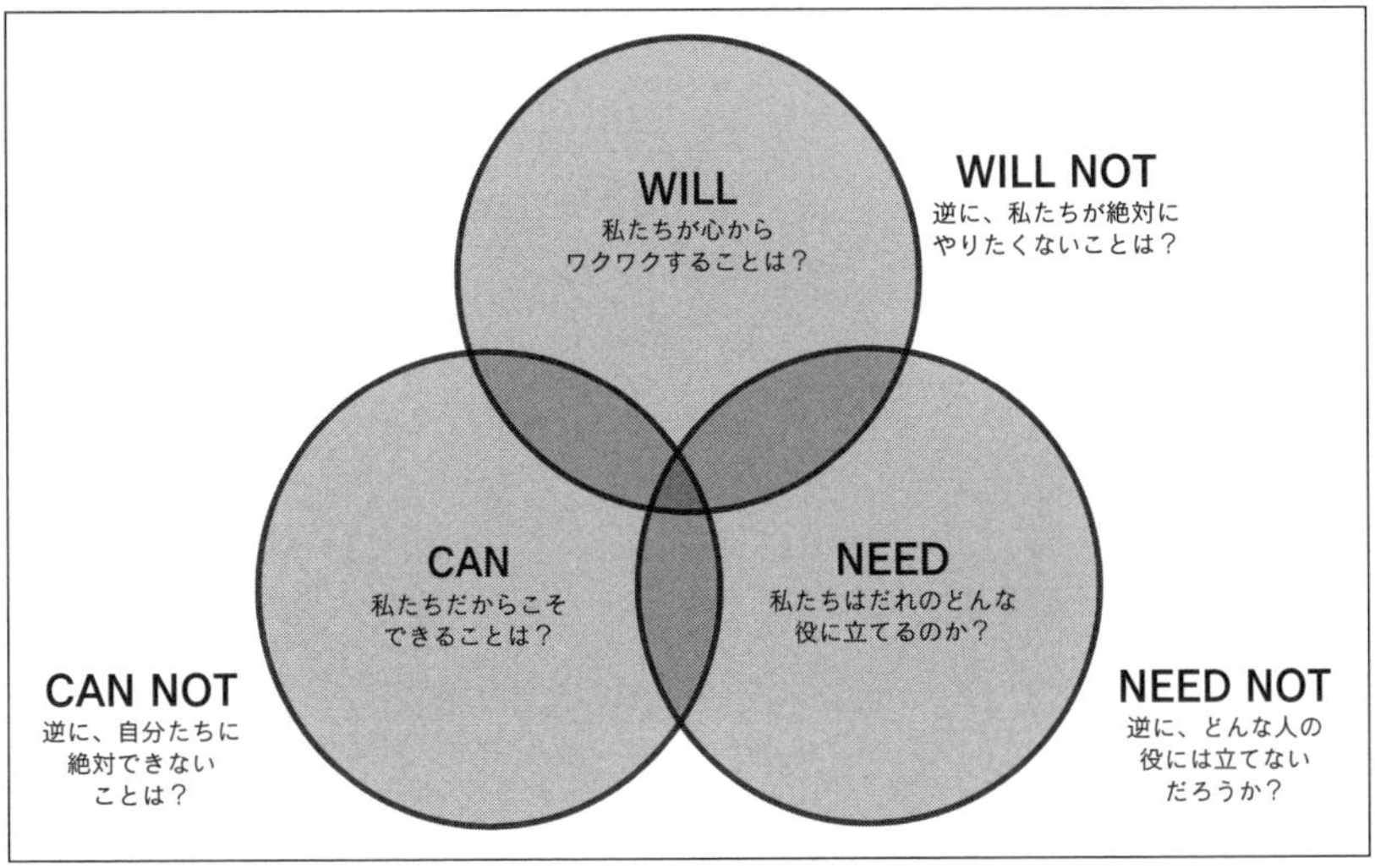

それぞれについて見ていくことにする。

①自分たちの活動や価値の棚卸し

まず、自分たちのやっている活動や価値の棚卸しを行う。ここで大事なポイントは、「動詞」で**考えることだ**。具体的には「私たちは〝〇〇する〟」の〝〇〇する〟にあたる部分を洗い出していく。歴史が長い企業や大企業となると、複数の事業を行っている場合も多い。それをまずは整理する。「コンサルティングする」「料理サイトをつくる」など、さまざまなものが出てくるはずだ。

この棚卸しを行ううえでは、有名な「ikigai framework（WILL / CAN / NEED）」に基づいた「**意味の片づけフレームワーク**」を活用して、自分たちの活動を振り返るといい。次の3つの質問に答え、その答えをWILL／CAN／NEEDの3つのベン図上に配置していくことで、自分たちの活動や生み出している価値を棚卸しすることができる。

・私たちが心からワクワクする事業や活動はなにか？（WILLの問い）
・自分たちだからこそできている事業や活動はなにか？（CANの問い）
・私たちはだれのどんなニーズに応える事業や活動をしているか？（NEEDの問い）

この問いに対しては、いろいろな役割が出てくると思う。そのなかでもとくに重要なものはなんだろうか？　この問いを考えるときには、自分たちがやりたくないこと・やるべきではないこと・できないこと（WILL NOT／CAN NOT／NEED NOT）も同時に考えてみるといい。ネガティブスペースを考えることで、自分たちが積極的にやりたいこと、やるべきことの輪郭がより明確に浮かび上がってくる。

・私たちが絶対にやりたくない事業や活動はなにか？（WILL NOTの問い）
・自分たちにはできない事業や活動はなにか？（CAN NOTの問い）
・私たちが絶対に応えられないニーズはなにか？（NEED NOTの問い）

これらの棚卸しをしながら、とくにWILL／CAN／NEEDの重なる領域に、どんな事業や活動が入ってくるのかを議論してみよう。もちろん、これら3つのすべてが重なり合う領域にあるのが、自分たちの中核的な活動だということになる。ただしこの段階では、最低２つが重なる部分を見つけていくだけでも十分だ。

②外部視点から見た自分たちの役割の明確化

いったん自分たち目線で意味の棚卸しができたら、**「あなたの会社がなくなったらだれが困るのか？」**を考えてみよう。なぜ自分たちの会社が必要なのか、つまり存在意義は、究極的には自分だけでは決められない。

ユーザー、パートナーを初めとした利害関係者に「私たちの会社にはどんな役割を果たしていてほしいですか？」「もし私たちの会社がなくなったら、なにが起こってしまいますかね？」という質問してみることだ。自社サービスのユーザー、事業パートナーや退職ＯＢ／ＯＧ、外注で入っているフリーランスなどの立場の人には聞きやすいだろうし、客観性と主観性をまじえた答えをくれるだろう。また、ユーザーや法人の顧客に聞くと、ふだん考えていなかった自分たちの役割を教えてくれるだろう。

③「ＷＨＹ」を繰り返し、究極的な目的を見つける

ステップ①、②を行うことで、自分たちがいままでにやってきたことを洗い出し、どんな役割を担ってきたかがわかるはずだ。今度はそれを**「それをなぜやるのか？（ＷＨＹ）」**を繰り返して考えることで、自分たちにとってのその行動の意味や、「究極的になにを目指していくの

か?」を見出していく。

BIOTOPEの場合であれば、「ビジョンづくりの支援をする」↓WHY?↓「ビジョンをつくると会社はいきいきするから」↓WHY?↓「人がいきいき働くことはいいことだから」↓WHY?↓「いきいき働く人は希望を持っていると思うから」↓WHY?↓「だれもが希望を持って生きている世界に価値があると信じているから」といった具合だ。

究極的な目的を考えていくと、自分たちの信じる「価値ある世界」に辿り着く。自分たちのやっていることの「本当の意味」が自分たち自身にもわかってくる。

④適度に広く、適度に具体的な中目的を設定する

自分たちのやっていることの究極的な意味、目的がわかったあとは、自分たちが日々意識してアクションを起こせる目的に調整していく。

目的工学を提唱する紺野登教授は、目的には3つのレイヤーがあるとしている。大目的、中目的、小目的だ。大目的とは、社会の共通善のことであり、小目的は、個人にとっての欲望だ。その中間の中目的が、組織やプロジェクトで目指すべき駆動目標であり、組織のミッションとするのにふさわしい粒度のものだという。

たとえば「世界平和」や「だれもが希望を持って生きる世界」は大目的だ。人類が共通して合意できる普遍性を持ったものだが、大きすぎてなにをすればいいかわからない。逆に小目的は「人を育てたい」「障がい者を支援したい」など、個人的な欲望だ。個人のビジョンをつくったときにはこのレベルの目的が出てくる。しかし、これでは小さすぎて組織で目指すものとしてはふさわしくない。

中目的を見出すために考えてほしいのが「ドメイン（領域）」と「役割」だ。**自分たちがどの領域（WHERE）で、どんな役割を担うか（WHAT）という制約をつけることで、大きすぎず小さすぎない中目的ができる。**

クックパッドのミッションは「毎日の料理を楽しみにする」である。大目的は「料理で人を幸せにする」だが、そこに「毎日の料理＝ケの料理」というドメインで制約をつける。また、「楽しみにする＝料理の楽しさを文化として広げていく」という役割でも制約をつけている。こうすることで、共感を得られつつ、その組織だからこそ掲げられる中目的になっている。

⑤ステートメントづくり

中目的を考えたら、今度はそれをステートメントにする。ミッションは社会のなかで果たす役割を示すものだから、どんな「動詞」を使うかが重要になる。いろいろなコピーを書いてみて「しっくりくるもの」がいちばんんだ。

いろいろな組織のミッションを考えてきた経験からすると、ミッションステートメントには大きく3つのパターンがある。社会に対する姿勢によって、To Be型、Doing型、Being型に分かれる。以下、具体例とともに紹介しよう。

To Be型──私たちは社会／世界を○○したい（パーパス型）

基本的なミッションの形がこのTo Be型だ。未来の理想状態に焦点をあて、そこに向かうための大事な変革行動を動詞で定義する。テクノロジーやビジネスによって変革を起こしていく変革者的企業がよく使う。

・テスラ──世界の持続可能エネルギーへのシフトを加速すること
・グーグル──世界の情報を整理してだれもが便利に利用できるようにすること
・パタゴニア──私たちは、故郷である地球を救うためにビジネスを営む。
・メルカリ──あらゆる価値を循環させ、あらゆる人の可能性を広げる
・Minimal──チョコレートを新しくする

Doing型──私たちは○○し続ける（アイデンティティ型）

すべての会社が理想の未来に向けた変革に焦点を当てているわけではない。むしろ、いまここで大事にしたいスタイルに焦点を当てる企業も多い。そういった企業はDoing型でミッショ

ンを表す。「〇〇し続ける」という、道の探究者と言えばいいだろうか。

・メタ――コミュニティづくりを応援し、人と人がより身近になる世界を実現する
・ソニー――クリエイティビティとテクノロジーの力で、世界を感動で満たす。
・クラシコム――フィットする暮らし、つくろう。
・Soup Stock Tokyo――世の中の体温をあげる

Being型――私たちは〇〇であり続ける（フィロソフィー型）

あり方や態度を表すもので、過去から現在に向けて蓄積してきた思想や文化を継承していくような会社によくあるパターンだ。時代を超えて普遍的な態度を持ち続ける老舗企業や、時代を超えた価値を哲学していく企業に多い。

・ユーグレナ――Sustainability First
・とらや――おいしい和菓子を喜んで召し上がって頂く
・オムロン――われわれの働きでわれわれの生活を向上しよりよい社会をつくりましょう

以上の3つの型は、政治な立場にたとえるなら、より理想主義的で変革を志すリベラリズム、その中道、さらには本質的で普遍的な価値を守ろうとする保守主義と似ている。

人は、若いときは理想に燃えて変革をしたがる（パーパス型）。だんだんスキルやノウハウ、資産が蓄積され、それを探究していくフェーズに入る（アイデンティティ型）。そして、いろいろなものを次世代に継承していくなかで、時代を超えた普遍的な思想が残っていく（フィロソフィー型）。

必ずしもすべての会社が、社会変革を目指すパーパス型である必要はない。あなたの会社がどのタイプに近いかも参考にしながら、自社の「動詞」を考え、ステートメントに落とし込んでみてほしい。

⑥ステートメントと人格が合うかを考えて見直す

ステップ⑤でつくったステートメントの言葉は**しっくりくる**だろうか。ミッションステートメントを考えるうえで、「しっくりくるか」という身体感覚は非常に重要だ。ミッションステートメントをつくるうえでは、まったく新しい言葉をつくり出すよりも、組織の一人ひとりが日常の仕事のなかで感じている身体感覚を言語化したほうがいい。

また、しっくりくるミッションステートメントをつくるうえで重要なのが、**選んだ動詞が企業の「人格」とマッチしているかどうか**だ。しっくりくる言葉は、会社の価値観や性格、つまり「人格」と合っていることが多い。

自分の会社の「人格」はだれに似ているのだろうか？　だれに似るようになっていきたいのか？　それを、空想の人でも歴史上の人物でも企業ブランドの人格診断でもいいので、だれかに喩えてみよう。その「人格」を持った人が、そのステートメントを口にしているのを想像したとき、おかしくないだろうか？

たとえば宮崎駿さんだったら、「アニメーションで世の中を変える」という言葉は使わないはずだ。「子どもたちを楽しませる」ということを大事にした人だからだ。人格としてはエンターテイナーであり、楽しさがコアの言葉になるはずだ。

ソニーは「クリエイティビティとテクノロジーの力で、世界を感動で満たす。」というパーパスステートメントを掲げているが、その人格は「クリエイティブな子ども」だ。それに対して、「世界の持続可能エネルギーへのシフトを加速する」というミッションステートメントに表されているテスラの人格は「急進的なイノベーター」だろう。

ミッションづくりの過程で、企業の人格を明確にすることは、ブランディングにも効いてくる。これによって、自分たちが社会に語りかけるときのスタイルが決まってくるからだ。人格のタイプを考える時には、ユングによる「12の性格アーキタイプ」なども参考になる。

III

「ミッション／パーパスの策定」とは「同一性のアップデート」

ミッションを改定する過程で、ぜひ併せて考えてほしい問いがある。

・私たちは、どんな人からどんな人に変わろうとしているのか？
・そのために、なにを捨て、なにを新しく始めればいいのだろうか？

僕ら人間でも、人生のフェーズが変わるときには、自分とはだれかを見つめ直し、いままでのこだわりを捨てることで、次第に新しい人格の自分に変わっていく。

組織においても、ミッションを改定することで、自分たちがだれで、どんな存在で、どこに向かうのかというアイデンティティは変化していく。そのミッション改定の過程は自分たちとはだれかを再整理し、同時に組織の人格や、その背景にあるメンタルモデルの書き換えが起こることが多いからだ。

僕たちBIOTOPEの場合も、「意思ある道をつくり、希望の物語を巡らせる。」というミッションをつくる過程のなかで、アイデンティティが変化した。

それまでの僕たちは、未来をつくり出す意思を持った人のビジョンを引き出し、デザインする「イノベーションのインキュベーター」のような存在だった。そこからビジョンを体現した企業が、自社の事業活動やサービスを通じて希望の連鎖を世の中に巡らせていくのを助ける「ビジョンの伝え手」になっていきたいと思っていたのだ。僕たちは「お客さんがどう変化したか」ではなく、「お客さんが変化した先で、そのビジョンが社会にどんな希望を生み出したのか」を大切にしたいと思っていた。そこで、自分たちの組織を「メディア」としてとらえ直し、希望の物語としてのビジョンを伝えるメディアの「プロデューサー」としての視点を持とうと考えるに至った。ミッション改定の背後では、このようなアイデンティティの変化が起きていたのだ。

他の例も紹介しよう。アディダスは、スポーツは勝つことこそが重要だという伝統的なスポーツ産業の価値観に合わせ、勝つことに焦点を当ててすべてのテクノロジー開発やマーケティングを行っていた。その当時のアディダスのなかでは、サッカー、野球、バスケと並んで、女性というカテゴリーで事業が分けられ、ビジネスが営まれていた。しかしあるとき、女性客の多くがヨガに興味を持っていることに気づいた。そのうちに、アディダスはヨガには競争がないことに注目し始めた。スポーツとは、必ずしも勝つためのものではなく、シェイプアップやリフレッシュといった意味もあるのではないか。そう「意味の片づけ」をし直すことで、アディダスの事業の目的が変わったのだ。競技としてのスポーツで強くなることこそがすべてであるというメンタルモデルから脱却することで、アディダスのアイデンティティが変化し、事業の幅が広がっていった例だ。

前述のNPO法人クロスフィールズも、実はミッションを書き換えることで人格の変更をしている。

クロスフィールズは長らくミッションを「枠を超えて橋をかけ　挑戦に伴走し　社会の未来を切り拓く」とするなど、「伴走」という言葉を使ってきた。しかし、事業の必要性に多くの人が賛同し、事業領域を広げるうちに「伴走」という主従の「従」の立ち位置的な人格ではなく、自発的に社会課題が解決され続けるエコシステムの創造に重きを置きたいと思うようになった。そこで、ミッションを「社会課題を自分事化する人を増やす／課題の現場に資源をおくり、ともに解決策をつくる」と変え、人格の変更を行ったのだ。

BIOTOPEが伴走したクロスフィールズのビジョン・ミッション改定は、全職員が参加する4度の半日ワークショップのプロセスを経て行われた。半年弱をかけたこの過程では、自分たちが将来つくり出したい未来と、そのなかで自分たちが果たしていく役割とを、何度も繰り返し内省していった。その結果として、メンバーたちも団体としての新しいアイデンティティに対して、自然な納得感を持つことができたように思う。ビジョン・ミッションの刷新プロジェクトの具体的な様子や、それにともなってアイデンティティが変容していくプロセスについては、代表である小沼大地さんのnote（次のＱＲコードのリンク先）に詳しいので、興味のある方はぜひ読んでみてほしい。

暗黙の価値を定義・再定義することは、自分たちの本当の変容につながっていく。あなたのミッションステートメントには、どんな新しいアイデンティティを埋め込むだろうか？

III

存在意義の見直しから始まるターンアラウンド

多くの企業が変革期には事業や資産の見直しと再構築、いわゆるリストラを行う。一度倒産しかけたあと、前進に向けてミッションを改定することが多いが、その際には同時にこれまでやってきた事業の「意味のリストラ」も必要になることが多い。同時に自分たちがどんな人格になっていくかを考えると、各事業の意味づけも再整理される。自分たちの事業のとらえ方が変われば、事業の目的も変わるのだ。

レゴブロックで有名なレゴ社も、まさにこのプロセスを辿って復活した企業だ。同社は、1980年代にレゴブロックの特許が切れ始めると、ブロックの品質だけでは競争に勝てなくなっていく。テコ入れのために外部から経営者を招聘《しょうへい》し、「脱ブロック」を掲げて事業の多角化を推進するが、結果的には自社の「意義」が希薄化し、改革は失敗に終わる。そして、さらに深刻な経営危機に陥ってしまった。

そこで、レゴは多角化した事業のリストラに着手し、同時に自社の意義を問い直した。その意義の見直しのなかから生まれてきたのは「レゴの提供する遊びとは、ブロックそのものだけでなく、組み立てシステムにある」という理念だった。レゴの価値はブロックの品質だけではなく、組み立てる体験にあると定義したのである。

そのあと、レゴは「ブロックの組み立て」を拡張する遊びを次々と提案していく。『ハリーポッター』『ディズニー』『スーパーマリオ』など、有力なコンテンツを持つ企業と提携し、子どもたちの遊びの世界を広げたほか、MITメディアラボと共同で、プログラミングができる「レゴマインドストーム」も開発した。さらには「レゴアイデア」と呼ぶプラットフォームを開発し、ファンの提案したアイデアを実際に製品の開発に結びつけるような仕組みも整備した。

事業の利益率を改善するためにリストラをするケースはよく見られる。しかし、重要なのは、ビジネスのリストラと同時に、自分たちはなんのために事業をやっていて、自分たちはどんな人格で、どんな役割を果たすのかという意味のリストラを行い、アイデンティティを再定義することなのだ。組織のアイデンティティを見直すときには、ミッションやパーパスを改定することは有効だし、そのプロセスを通じて、自分たちの未来に向けてつくり出す価値が明確になってくると、企業は魂を取り戻し、息を吹き返していくのだ。

III

企業の発達段階に合わせてつくるパーパス

ここまで、企業のミッションとパーパスをほぼ同じものとして扱ってきた。実際、その用語法にはそこまで大きな意味はないと思うが、いまの時代にパーパスを策定することの意義についても少し触れておきたい。パーパスとは、社会のなかで果たしたい役割を定義することにほかならない。

一般的にパーパスは、存在意義や志などの訳で語られることが多いが、僕は社会的存在目的という訳がいちばんしっくりくると思っている。つまり、「あなたの組織はいったいなぜ、この社会に存在するのか？」という問いに対する答えだ。これだけだと少し抽象的なので、具体的な問いで考えてみよう。

- **なにが達成できたら、自分たちは社会からいなくなってもいいのだろうか？**
- **逆に、自分たちがいなくなったら、社会はなにを失うだろうか？**

こうした問いに対する答えが、パーパスだ。成熟期を迎えた大人が自分の残りの人生の時間軸を意識し、自分の実存がどこにあるかを自問するのに似ている。

たとえば、「地球を救うためにビジネスを営む。」というパーパスを掲げているパタゴニアは、アウトドア用品を販売するという事業を通じて、地球を救うためのビジネスの仕組みを発明することを、自社の存在意義だとしている。

一方でテスラは、ミッションという言葉を使って「世界の持続可能エネルギーへのシフトを加速させる」ことを提唱している。電気自動車の普及と充電ステーションの拡充を通じて、より持続可能なモビリティシステムに移行していくアクセルになるというのが同社の社会的存在目的だ。

パーパス、ミッションと言葉は違えど、この2つに共通するのは、自社の事業が社会や環境にどんな影響を及ぼすのかを高い視座でとらえたうえで、目的を定義しているということろだ。第2章で触れた「自分－社会－環境のフレームワーク」で言うと、自分という枠を出て、自分↓社会、もしくは自分↓環境という目線を持っているということなのだ。

自分たちは単なる「稼ぐマシン」ではなく、より大きな目的に仕える存在なのだ——この視座こそが、パーパス的なものを考えようとするブームの背景にあるのではないかと思われる。

そう考えると、具体的なステートメントを用意するかどうかは別として、パーパス的なものはやはりいまの時代には多くの企業に求められることになる。ビジネスが儲ければいいだけのゲーム的なものだった時代には、自分を中心にした「外に向かうベクトル」だけがあればよかった。

しかし、株主中心主義からステークホルダー中心主義へと変わると、会社の「公器性」が重要になってくる。その結果、いま「社会的に大きなことを言うこと」がちょっとしたブームになっているとも言える状態だ。たしかに成熟した企業では、意識の中心が利己から利他に向かうのはすばらしいことだと思う。

しかし、**すべての企業が社会善を語るのは誠実なことなのだろうか**と疑問を感じることがある。「そのほうが社員も関係者も巻き込める」という戦術的なあざとさが見え隠れするようにも思う。というのは、人間の発達段階のように、個々の企業にはパーパスを持つにふさわしい段階があると思うからだ。

ある急成長している小売業の会社の経営者に、「あなたの会社の社会的な存在意義とはなんだと思いますか？」と質問したことがある。例の「10年後に売上規模2兆円」を目指しているという企業だ。

するとその経営者はこう答えた。

「いまの売上規模だとまだ社会における必要不可欠な存在にはなれていないと思います。その段階で、いまの自分たちの社会における意義なんて、大それたことは考えられません。2兆円規模の売上のある存在、つまりコンビニチェーンくらいの存在になって初めて、社会的な存在意義を考えられるようになるのではないでしょうか？」

非常に誠実な姿勢で、僕は感銘を受けた。成長期のメンタリティを持った企業は、まずは社会的意義を考えられるようになるまで、成長し続ければいいのだ。

一方で、Z世代の起業家などに多いが、会社の規模などに関係なく、創業時から社会善を目指すのが自然だと感じている経営者たちもいる。事業の目的が、必ずしも儲けありきではなく、社会的な役割のために存在していると素で思えるのであれば、パーパスをつくるのは自然だ。

このような場合には、クックパッドのように、会社の解散条件を企業の定款のなかに入れたらいいと思う。同社は、「毎日の料理を楽しみにする」というミッションが実現した際には会社を解散するという文言を定款に入れた。

もし、たとえ儲かるとしても、事業の意義を満たさないと意味がないと考えている経営者であれば、パーパス・ミッションを達成した際には、会社を解散するというルールにしておくことは、本来あるべき姿なのではないかと思う。

【実践ワーク】 自社の「真ん中」にあるものを棚卸しする

あなたの会社のミッションはなんだろうか？　もし、ミッションの見直しを考えている場合、まずは数名の同僚と一緒に、次の質問に答えながら、あなたの会社の「真ん中」がなにかを考えてみてほしい。

あなたの会社がやっている事業や、持っているリソースを棚卸ししてみたときに、どんな価値を生み出しているだろうか？　たとえば「質の高い和牛をいちばん安く届けること」というように、「〇〇を××すること」というフォーマットで書き出すといい。

・私たちが心からワクワクする事業や活動はなにか？（WILLの問い）
・自分たちだからこそできている事業や活動はなにか？（CANの問い）
・私たちはだれのどんなニーズに応える事業や活動をしているか？（NEEDの問い）

まずは、これらの3つの問いに対して、思いついたものを書き出して141ページのようなベン図の該当箇所にプロットしていこう。それが終わったら、次のNOTの問いを考えて、書き出していこう。

・私たちが絶対にやりたくない事業や活動はなにか？（WILL NOTの問い）
・自分たちにはできない事業や活動はなにか？（CAN NOTの問い）
・私たちが絶対に応えられないニーズはなにか？（NEED NOTの問い）

全部プロットし終わったら、WILL／CAN／NEEDの問いに対する答えを見直しながら、すべてを満たす要素がなんなのかを書き出して、それをベン図の中央に書いてみよう。ミッションステートメントは、いきなり洗練された言葉である必要はない。こういったテーマでチームで対話し始めることこそ、自分たちの本質に辿り着く第一歩なのだから。

自分たちが提供し続けたい「真ん中にある価値」はなんだろう――？

第4章

Narrative

ナラティブ

理念を「自分ごと」へと語り直す

Question

私たちの会社はどこから来て、どこに向かうのか？

私たちはなぜ、ここにいるのか？

III

伝わらない理念と伝わる理念の差

「ミッションもビジョンも時間をかけてつくりました。しかし、つくるプロセスに関わっていない現場の社員に自分ごととして感じてもらうことは難しい。どうやったら、理念を自分ごととして考えてもらえるのでしょうか？」

経営者のみならず、マネジメント的な仕事をしたことがある人なら、一度は抱える悩みだろう。ミッション、ビジョン、バリューといった理念にせよ、もっと具体的な戦略にせよ、策定するだけでもひと苦労なのだが、それが社員に伝わらないと意味がない。そして大胆な変更をするときほど、伝えるハードルは高くなる。

僕自身、会社員として働いていたときに、理念が機能するかしないかで大きな差が生まれると実感したエピソードがある。ソニーに勤めていた頃の話だ。僕がソニーに中途入社したのはリーマンショック直後で、その頃は「make.believe」というグループのブランドメッセージが掲げられていた。「make」は思いや着想を実際の商品や体験として形にする同社の行動を、

「believe」はアイデアや理想像など同社の精神を表し、「.《ドット》」が精神と行動をつなぎ、想像を現実へと結びつける同社の役割を象徴するといった意味だったはずだ。しかし、ブランドメッセージのＣＭと、商品ＣＭの最後のタグラインで耳にする程度では、社員の僕にはまったくピンとこなかった。

その後、ソニーは連結最終損益が４年連続で赤字となり、危機に瀕することになる。そのなかで、新しく就任した平井一夫社長（当時）がコーポレートブランディングのプロジェクトで打ち出したのが「ＫＡＮＤＯ」という言葉だった。方向性を失ったかのように見えた会社に対して、『ＫＡＮＤＯ』を提供する会社。それこそがソニーが目指すべき姿だ」と宣言されたとき、一社員として「おっ!?」と心が動いた。

それまでのmake.believeというメッセージでは、最終的にこの会社がどんな体験を世の中に届けたいのかよくわからなかったし、なにより自分がそこに入っていく余地がないように思えた。おそらく、メッセージがクリエイティブに寄りすぎてしまったこともその原因なのだろう。つくり込まれすぎている言葉・映像は、社員が自由に解釈する余地をなくす。しかし平井社長が「ＫＡＮＤＯ」についての話をしたときには、ソニーはこれから一人ひとりにとっての「ＫＡＮＤＯ」をつくる会社に変わっていくんだと実感できた。すると、自分自身が企画するそれぞれのサービスに、どうすれば「ＫＡＮＤＯ」を取り入れられるのだろうと自然と考えるようになった。

ＫＡＮＤＯという言葉は、エレクトロニクス事業が主だった頃のソニーの歴史も継承しているし、エンターテイメントとエレクトロニクスの融合で成し遂げられることも指し示している。またＫＡＮＤＯはプロダクトだけではなくコンテンツに関しても使える言葉でもあるため、エンタメとエレキを融合する未来の戦略の方向性も見えてくる。それまで上層部から言われていた、小手先の儲けや勝つための手段とは違う、経営者の意思がこもっていて非常にソニーらしい言葉だと僕には感じられた。だからこそ、響いたのだと思う。

おそらく多くの社員がＫＡＮＤＯを自分なりに受け止めたのだろう。その結果、社内に活気が生まれ、ソニーは再生へと向かっていった。僕がソニーグループ全体で社員発の新規事業を創出する取り組み「SONY Seed Acceleration Program（SAP）」を立ち上げたときにも、その言葉に後押ししてもらったと感じている。理念は伝わらなければ意味がないが、社員に響けば組織経営において、大きな力を生むものなのだ（なお、このＫＡＮＤＯは、平井さんの後を受け継いだ吉田社長によって、「クリエイティビティとテクノロジーの力で、世界を感動で満たす。」というパーパスに進化し、いまでは81％の社員からポジティブに受けとめられているという）。

III

経営者も答えを知らない——「理念の伝播」とはなにか？

では、どうすれば理念が伝わるのだろうか。ここで考えたいのが、理念が伝わるとひと口に言っても、その状態には3つの段階があるということだ。

①理念理解——理念を理解している状態（理念を聞いたことがある。言葉を言える）
②理念共鳴——理念に共鳴している状態（理念に自分の物語を重ねられる。人に説明できる）
③理念体現——理念を自分ごと化し、行動に落とせている状態（理念を行動で体現できている）

理念をどう伝えていくかは、古くから研究・実践されてきた。昭和の時代には創業者の理念を組織の隅々まで浸透させるために、それを盛り込んだ社歌を朝礼で歌ったり、社訓を唱えたりすることで理念を浸透させていた。社内の「バイブル」や「教科書」として、創業者の自伝や本をつくって伝えていく方法もあった。だれにでも唱えられる念仏というフォーマットによって広く布教していった大乗仏教や、1つのメッセージを全員に届けるマスマーケティングのような手法だ。

このように、多くの社員が理念を言えるよう、身体に染み込ませて覚えさせることを**理念浸透**と呼ぶことにする。しかし、この手法も変化の必要性に迫られている。ひと言で言うと、理念をそれぞれの社員が自分なりに解釈しながら、それぞれの人生のストーリーのなかで息づくものにしていく必要があるのだ。

2021年に行われた「パーパスに関する意識調査レポート」(Ideal Leader社)によると、「自社のパーパスを十分に自分ごと化する機会を得られているか?」という質問について、「非常にそう感じる」と答えた人はおよそ18%だったのに対し、「少しそう感じる」と答えた人が41%と大多数になっている。理念についても、自分ごと化して行動できる人は、まだまだ一部の先行層のみなのだ。

とはいえ、旧来の理念浸透では本当に不十分なのだろうか? 本当に自分ごと化までが必要なのだろうか? これに対しては「YES」と答えざるを得ない。

その理由は、組織の思考法の変化にある。すでに紹介したように、いまはVUCAの時代と呼ばれる、変化が早く不確実で将来の予測が困難な時代だ。これまで企業が採用してきた戦略立案では、情報を徹底的に集めて可能性を計算し、トップダウンで意思決定してきたが、それが難しくなっている。経営者も確固たる答えや、答えを出すに足る情報を持てないし、変化に

図4-1｜理念経営2.0の基礎となる「センスメイキング」のあり方

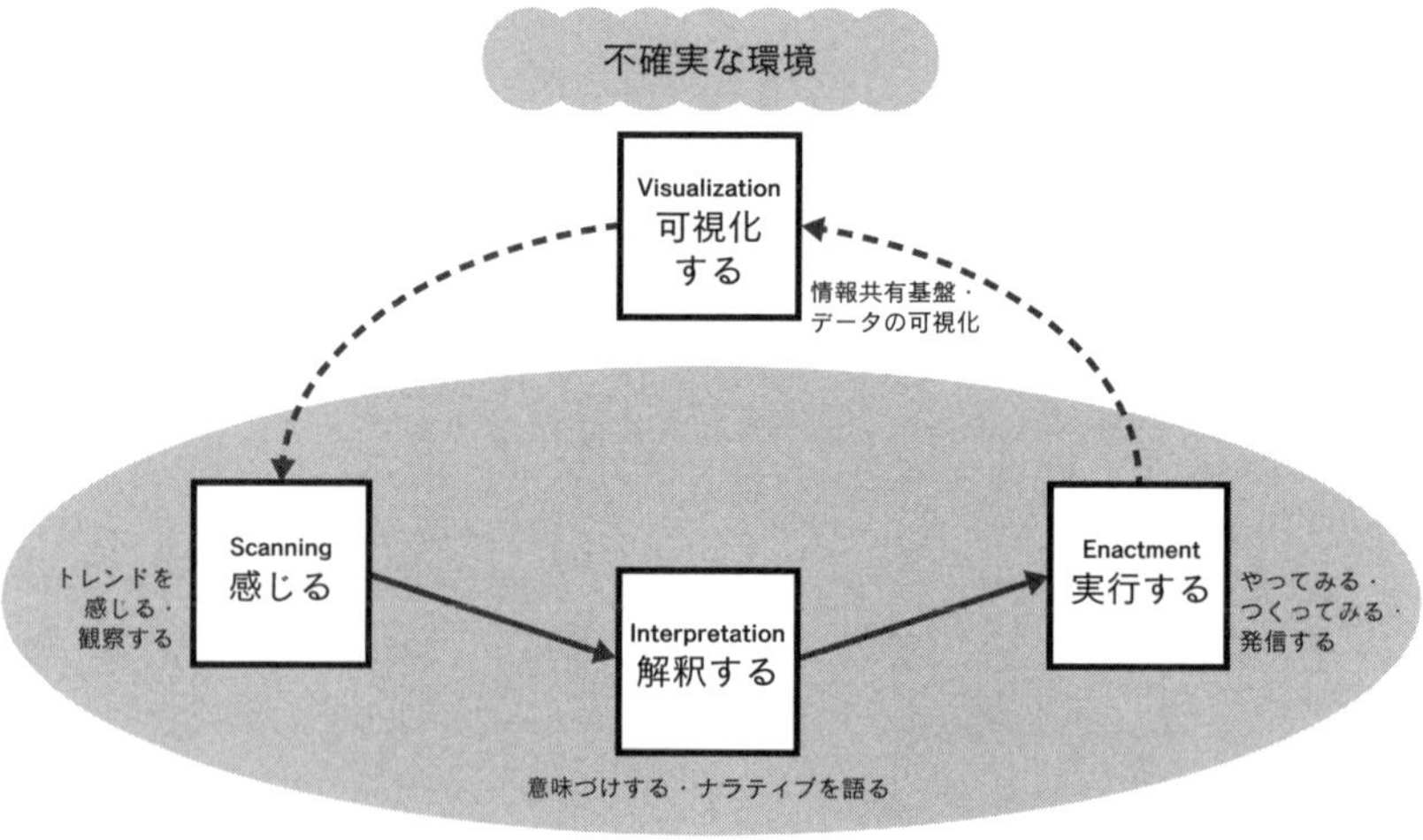

対応してつねに意思決定を下していかなければいけない。社員が創業者のコピーとなって、同じことを考え、同じように行動している場合、トップがこければ皆こける時代なのだ。だからこそ、企業理念もトップがつくるのではなく、みんなでつくったほうがいいし、理念の解釈やそれをもとにした行動も、大前提を共有しながらそれぞれの人が自分なりに判断して起こしていくことが望ましい。

こういった時代に組織を経営するためには、経営者などだれか一人が状況を観察し、仮説構築をするのでは危険すぎる。そこで重視されるようになったのが、不確実な環境のなかで各人の意味づけに基づいて意思決定を行っていく**センスメイキング理論**だ。

センスメイキング理論では、決まった答えが見えないなかで、**各社員がそれぞれの置かれた環境下で見ているものを自分なりに感じ**（Scanning）、解釈して（Interpretation）、持ち場に戻って実行・表現（Enactment）することで、意味づけしていくプロセスを重視する。このプロセスに僕は1つステップを加え、一定程度トライしてみたら、そこで起こっていることを可視化（Visualization）して全体に共有して振り返り、集団としての意味づけをしながら進んでいくという行動を入れている。自分の解釈で行動をする余地が残されているので、このセンスメイキングのプロセスを経ると、各自が「納得」できるという特徴がある。また、各自が見ているものを統合することで視点を多様化できるため、センスメイキングは、日々ボトムアップで試した戦術をもとに戦略を更新し続ける経営システムの思考OSだと言っていいだろう。

このように組織の思考法が変わっていくなかで、社員一人ひとりが行う意味づけ（センスメイキング）の土壌として企業理念が機能すれば、組織は円滑に経営できる。そのためには企業理念に社員が共鳴し、自分ごと化する必要があるのだ。ソニーの「KANDO」は、社員の僕のなかでしっかりと自分ごととして響き、新規事業創出プログラム「SONY Seed Acceleration Program（SAP）」の立ち上げという行動につながった。つまり、「KANDO」は理念に共鳴するだけでなく、具体的な行動にもつながる理念体現の段階に達していたと言える。「これはKANDOなのかどうか」「このプロジェクトの目的はきちんとKANDOにつながっている」などと、社員一人ひとりが自分なりに考え、意味づけできるようになっていたのだ。

そして、理念伝播にも、このセンスメイキングが役に立つ。人は納得感を持つことができれば行動しやすくなる。個々の社員が納得して行った行動が、周りの人の行動にも影響していくからだ。

III

過去―未来―現在をつなぎ直す意味――センスメイキング

センスメイキングという考え方が必要なのはわかっても、まだ具体的なイメージが湧かない人もいるだろう。それを象徴的に紹介できるエピソードがある。U理論を提唱したオットー・シャーマー先生に僕が初めて会ったときのことだ。

アメリカのデザインスクールに留学中、ボストンを訪れた僕は、MITで行われていた彼の授業に潜ったことがある。そして、授業が終わったあとに「少しだけ時間をもらえませんか?」と話しかけたのだ。するとオットーはいきなりこんな質問を投げかけてきた。

「あなたはどこから来て、どこに向かっているんですか? あなたは、なぜ、いまここにいるんですか? それを教えてほしい」

まさか初対面でこんな大きな質問をされると思っていなかったので驚きながらも、僕はなん

図4-2｜過去－未来－現在をつなぎ直す——センスメイキング

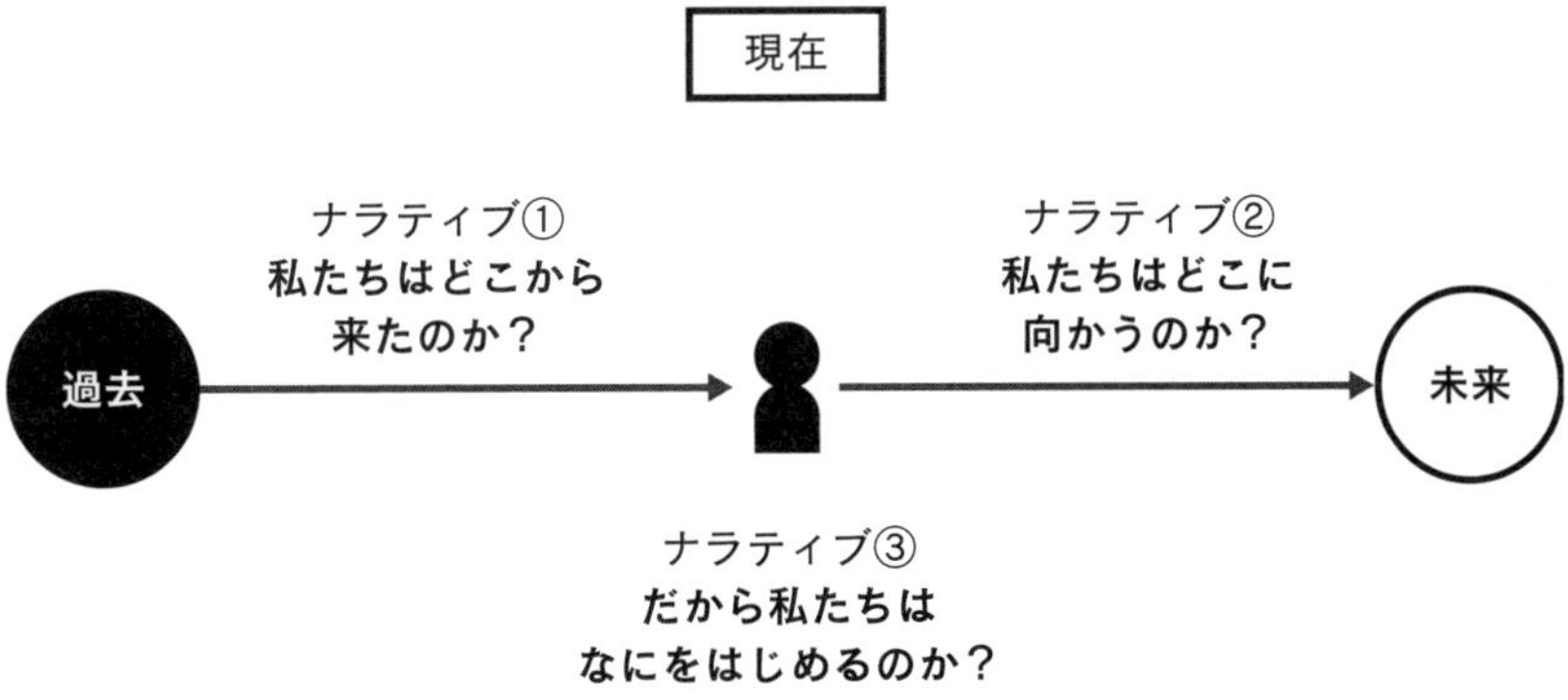

過去と未来についてのナラティブによって、現在の「意味づけ」が進む

とか答えを絞り出した。

「以前、僕はマーケティングの仕事をしていました。将来は、デザイン思考で社会を変えるような仕事がしたいので、現在はアメリカでデザイン思考を勉強しています。デザイン思考は集団で社会を変えていくという点でU理論と共通点があると思ったんです。その接点を見つけるために、今日、あなたに会いに来ました」

オットーの問いによって、自分がマーケティングを学んでいた過去と、自分の向かう未来の方向、だからこそいまなにをするかという現在が、パッとつながった。過去と未来があるから、現在を「意味づけ」することができた。「どこから来て、どこに向かっているのか？　だからいま、なにをするのか？」の一連の問いに答えるのが、まずはセンスメイキングに必要なことなのだ。

オットーは「いま、あなたはなにをしようとしているのか？」とだけ聞くこともできたはずだ。そのほうが手っ取り早い。しかし、彼はそうはしなかった。それだけ聞いても「文脈」が伝わらず、プロアクティブな行動が取りにくいからではないだろうか。

僕は会社の会議でも、センスメイキングを大事にしている。通常の会議だと、当日のアジェンダを伝え、その内容を簡潔に説明・議論していくのが効率的なやり方だ。

しかし、それはある程度予定調和的に全体像が見えている場合に使える方法にすぎない。どの道に進むのがいいか見えていない、デザインコンサルティングのような仕事では、「これまでの議論や調査の結果、ここまでがわかり、将来これをしたいから、今日はこれを議論する」と過去－未来－現在の順で文脈をしっかり伝えたうえで、その日のアジェンダを確認するほうが、どういう仮説を持って、いまこの活動をするのかを考えやすい。結果、参加しているメンバーのアイデアも引き出しやすくなる。つねに状況は変化していて、調査の結果によって将来向かう方向は変わり、その日必要な議論も変わることがあるからだ。

それなのに、単にアジェンダだけ話されたら、そのアジェンダについてリアクションすることはできるが、自分なりにその先を考えて新しい提案をするような形で参加することはできない。戦略や中期ビジョンに関しても同じだ。それだけ伝えられても腑に落ちないし、状況が変わったときに即座に社員は対応できない。過去－未来－現在をつないで話すことが、腑に落ちた状態で自分ごととして行動するには欠かせないのだ。

この過去―未来―現在をつなぐその人なりの語りを**ナラティブ**と呼ぶ。オットーの質問への僕の返答は、僕なりのナラティブだ。ナラティブは「語り」と訳されるが、筋書きや内容を指し、配役や構造が決まっている「物語（ストーリー）」とは違い、一人ひとりが自分目線で起こった出来事やそれを通じて感じたことを主観的に語ることを指す。

僕の返事を聞いたオットーは、その場でこんなことを言ってくれた。

「僕も似たような問題意識を持っていたんだ。それでIDEO出身のデザイナーと一緒にワークショップを開発しているんだ。彼女を紹介するよ」

このオットーの言葉も彼なりの「ナラティブ」だと言える。僕のナラティブによってオットーなりの解釈が触発され、彼なりに行動してくれたのだ。

このように「どこから来て、どこに向かっているのか？　だからいま、なにをするのか？」という一連の問いに対する答えを聞き、それをナラティブとして個々人が自分なりに語り直して行動が生まれていく。このように**個人それぞれのナラティブを統合して新しい行動につなげていくのが、組織のセンスメイキングだ。**

図4-3｜ナラティブの相互作用

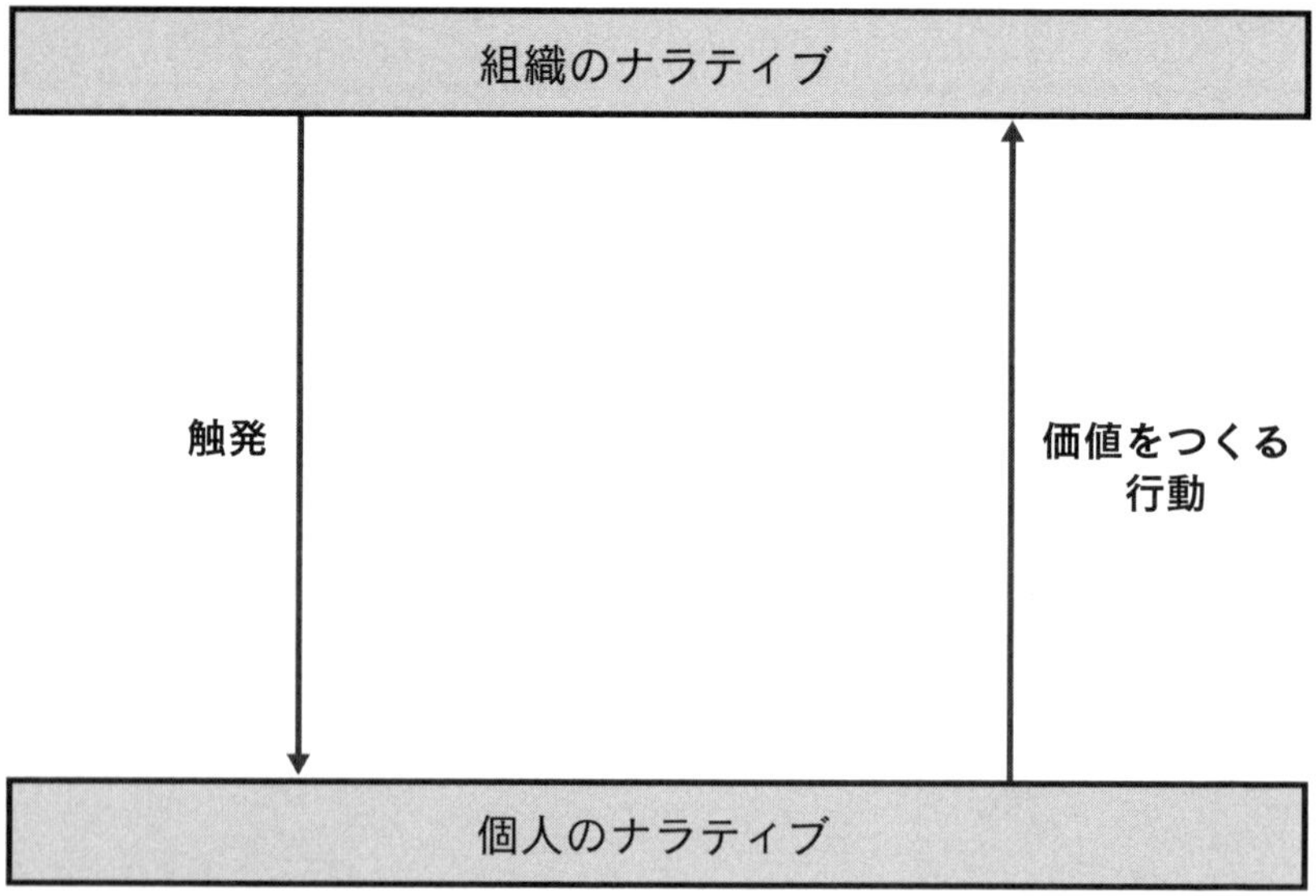

ソニーの例で確認しよう。「KANDO」について伝えるとき、平井社長は「ソニーは過去、エレクトロニクスが強い会社だったが、ウォークマンに代表されるように世の中に新しい体験を届けてきた。そして、今後はエレクトロニクスのみならず、エンターテイメントを統合して新しい価値をつくっていく。その接点となるのが、ソニーが変わらず提供し続け、これからも提供し続けていくKANDOなのだ」と語った。過去－未来－現在をつないだ「組織のナラティブ」になっているのが見て取れるだろう。

それを聞いた僕は、自分なりにソニーの歴史や未来を思い浮かべ、「では、自分自身はどうすれば『KANDO』を自分の企画に取り入れられるか？」を自分のなかで語り直し、行動につなげていった。それは僕の「個人のナラティブ」だ。他の社員も同様に自分の「個人のナラティブ」を持って行動をし、それが社内で影響を与え合う。このようなナラティブのぶつけ合いによって価値の共創が進み、新たな「組織全体のナラティブ」が生まれていく。「組織のナラティブ」と「個人のナラティブ」がぐるぐると影響し合うプロセスこそが、センスメイキングが組織で機能する際のメカニズムなのである。

III

ナラティブが重視される理由とは

ここで、ナラティブについて、もう少し詳しく紹介していこう。ナラティブは「語り」と訳される。すでに説明したように、筋書きや配役、構造が決められている「物語」とは違い、ナラティブは、一人ひとりが自分を主語にして、どんな出来事がどんな時間軸で起こり、その過程でどんなことを感じたかをまとめるものだ。さらにそれが聴き手を触発していくことまで含めてナラティブと呼ぶこともある。センスメイキングでこの「ナラティブ」が重視される理由は3つある。

1つめの理由は、経営者だってもはや答えを明確に知ることができる時代ではないからだ。経営者も自分を主語にして「自分はこう思う」と語ることしかできない。

図4-4｜ナラティブは「触発」する

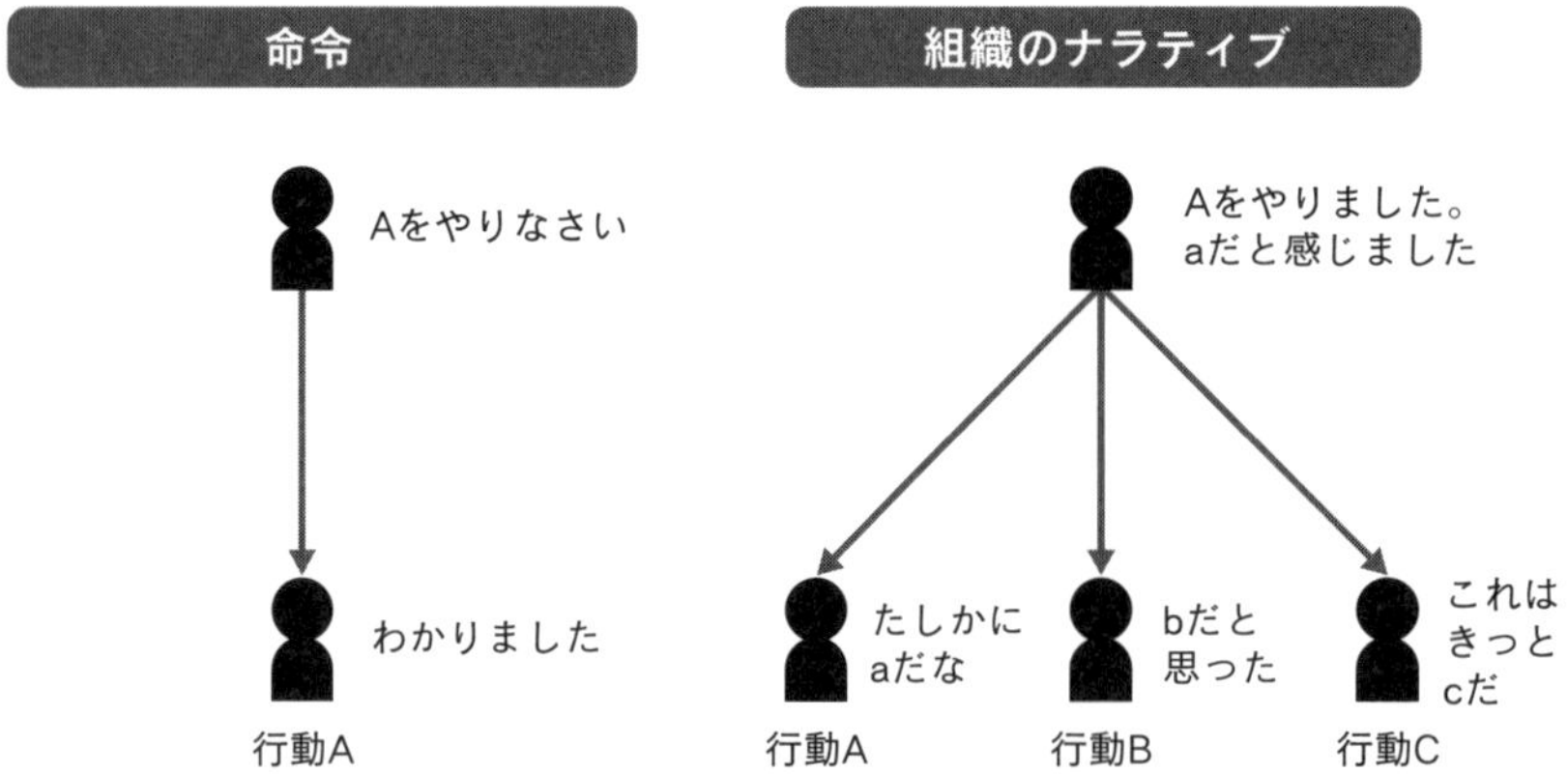

「自分を主語にした語り」は、
多様な行動を「触発」できる

2つめの理由は、複雑な事象は一定の時間軸のなかで順を追って語られたほうが理解しやすいからだ。またその人がある出来事に対してなにを感じたかが時系列で整理されると、人は出来事などを勝手に自分なりに結びつけて解釈しはじめる。

3つめの理由は、「ナラティブ」には人の信念を変える力があるからだ。人は信念を簡単には変えない。しかし、心理学の研究によると、自分の理解を超える出来事があって混乱したあとに、それに対して新たな解釈を提示されると、信念が書き換わることがある。新たな解釈の提示方法として有効なのが、他人の感情のこもった語り（＝ナラティブ）だ。ナラティブは共感を生み、人の信念に影響を与えられる数少ない伝え方なのだ。

「ナラティブ」で伝えると、一人ひとりの社員が自分なりに物事を感じ、解釈して、行動し、広がりが出てくる。いままでのヒエラルキー組織であれば、不必要な情報は全部カットして「これをやりなさい」と明確に指示・命令していた。そのほうが情報のロスがないし、結果的に正しいアクションができる。

しかし、背景にある文脈を無駄なものとして全部削ぎ落として結論だけ言うと、なぜそれをやらなくてはならないのかがわからないため、内容が自分ごと化せず、人は触発されない。戦略でも長期ビジョンでも、それだけ伝えるのでは「命令」と同じだ。一方、「ナラティブ」で語ると、たしかにコミュニケーションコストは大きいが、聞いた人がインスピレーションを持って自発的に行動できる。「ナラティブ」は人を触発できると言っていい。

つまり企業理念を「組織のナラティブ」として語ると、どんなに複雑なものであっても社員が理解しやすくなり、社員が信念を変える可能性も大きくなる。また、まったく違った意味づけを与えることで過去を変えることもできる。さらには、社員一人ひとりが自分の関わりどころを投影できる接点が増えるので、結果的に社員は触発されることになる。

III

「自分たちはどんな人なのだろう?」——オムロンの長期ビジョンの場合

では、どうやって「組織のナラティブ」をつくればいいのだろうか。そもそも「組織のナラティブ」とはどんなものなのだろうか。BIOTOPEは、理念経営で有名なオムロンの2030年までの長期ビジョンを「組織のナラティブ」にするプロジェクトを支援したことがある。その例を使って説明しよう。

オムロン創業者である立石一真の「われわれの働きで、われわれの生活を向上し、よりよい社会をつくりましょう」という企業理念は、創業家の出身ではない山田義仁氏に経営のバトンが渡されたあとにも、社内に息づき続けている。同社は長期視点を持つ会社として知られ、ビジョンを10年に一度策定し直す取り組みを伝統的に行ってきた。過去には、「長期ビジョンガイド」という100ページ程度の冊子を精鋭チームで作成し、それを経営の羅針盤にしたうえで、中期経営計画を策定してきた。2020年に「SF2030」という長期ビジョンを策定した際には、オムロンの経営企画チームは、その運用を変えたいと思ったらしい。BIOTOPEは次のような相談を受けた。

「いままでは『時代背景を見ると、これからこんなことが起こるはずだ。だから、オムロンの長期的な戦略はこれで、組織にこう落とし込んでいこう』という考え方をしていました。しかし、次の10年では、新たなイノベーションを生みたいと思っています。そのためには、長期ビジョンを策定する側が道筋を示し、それを各事業部が落とし込んで実行するという考え方ではなく、ビジョンをそれぞれの社員が自分ごと化し、一人ひとりがイノベーションを生み出せる組織に変わっていかなければいけません。そこで社員一人ひとりが自分なりの物語を語れるように、このビジョンを伝えたいのです」

これまでつくってきた100ページの長期ビジョンガイドは、時代分析・事業戦略・組織戦略のパートに分かれており、内容自体はとてもすばらしいものだった。しかし、100ページのPDFを全部読むのは正直なところ非常に大変だったし、そもそもなにがキーメッセージなのかがつかみづらかった。そこで、戦略資料をナラティブ化していくプロジェクトでは、次のことを行った。

①主人公のキャラクターの設定

このナラティブの主人公はだれか、どんなキャラクターかを考えた。会社には生まれた動機があり、無意識に大事にしている価値観や、強み、組織文化などによって特有の人格がある。

過去から現在の自分たちを考えることで、この物語の主人公のキャラクターが見えてくる。主人公の個性が見える話を人は理解しやすいし、感情移入しやすい。長期ビジョンというと、時代変化とそこでやるべき戦略を語ることが多いが、「自分たちはどんな人なのだろう？」という視点を持ってそれを語るだけで、伝わり方が変わってくる。

その主人公を伝えていくうえで重要なのは、その企業の未来だけではなく、過去だ。その企業は過去どういうことをしてきたのか、どんな伝説を持っているのか。どんな背景を辿った結果、いまのような事業をすることに行きついたのか。そういった過去の歴史の語りを入れることで、その主人公＝会社への共感が増す。

②過去－未来－現在の時間軸での出来事

センスメイキングでは、過去－未来－現在の時間軸をつなぐ語りが不可欠だ。まず、ストーリーの構成としては、過去の歴史から始め、そのあとに、未来のビジョンをそれぞれの事業ドメインごとにビジュアル化して表現して提示する。最後には、それらを自分の現在とつなげて考えられるように、「じゃあ、明日からなにすればいいの？　なにを変えればいいの？」というメッセージを入れる。そうすることで、「私たちは、どこから来て、どこに向かっているのか？」をシンプルに伝えるのだ。

③結論ではなく問いかけを入れる

要所要所に「あなたがつくり出したい未来はどのような姿をしていますか？」「あなたはどのように変わっていきたいですか？」などと問いかけを入れた。ナラティブを聞きながら、それぞれの人が想像し、考えていく余白を意図的につくることは、聞き手の参加感を生み出すうえでは効果的な方法だ。

とくに、企業理念や企業戦略をナラティブとして伝えていくためには、②で書いた「過去－未来－現在」の時間軸を往復して語ることが重要だ。

オムロン社とご一緒した長期ビジョンのストーリー化プロジェクトについては、ＢＩＯＴＯＰＥのサイト（次のＱＲコードリンク先）を参照してほしい。

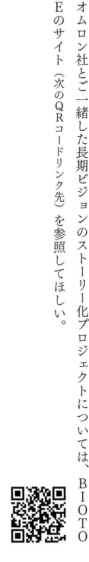

III

9つの問いで「組織のナラティブ」を引き出す――パーパスナラティブキャンバス

ビジョンは未来について語るが、未来だけを語られても現状とのギャップが大きくてしんどくなってしまう。また未来と現在をつなぐのは戦略の役割だが、未来と現在だけをつないだとしても、なぜ自分たちがそれをやるべきなのかがわからない。自分たちがそれをやるべきだとわかるためには、過去の出来事に理由を求める必要がある。

その落とし込みに使う要素を整理するために、活用できるのが「**パーパスナラティブキャンバス**」だ。

パーパスナラティブキャンバスは次の9つの質問で構成されている。

①**事業価値**――あなたの会社（事業）は、現在だれのために、どのような価値を生み出しているでしょうか？

②**動機**――あなたの会社（事業）はどのような動機から始まりましたか？

③**価値観**――あなたの組織でこだわってやってきたことはなんでしょうか？　逆に、絶対にやらないとされてきたことはなんでしょうか？

④**強み**――あなたの組織が、（競合と比べて）持っている資源や強みはなんでしょうか？

⑤**組織文化**――あなたの組織で賞賛される〝らしい〟行動とは、どのようなものでしょうか？

⑥**時代**――あなたが生きる時代は、どのような時代からどのような時代に変わってきていると思いますか？

⑦**未来の景色**――あなたたちが将来、見ていたいワクワクする景色はなんでしょうか？　い

図4-5｜パーパスナラティブキャンバス――9つの質問

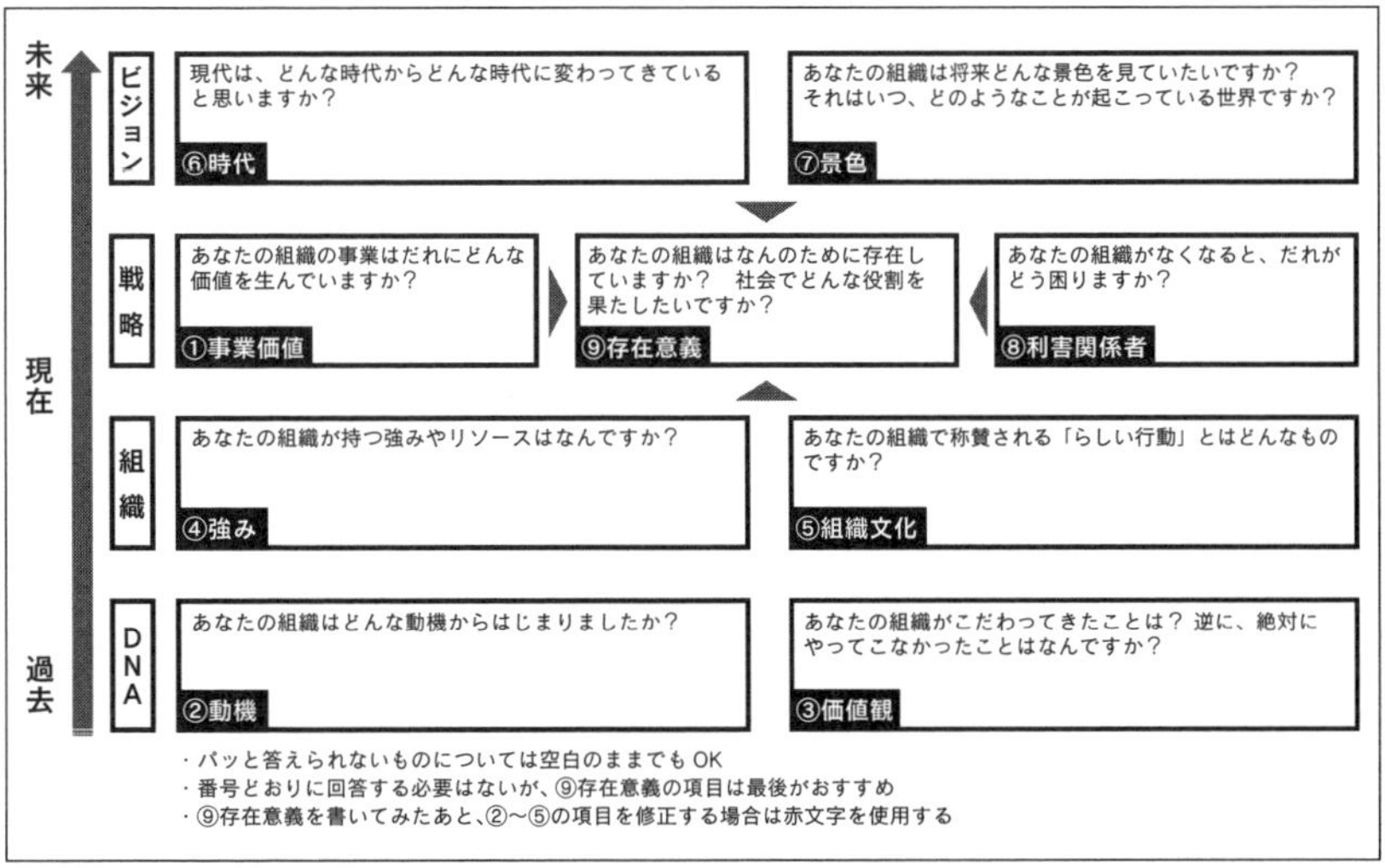

©BIOTOPE, 2023

パーパスナラティブキャンバスをもとに、以下のようなかたちで語ってみてください。

①事業価値	現在、私たちは______に対して______を行うことで、______という価値を生み出しています。
②動機	私のたちの原点は______という課題意識であり、
③価値観	______や______にこだわって事業を営んできました。
④強み	______という強みや______という資源を活用することに加え、
⑤組織文化	______や______という組織文化が、事業の価値を生み出すことにつながっています。
⑥時代	しかし、これからの時代は______から______へと変わっていきます。
⑦景色	そんな未来に私たちがつくり出したいのは______という世界です。
⑧利害関係者	現在は______が私たちの顧客ですが、将来には______にとって不可欠な存在となっていたいです。
⑨存在意義	その世界で私たちが果たす役割は______です。それが私たちの存在意義です。

つ、どのようなことが起こっている世界でしょうか？

⑧**未来の利害関係者**——近い将来、もしあなたの組織がなくなるとしたら、だれがどのように困るでしょうか？

⑨**存在意義**——あなたの組織はなんのために存在しているのでしょうか？　社会のなかでどんな役割を果たしたいですか？

この9つの質問によって、企業の理念や戦略をナラティブにしていくために大事な要素をカバーできる。そして、これらの問いで出てきたピースを、図4－5の下段のようにつなぎ直すと、過去－未来－現在をつなぐ「組織のナラティブ」ができあがる。

長期ビジョンもこうしたフォーマットで「組織のナラティブ」として語られると、聞いている人にとっては感情移入できるポイントが多く含まれるものになる。つまり聞き手側も、自分が主人公の語り＝「個人のナラティブ」をそこに接続させやすくなるのだ。

III

いかにして組織の物語を「自分ごと化」させるか？

「組織のナラティブ」をうまく伝えることができれば、触発されて「個人のナラティブ」が自動的に生まれてきやすくなるが、ただ伝えて終わりではもったいない。個人にも、その人の主観や、その人が主語の「個人のナラティブ」を語ってもらう機会を意図的につくる必要がある。

ビジネスの場では客観的な情報ほどよしとされる文化があるため、日頃、仕事の場でI《アイ》（私）を主語に一人称で語る場面は非常に少ない。日本の企業ではジョブローテーション制が前提で、みずから思い描いてきたキャリア像と重ならないことも多いし、なんといっても本音と建前を使い分ける文化が根強い。さらにいまはリモートワークが増えていて、要件のみのオンラインミーティングに終始する職場も多い。しかし、その状態が続くと、社員が自分の働く意義を見失う可能性がある。現に、コロナ禍以降、自分の働く意義を感じられないからと離職する優秀な人材も増えている。

自分のやっていることに意味がないと思いながら生き続けることはできない。『夜と霧』を著したユダヤ人の精神科医ヴィクトール・フランクルによれば、アウシュヴィッツに収容されて最後まで生き残ったのは、生きがいを持っている人だったという。苛酷な状況を最後まで生き抜く高いレジリエンスには「意義の感覚」が不可欠なのだ。

いま、自分が生きている、取り組んでいる「なにか」が、将来的に**より大きなもの**、社会に対して貢献できることにつながっている。それは自分にとって意味があることだ。だから、仮にいま辛いことがあったとしてもがんばれる――これが、意義を感じるという状態だ。どんなときにそういう状態になるのかを、「個人のナラティブ」を生み出しながら熟考しよう。

「個人のナラティブ」を考えるためには、オットー・シャーマー先生から僕が聞かれた、「あなたはどこから来て、どこに向かっているのか？　あなたは、なぜ、いまここにいるのか？」という問いに答えればいい。

ただし、この問いに答える際には、「どこに向かっているのか？」という意味づけが非常に重要になってくる。同じことをしていても、意味づけが違えば、見えてくるものはまったく違うからだ。たとえば、次の3つでは、どれだと意義を感じやすくなるだろうか？

①あなたは石を積んでいる
②あなたはピラミッドをつくっている
③あなたは1万年後にも残る文明遺産をつくっている

①よりも③と言われたほうが、いま自分のやっていることを、より大きな存在とつなげることができ、意義を感じやすくなるはずだ。

また「あなたはどこから来て」という過去の振り返りについては、しっかり考えることを勧めたい。「将来は○○したいから、いまは××する」と未来と現在だけを語る人は多い。しかし、それだけでは「自分とはだれか」というアイデンティティがぐらつく。過去と現在をつなぐことで、自分が見えてくる。

「自分は石を積むことが苦手だった。でも石の質や特徴を見分けることが得意になった。1万年後に残る文明遺産をつくりたいから、いまは得意を生かしてピラミッドの化粧石をつくる」と説明したほうが、単に「1万年後に残る文明遺産をつくりたいから、いまは得意を生かしてピラミッドの化粧石をつくる」と語るよりも、自分でなければならない理由が見えやすくなる。

こうやって過去―未来―現在をしっかりとつなぎ合わせることは、「イマココ」に集中して生きるうえで非常に重要なことだと思う。というのは、僕たちは過去―未来―現在がつながる感覚を持ちにくいからだ。それは、いまの時代の時間感覚に理由がある。

僕らがいま生きている現代というのは、時間軸の実感を持てなくなった時代だ。音楽でもいまはYouTubeやSpotifyなどで、あらゆる時代のものがアーカイブされ、SEKAI NO OWARIを聞く若者が、ミスチルや布袋寅泰のような別の時代の音楽を同時に聞く可能性も十分にある。オリンピックの直前に20年前の出来事の責任をとって公的な仕事を降ろされるような出来事も起こる。過去もいまも、同じように扱われる、時間軸が消失した時代だと言えるのではないか。

また、時間の流れる速度も速くなっている。さまざまなものの境界が溶け、インターネットによって人やモノがつながってしまった結果、ネット上の「世論」で社会全体がふらふらと揺れ動き、方針がころころ変わる厄介さは、コロナ禍で多くの人が実感したことだろう。1カ月前にはポストコロナを語っていたのに、2カ月後にはまたパンデミックだと騒いでいる——こうした流れは時間軸の消失とともに変化のすばやさも感じさせる。未来もまったく読めない。

こんな時代には、遠い未来に不動点を定め、過去の経験をもとに自分の原点を確認することで、過去－未来－現在のつながりを語り直し、認識し、いまに集中できるようにしていくことが、必要になるのだと思う。

III

「個人のナラティブ」と「組織のナラティブ」を接続させる

「個人のナラティブ」はそのまま「組織のナラティブ」に接続されることもあるが、重なり合う部分がごくわずかである場合もある。「理念共鳴」の段階に達するためには、接続する部分を意識してもらう必要がある。

図4-6｜組織のナラティブと個人のナラティブを重ね合わせる

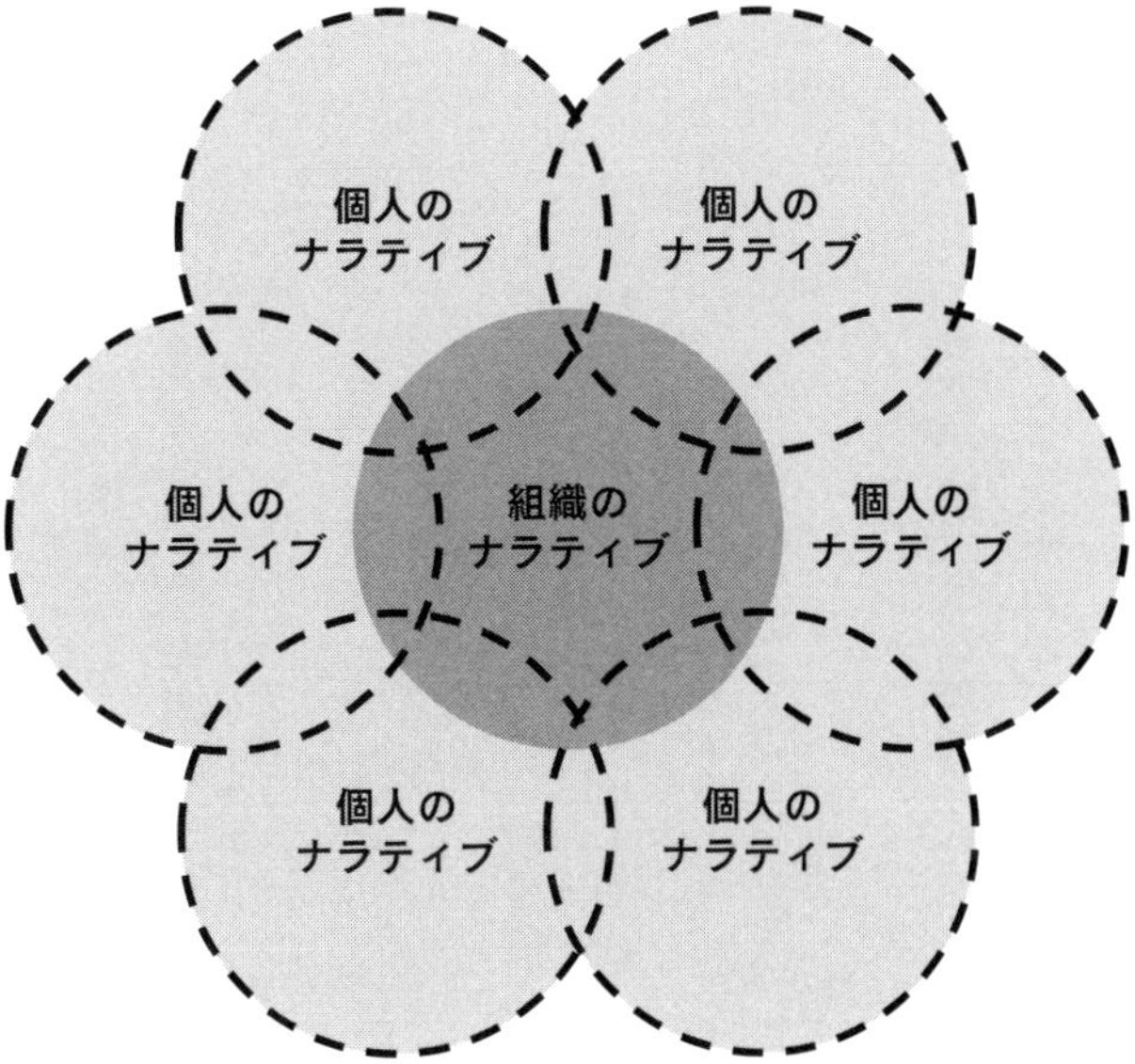

そのためには、「組織のナラティブ」を聞いて、それを自分なりに語り直す場をつくることが有効だ。その理由は、宗教での教会という場を考えてみるとわかりやすいだろう。教会には、人が集まってくる。そこでは神父などが、昔から伝わる逸話を語る。その逸話には宗教的な教えがベースにある。それに対して、集まった人たちは自分の日々を振り返りながら、自分なりにその教えをとらえ直す。自分なりにとらえ直しやすくするために、逸話は感情を動かしやすい日常的なエピソードとともに語られる。

組織として、教会と同様の「組織のナラティブ」と「個人のナラティブ」を接続する場を持つなら、次のようなナラティブワークショップを行うことをおすすめする。

最初の段階では、会社の過去－未来－現在がわかる「組織のナラティブ」を語ってもらうようにする。ここではまず、会社を主語にしたナラティブで問題ない。

次に、それを聞いた個々の社員たちに、自分の過去の経験から理念を体現していると感じた過去の取り組みを2～3個選んでもらい、それを「個人のナラティブ」として語り直してもらうようにする。持ち時間は一人あたり10～20分程度のイメージだ。

最後に、ほかのメンバーのナラティブを聞いて感じたこと、学んだこと、そして自分で行動したいと思ったことなどをグループで共有する。

「組織のナラティブ」は、前述の方法でつくれる。このワークショップでとくに課題になるのは「個人のナラティブ」をいかに語ってもらうかという部分だろう。短い時間で「個人のナラティブ」をまとめるのは大変なことだ。これについては、次のようなステップで考えると語りやすくなるだろう。

①理想の達成度を縦軸、時間の経過を横軸とした用紙を用意する。そして理念を体現すると思った過去の取り組みやエピソードを思い出しながら、その山（小さな成功）と谷（試練）がわかるように曲線グラフを描き込んでいく。さらにそれぞれの山と谷ではどんな出来事が起こっていたのかも書き込む（図4－7参照）

②それぞれの山と谷を象徴する写真を集めて、出来事と紐づけていく（図4－8参照）

図4-7｜ナラティブ振り返りマップ

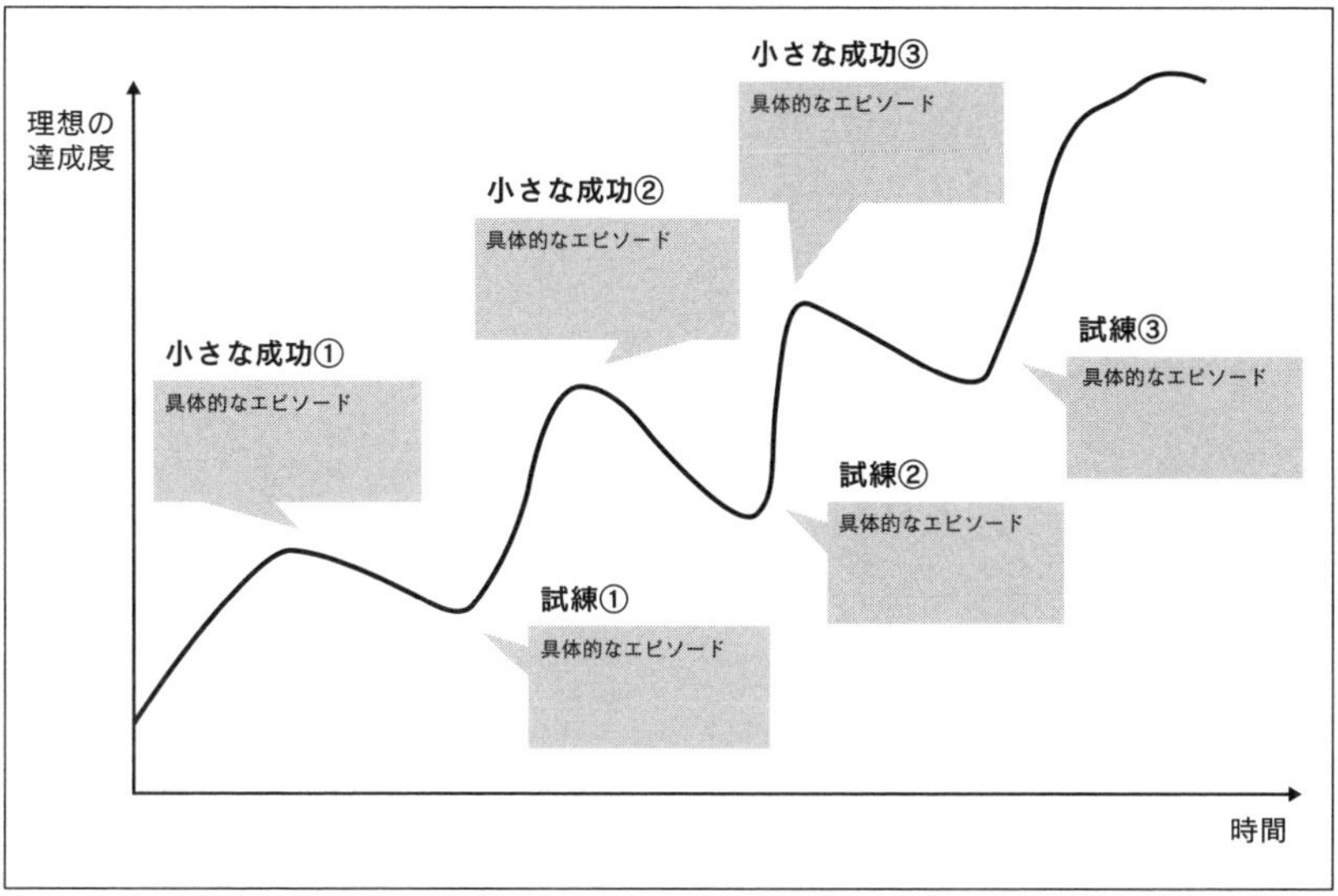

図4-8｜出来事と写真と紐づけて、ナラティブのプロットをつくる

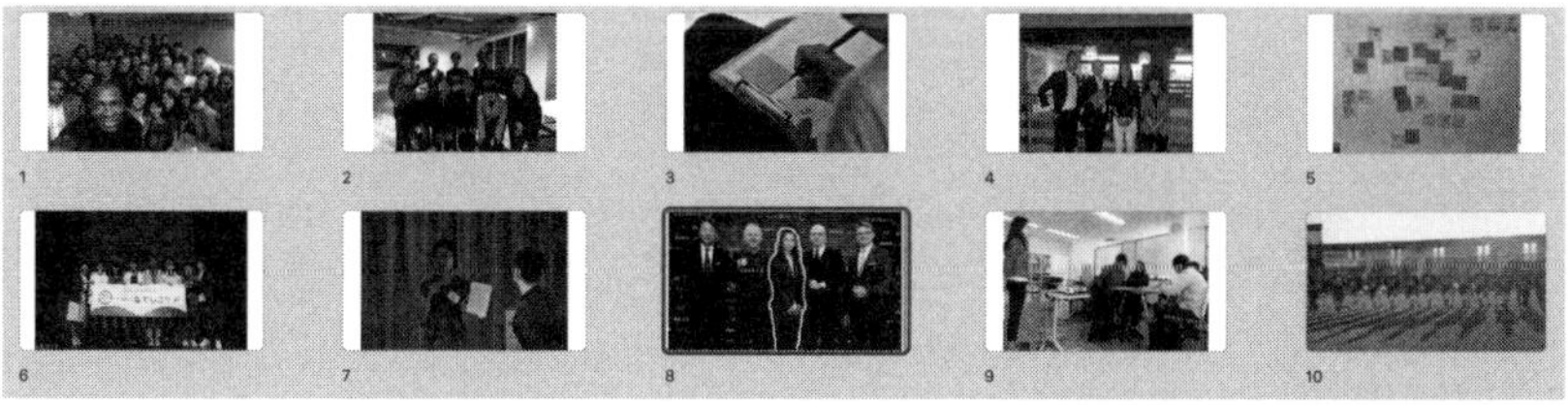

Photo by Ami Otaki

③問いを活用しながら、1枚の写真（1つの出来事）につき1分程度で説明ができるように準備する。これが「個人のナラティブ」になる

④用意した個人のナラティブをメンバー同士で共有し合う。聞く側は「共感できるな」「大事だな」「心に残ったな」と思ったポイントを、具体的なエピソードとセットでメモすること。たかがメモと侮るなかれ。他者のナラティブについてのメモは、「書く瞑想」と呼ばれるジャーナリングと同様に、自分の内面と向き合う効果がある

⑤メンバーのナラティブから学べること、自分なりに行動してみたいと思ったことを、グループ内で話し合う

理念をつくったあとには、必ず一度はこのような場をつくることをおすすめする。定期的に同様の機会をつくれるとなおいい。

メタ（旧フェイスブック）やリンクトインをはじめ、アメリカのＩＴ系企業ではAll hands meetingという全社イベントを定期的に行い、そこで創業者が理念について自分の言葉で語ったり、全社員からの質問に答えたりしている。

オムロンでは、企業理念を実践するさまざまな取り組みをグローバルで集めて、それに参画した人が全社に向けて発表する「ＴＯＧＡ（The OMRON Global Awards）」というイベントを、年に一度開催しているという。このようなかたちでナラティブを語り直し、広げていく場は、企業の理念を生きたものにするのに有効だ。

【実践ワーク】　日常にナラティブを埋め込むコツ

組織のナラティブを個人のナラティブに落とし込んでいくうえでは、さまざまな方法がある。NTTコミュニケーションズの支援に関わったときには、企業理念を「組織のナラティブ」に落とし込んだ冊子をつくり、レゴを使ったナラティブワークショップも開催した。冊子を読み、レゴでそれを実現した世界をつくりながら語ることで、自分ごと化するというものだ。

SOMPOホールディングス・損害保険ジャパンでは、「MYパーパス1on1」をやっているという。同社では、2018年度から従業員の成長を促す対話支援型マネジメントへの転換を図り、2019年度からは1on1でフィードバックや評価を行っていたが、その場を「個人のナラティブを語る場」に変えたのだ。その人が会社でなにをしたいのか、なぜそれをしたいのかを問いかけていくようなコーチングセッションになっているという。

お互いが個人のナラティブを語り合い、お互いに響き合っていく場をつくれれば、単に企業理念をつくってその言葉を伝えるよりも、はるかに理念に共鳴できる人を増やすことにつながるのだ。

日常にナラティブを組み込む方法については、さらに3つの方法を紹介したい。①は会議に組み込むもの、②は社外にまでナラティブを伝えるもの、③は面談などに使えるものだ。

①チェックイン／チェックアウト

1つめは、オンラインミーティングの最初と最後の5分を、「チェックイン」「チェックアウト」として、それぞれの主観の語りの場とすることだ。

このチェックイン／チェックアウトは、組織変革の現場で心理的安全性をつくるために使われてきた対話の手法だ。いちばんシンプルなやり方は、「いま思っていることを、準備ができた人から順番に話す」というもの。それについては「ツッコミなし」にするのがルールだ。

会議で主観の語りや本音を話すことを阻害するのは、上司部下の命令系統を意識したり、自分の役割を気にしたりするからだ。チェックインで話す順番や、ふだんの会話のパターンを壊し、自分がその場で感じた主観をそのまま話せる空気をつくることは、ナラティブを活用する第一歩になる。ミーティングが終わったあとのチェックアウトは、それぞれの会議内容の振り返りを相互に共有することにもなり、自分ごと化を促進するうえでオススメだ。

②会議のコンテンツ化

2つめは、あるテーマに関するトークを、コンテンツ化することだ。在宅勤務が増えるなかで、Podcastなどの音声メディアを聞く人が増えている。自宅で仕事をしているときの気分転換として、オンライン講演の音声をラジオ代わりにかけている人も多いはずだ。

音声での内容は、きっちりした構造を持つ講演よりも、カジュアルな語りのほうが伝わりやすい。音声には生の空気感や奥行きがあるからではないかと思う。

ZoomなどをZoomなどを使えば、オンラインミーティングはそのままYouTubeやFacebook Liveで配信もできる。オンラインミーティングにおけるトークを、社内外にストーリーミング配信したり、アーカイブとして聞けるようにしたりすることで、新たなナラティブを社内外に広く伝播させられるようになるのだ。

③ナラティブを引き出す3つの質問

1on1形式で次のような個人のナラティブを引き出す3つの質問をしたり、時にはお互いに質問し合ったりするのも有効だ。半年に1回程度、評価面談の際だけでもいいので試してみてほしい。

①あなたはそもそもなぜこの会社に入ったのか？（過去）
②あなたがこの会社を通じてやってみたいことはなにか？（未来）
③この2つを考えたときに、あなたがいま果たすべき役割はなにか？　まずどんなことから始めるのがよさそうか？（現在）

第5章

History

ヒストリー

会社に埋蔵された「原点」を掘り起こす

Question

私たちのいまをつくった原点は、
どこにあったのか？

III

会社の歴史は重要な経営資源である

「うちの会社は、最近急成長していて社員数が増えています。大きなビジョンを掲げて、それに向かって動いているので、スピード感もあります。でも一方で、中途採用の社員が増えたこともあって、以前にはあった一体感や仲間意識のようなものは薄れている気がするんですよね」

以前、あるIT企業の戦略担当執行役員からこんな相談を受けた。その企業は未来志向で経営を行っており、大きなリスクを取ってM&Aも積極的に活用し、成長している。しかし、M&Aによって伸びている会社は、成長するにつれて組織としての一体感を感じにくくなって悩むケースも多い。このような会社では、未来像だけを共有していても、組織が一体になって動くことは難しい。そんなときには、企業の未来だけではなく過去（歴史）を掘って共有することが、有効な手になる。

未来志向で価値を創造していく会社が、なぜ、歴史を考えるのか。歴史を懐古していても、なにも生まれないのではないか。そう思われるかもしれない。しかし、あえて言いたい。いまの時代に、歴史は企業の経営資源の1つとなる、と。

前章で、ナラティブを生み出す際に、「あなたはどこから来て、どこに向かっているのか？あなたは、なぜ、いまここにいるのか？」という問いについて説明したことを思い出してほしい。「私たちはどこへ向かうのか？」と未来志向だけで話をしていると抜けてしまう要素がある。それは「その未来を〝なぜ私たちが〟目指す必要があるのか？」という点だ。

イノベーションプロジェクトの例を考えてみよう。「現業に行き詰まりを感じているから、とにかく新しいことをしないといけない。だから、『いままでとは違う、非連続的なこと』を発想しよう」――そう考えることもあるだろう。新規事業を生み出す際には、とにかくドメインやテーマが現業と関係あるかはいったん忘れて、多くのアイデアを出してみるのが定石だ。しかし、「いままでと違うもの」は、あまりに射程が広い。いざ自社で新規事業として育てる段階になったとき、どこかで、「なぜこのプロジェクトを〝うちが〟やるのか？」という問いが生まれてくる。

この問いには、絶対的な正解はない。自社がやる意義のナラティブを生み出すことができれば、それで十分に納得してもらえることもある。しかし、そのためには、「自分たちはどこから来たのか」という歴史に対する眼差しが必要になる。

歴史を活用したナラティブが機能した例を紹介しよう。僕がソニーで新規事業創出プログラム「SONY Seed Acceleration Program（SAP）」を構想したときのことだ。その際に僕が意識したのは、「シリコンバレーを真似た、単に新しいアイデアを提案するだけの仕組み」はつくりたくないということだった。会社のなかで広く受け入れられる仕組みにするためには、ソニーの企業風土の根っことつながる新たなコンセプトが必要だと思ったのだ。

ソニーの設立趣意書には「自由闊達《かったつ》にして愉快なる理想工場」という社員の心を掴むフレーズがある。ソニーはそれを歴史のなかでずっと大事にしてきた。だから、社内のさまざまなメンバーの巻き込みや経営陣へのプレゼンでは、そのフレーズを使った。

「ソニーが生み出す新規事業は、このフレーズを現代に合った形で復活させたものであるべきではないか」

「ソニーのエンジニアが自分の発想で自由にアイデアをプロトタイプする『自由闊達にして愉快なる理想工場』を、外部パートナーと共創していく場が必要ではないか」

こんなふうに「この新しい取り組みはソニーのＤＮＡに根ざした活動である」というナラティブによって大義を伝え、コンセプトを説明したのだ。

新規事業のプラットフォームが必要だというアイデアに、若い世代はもちろん、昔からのソニー文化を愛する上の世代からも共感してもらえたのは、このように歴史を踏まえた骨太のナラティブがあったからではないかと思っている。新しいコンセプトと歴史の文脈がかけ合わさると、取り組みは骨太になるし、世代を超えて広く刺さるようになる。

また、歴史を活用したナラティブは、企業のミッションの再定義やリブランディングにも効果を発揮する。たとえば、ＢＩＯＴＯＰＥが深く関わった日本茶の老舗、山本山のリブランディングでも、歴史が大きな意味を持った。

山本山は、２０２３年に創業３３３年を迎えた超・老舗企業だ。多くの読者にとっては、１９９０年代の「上から読んでも山本山、下から読んでも山本山」というテレビＣＭのおかげで「海苔の老舗」というイメージが強いのではないか。戦後、百貨店という業態とともに伸びたお中元の事業に、海苔という商材がはまって大きくなった会社だ。

しかし、百貨店が衰退し、お中元文化が廃れていくなかで、売上も次第に落ちてきていた。ユーザーも高齢化しており、企業の持続性に課題があった。そのリブランディングプロジェクトは、「昭和世代から平成世代への若返り」がテーマだったが、僕たちはユーザーインタビューでも未来構想でもなく、歴史を紐解き、会社のＤＮＡの原点に立ち戻る活動から始めた。

同社は、いまでこそ海苔の会社として有名になっているが、祖業は江戸時代の茶商だ。「おいしいお茶を分けてあげたい」という精神のもと、京都で飲まれていた煎茶を江戸で販売してきた歴史がある。江戸時代後期にペリーが来航した際に「泰平の眠りをさます上喜撰《じょうきせん》たった四盃で夜も寝られず」という狂歌が生まれたのは有名な話だが、この「上喜撰」というのは、実は山本山が江戸で提供していたお茶のブランドだ。ペリーの蒸気船4隻が浦賀に来航したことと、カフェインの強いこのお茶を4杯飲んだように目が覚めることを掛けている。これがブラックジョークとして通用するくらい上喜撰は有名だった。つまり山本山は、江戸時代にはいまでいうとスターバックスのような、だれもが知る定番ブランドを販売していた歴史を持つのだ。

いまでも、山本山の社員にインタビューすると、全国各地の日本茶を仕入れ、適切にブレンドして販売していることに誇りと愛を持っているとわかる。その一方で、海苔についてはそれほど強いこだわりを持ってはいないのだ。

ところが、現在の山本山は世の中からは海苔の会社だと思われている。そんな、自分たちのアイデンティティと社会からの見られ方のズレが、会社のエネルギーを失わせていた。そこで山本山のリブランディングでは、最初は同社に残るかつての茶商時代からの歴史アーカイブを掘り起こし、江戸時代の茶のお品書きなども参考にしながら、当時の上喜撰をミドルラインの商品として復活させ、当時のオブジェクトを参考にしたロゴやPOPのデザインを考案するという取り組みを行った。「伝統と革新」という言葉があるが、単に新しくスタイリッシュなデザインにするのではなく、その会社の歴史をしっかり踏まえ、それに根ざした現代風のデザインにすることで、ブランドに深みを持たせたのである。

これらの例からわかるように、歴史というのは、単なる過去の出来事の羅列ではない。未来に向けて、新たな存在意義を生み出すための資産である。歴史という資産を有効に使うと、骨太な組織のナラティブを生み出すことができる。

歴史を資産として活用して価値を生み出すこの考え方は、欧州的なイノベーションアプローチに近い。

2010年代に日本に広がった、アメリカ型（シリコンバレー型と言ってもいい）のイノベーションアプローチは、スタートアップ企業がテクノロジーを活用してゼロからイチを生み出す考え方だ。ここには未来だけが存在し、過去に対する意識はない。むしろ、過去は破壊するべき対象ですらある。

それに対して、欧州型のイノベーションアプローチでは、ブランドやナラティブを重視する。実際、欧州でイノベーションを勉強すると、歴史分析やセミオティクスと呼ばれる消費者や社会に行き渡る時代精神を読み解く記号論など、人文学的な知見を使いつつ、新しいナラティブから新しい意味を生み出す価値創造を重視していることに気づく。**アメリカ型イノベーションがテクノロジーによって新しいシステムをつくるアプローチだとすれば、欧州型イノベーショ**

ンは文脈によって新しい意味をつくるアプローチだ。

日本は世界的に見て長寿企業が多い国だ。100~200年の歴史を持つ企業も多いし、終戦直後にできた企業も世界的に見れば十分に長い歴史を持つと言えるだろう。最近は、ディオールやルイ・ヴィトンなどの海外のハイブランドが、日本の老舗企業と組むようなコラボも増えている。海外の企業が新しい意味的価値のある商品をつくり出すため、日本企業が持つ歴史資産に注目しているのだ。歴史を掘り起こすことで生まれる価値があることの証左でもある。

しかし、歴史を活用できる資産に変えるためには必要なことがある。それは、記録された歴史を眺めるだけにとどまらず、それを現代に合わせて再解釈し、いま生きている人にとっての生きたナラティブに変えていく機会をつくることだ。

III

歴史を定義し直して、新たな未来へのナラティブを生もう

『ビジョナリーカンパニー』の著者として有名なジム・コリンズは、組織の歴史を理解した社員はそうではない社員と比べて、組織へのエンゲージメントが高いと書いている。ある程度伝

統のある企業では、新入社員研修などで企業の歴史を学ぶ機会があるだろう。創業記念館をつくる企業もあるし、歴史の長い企業は50年、70年などのキリのいいタイミングや代替わりのタイミングで、「〇〇株式会社50年史」のような社史をつくって配ったりもする。自社の歴史を残す活動自体は、多くの会社で行われている。しかし、それらが必ずしも有効活用されているとは言えないと思う。

その理由は、歴史があくまで過去の記録にとどまってしまっているからではないかと思う。では、歴史を未来に向けた価値創造に活用するためには、どうしたらいいのだろうか？

歴史が、リアルタイムで価値創造に直結するのは、創業者の人生＝会社の歴史になるような、若い会社の場合だろう。会社の歴史は必ずしも一人がつくるものではないが、創業者が存在し、その創業者の人間的な成長とともに、会社が成長していくようなケースでは、歴史の振り返りが未来のやるべきことに直結する。したがって、定期的な過去の振り返りから未来の戦略を考えるということも自然に起こるだろう。

問題は、大きくなってしまった組織だ。長い歴史を持つ企業では、創業時など過去の出来事を経験した人は減っていく。社員が増え、事業の多角化・多様化が起こると、歴史を語ることが複雑で難しくなるという問題もある。

「僕たちが語れる範囲の歴史は、果たして本当に歴史と呼べるのか？」と考え始めると、手が止まってしまうこともあるだろう。

こうして、歴史は単なる年表となり、未来に向かう現在進行形の生きた語りではなくなっていく。新婚の頃には結婚に至った歴史をドラマのように鮮明に意識しているが、毎日の暮らしを経て、子どもも産まれ、いつのまにか相手との関係は惰性の産物になっていき、気づいたら結婚前の記憶が薄れていって思い出せなくなっていた――といった状況を想像すると、歴史が単なる年表になった状態をイメージしやすいかもしれない。

歴史が生きたものにならないもう1つのケースは、M&Aなどで複数の企業の文脈が一度リセットされてしまった場合だ。M&Aでは、相互の企業文化をすり合わせるなかで、お互いの（とくに買収された側の）感情に敏感でなければならない。異なる歴史を持つ複数の会社が一緒になるわけだから、会社の統合によって生まれる、よりよい未来に焦点を当てることになる。歴史に目を向けることは、双方の違いを際立たせることにもなりかねないため、どうしても避けられがちだ。M&Aをきっかけに歴史の文脈が断絶されることは多い。場合によっては、途中で記録をやめてしまっていることすらある。

それをどうやって「生きた資産」にしていけばいいのだろうか？

そのキーワードは歴史の「語り直し」だ。「歴史が生きている状態」というのは、過去の出来事をいま生きている世代にとって意味がある形でとらえ直し＝再解釈をするということだ。

たとえば、アメリカ初の黒人大統領となったオバマ大統領（当時）は、第1期目の選挙後の2008年11月4日、大統領選挙勝利演説のなかで一人の年老いた女性のエピソードを取り上げた。少し長いが引用しよう。

今回の選挙には、何世代にも亙って語り継がれるであろう、多くの「初めて」や多くの物語があった。だが、今夜私の心に浮かぶのは、アトランタで票を投じた女性についてである。彼女は、この選挙で己の声を聞いてもらうべく行列に並んだ、他の何百万人もの人々と変わるところはなかった。ただ1つの点を除いては。彼女、アン・ニクソン・クーパーは、106歳なのである。

彼女は奴隷制廃止からわずか1世代後に生まれた。道に自動車がなく、空に飛行機がなかった時代である。彼女のような者が2つの理由で――女性であるがゆえに、また肌の色のゆえに――投票できなかった時代である。

そして今夜、彼女がこの1世紀に米国で目撃してきたあらゆることについて私は思う――悲痛と希望について。苦闘と進歩について。「我々にはできない」と言われ続けた時代にあっても、米国の信条を推し進めた人々について。信条とは、次の言葉である。

そうだ、我々はできる（Yes, we can）。

女性の声が黙殺され、女性の希望が否定されていた時代にあって、彼女は生き、そして目撃した。女性が立ち上がり、声を上げ、投票権を求めて手を伸ばすさまを。

そうだ、我々はできる。

（出典：日本語版ウィキソース「２００８年11月４日のバラク・オバマの大統領選挙勝利演説」）

オバマ大統領は選挙キャンペーンに「Yes, we can」というスローガンを掲げたが、彼女の人生を例に、アメリカの歴史を「Yes, we canを信条に変化し続けてきた歴史」として語った。それを聞くことで、聞き手のなかでアメリカの歴史のとらえ直しが起こったのではないだろうか。

このようなとらえ直しを起こすためには、歴史を掘り起こし、かつ、それを現代にとって意味のある形で紡ぎ直さないといけない。これは本質的には、自分たちの生きる現在を書き換えるのと同じ作業だ。**過去を書き換えると、現在の自分のとらえ方が変わり、そして未来も変わっていく。**

個人史で見る「書き換え」の例
——タブー化した過去を語り直す

「歴史の書き換え」によって現在や未来が変わることについて、僕には鮮烈な原体験がある。20代半ば、僕は精神的に安定しない日々を送っていた。家族関係、とくにいまは亡き父親との関係がネックとなっていた。当時、父親は政界に入ろうと模索していたが、それは僕にとって「家族の安定を壊す行い」だとしか思えず、いつまでたっても自分の未来をポジティブに感じられなくなっていた。

そんな悩みを抱えて27歳のときに行ったのが「内観」というプログラムだ。畳半畳の場所で、いっさいの情報を遮断して1週間、毎日朝6時から21時までの15時間、ひたすら瞑想を繰り返すという、いま振り返ってみると強烈なプログラムだ。

このプログラムでは、ただ瞑想するのではなく、家族の顔を思い浮かべながら、物心ついてからの父親や他の家族との関係において、次のような問いをひたすら考えていった。

・迷惑をかけた出来事は？

・してもらったことは？

・お返しにしてあげたことは？

瞑想する期間が1週間もあるので、最初は母親、父親、妹などと一人ひとり順番に考えた。その場所になにも見るものがないので、頭のなかでひたすら記憶を再生し、どんな出来事があったかを思い出していった。

そんなことでなにも変わるわけがないと思うかもしれない。しかしそのプログラムの結果、父との関係がうまくいかなくなったのは10代後半になってからであり、その前まではとても愛されていたという記憶が蘇ってきた。そして、10代後半時点のことを改めて思い出すと、そのタイミングは、父親が「日本をよくしたい」と、教育委員会と関わり始めていたときだったことにも気づいた。子どもたち（僕たち）が成人になったときのことを考えて、父が政治活動を始めようとしたタイミングと一致していたのだ。

そして、それは父という一人の男性にとって人生の転換点だったのかもしれないと気づいた。そういう視点で見ると、父親の世代がどのような思いで子どもを育ててきたのか、まったく知らないことにも気づいた。

プログラムが終わったあと、数年ぶりに父親と飲みに行き、祖父母の話を聞いた。そこで、初めて僕は過去とつながった気がして、現時点での認識が変わり、自分が生きる未来についての意味づけも変わった。これが、歴史のとらえ直しに関する僕の原体験だ。

この内観を行っているあいだ、頭のなかでずっと過去の記憶がイメージとして湧き上がっていた。そのとき、後頭部（イメージを司る部分）がひたすら活性化していたように感じた。イメージをして、それを書き換えていくことが非常に重要なのだろう。

僕たちはふだん、過去の出来事を脳の前方（情報処理を司る部分）でとらえてしまっている。それは、だれかがすでに語ったナラティブをただ再生しているにすぎない。しかし、具体的なイメージを探しにいくと、新しいナラティブが生まれて、僕たちがいま生きている現在やこれから向かう未来の意味合いが変わる。

心理学に、交流分析という心理療法がある。そのなかに、自分の子ども時代から持っているナラティブを書き換えたり、子ども時代に親からかけられた「呪いの言葉」に気づいてそれを書き換えたりすることで、人生を変えていくような手法がある。同じことが企業でもできるのではないかと思う。何度も語られて伝説化してしまっている歴史、神話化してしまって変えることがタブーになってしまった歴史、イマココだけを生きていて顧みられない歴史を振り返り、語り直すことで、いまを生きる物語が生まれるのだ。

III

いかに「正史」以外の要素を取り込むかがカギ

多くの企業には歴史が残っている。年表として残っているオフィシャルな「正史」と、人々の記憶のなかで説話として語り継がれている「私史」がある。歴史というものの性質上、正史は時に権力者の都合によって書き換えられてしまうが、それが必ずしもその企業の根っこを言い当てているとは限らない。重要なのは、その組織が生まれたきっかけとなった原点や原体験、成功体験、そしてその反例としての失敗体験だ。「正史」と「私史」を織り交ぜて、新しいナラティブとして語り直していくことで、歴史は資産になる。

歴史を語るフォーマットとしていちばんメジャーなのが「本」だろう。自伝、社史、企業の秘話など、企業が本を出版するときは、この歴史のとらえ直しが起こりやすい。○○周年というのも、新たなナラティブのきっかけになる。

伝統的な理念経営企業の代表格であるパナソニックやオムロンには、会社の歴史を扱う部署があり、歴史の記念館がある。パナソニックの場合は、大阪・門真の本社内に松下幸之助歴史館があり、そこにいくと松下幸之助が生きてきた歴史や、成し遂げてきたチャレンジがよくわかる。本社内にあるので、社員もゲストも比較的気軽に立ち寄れるようになっている。オムロンは、ヒューマンルネッサンス研究所というシンクタンクを設立して、人類史の視点からいまの時代をとらえるＳＩＮＩＣ理論を長期ビジョンの立案に活かしている。この2社は企業の歴史を資産として大事にしている会社だ。

ここで注意したいポイントがある。僕らは、記録された歴史に触れるとき、偉人伝のようにすごい人の話として、自分と切り離して読んでしまうことが多いのではないか。実際、歴史は記録され、蓄積されていくとだんだん神話化し、触れることすらタブーになっていくケースも多い。しかしどの歴史も、元をたどれば、一人の人間のナラティブだ。その人が時代の波に翻弄されながら生きた、日々の出来事の積み重ねだ。それが、記録されると歴史になる。

歴史を振り返るうえで重要なのは、創業者の神話になってしまっているものを、一度紐解き、一人の人間がその時代にどのような思いで動いていたのかに思いを巡らせ、個人のナラティブに戻すことだと思う。

といっても、創業者のナラティブを完全に消し去ることを勧めているわけではない。ソニーでも、創業者のナラティブは生かされていた。設立趣意書にあった「自由闊達にして愉快なる理想工場」を継承し、現代風に置き換えて「ＫＡＮＤＯ」という企業理念をつくったのだ。文言レベルでの継承ではなく、新たな文脈を創造するために歴史を発展的に継承した好例なのではないかと思う。

III

「伝説」となった歴史を解きほぐす——パナソニックの方法

では、どうやって歴史を語り直せばいいのだろうか？　とっかかりとして、社史を見返したり、歴史の語り部やＯＢの人に話を聞いたりして、その原点を肌で感じるのもいいだろう。しかし、歴史が長い会社では、もはや語り部がいなくなっているケースもある。長寿企業ほど、語り部に聞くだけでは足りないことも多い。また、あまりに創業者の伝説が強すぎて、語り直しが難しいこともある。参考になるのがパナソニックの事例だ。

以前、パナソニックの１００周年関連事業の支援に関わったことがある。パナソニックの社員１２０人あまりと一緒に、次の30年のビジョンを構想するプロジェクトだった。同社の創業者である松下幸之助といえば、すぐれた経営者として名高く、「経営の神様」と称されるような人物だ。松下幸之助の教えはパナソニックでは「経営理念」として受け継がれており、新入社員研修でもしっかり伝えられる。

そんななか、このプロジェクトでは「伝説」のようになっている松下幸之助の歴史のとらえ直しを行うことにした。偉大な創業者であるがゆえに、「その教えやスタイルに反したことはやってはいけないのではないか」という心理的なタブーや思考の制限が社内に存在しているように感じられたからだ。

パナソニックの社員たちが「次の100年」をつくるためには、創業者がかつて使った手段や言葉にとらわれるのではなく、これからの時代に合わせて進むべき道を決めていくのでないといけない。「経営の神様」としてではなく、青雲の志を持っていた一人の青年としての松下幸之助が、どんな時代状況のなかでどんなことを考えたのかを追体験し、自分だったら次の100年に向けてどんな行動をしていきたいかを考えてもらうことが必要だったのだ。

この歴史リサーチは次のような形で進めた。最初は、歴史学者と社史の担当者とともに大阪・門真の本社一角にある社史室や歴史館に行き、アーカイブを見ながら松下幸之助がどのような時代を生きていたのかを語ってもらうことから始めた。次に、松下幸之助が創業前に育った土地といってもいい、船場の街のフィールドワークを行った。

そのなかで、いろいろな気づきが生まれた。松下幸之助には「水道哲学」に代表されるような社会的な貢献意識が強い人というイメージが付随しているが、彼が実際にそれを打ち出したのは、創業後10年以上経ったあとのこと。少年時代には船場にある自転車屋で丁稚奉公していたのだ。船場はオランダの影響の強かったハイカラな場所であり、当時の人々にとって自転車は最先端のテクノロジーだった。松下幸之助は、いまで言うならテスラのディーラーで働いているような新しいもの好きの、感度の高い若者だったということが浮かび上がってきた。

それを知ったフィールドワークの参加者からは、こんな言葉が出てきた。

「創業者の水道哲学のイメージから、うちの会社では、お客様の役に立つもの、安全・安心をもたらすものをやらなければダメなんじゃないかと頭のなかで制限するようなところがありました。でも、歴史を紐解くと、松下幸之助が最先端なものに積極的に触れていたからこそ、当時の松下電器があったんですね。自分たちももっと尖ったものに挑戦していかないといけないと思いました」

松下幸之助のようにカリスマ的な創業者が歩んだ道は、不可侵なものとなってしまうケースが多い。しかしあらゆる歴史は、一定の社会環境のなかで、個人や企業が判断・行動をした結果として生まれたものの蓄積にすぎない。

だからこそ、会社の歴史を振り返るときには、社会情勢とセットで考えてみることをおすすめしたい。ひとたび出来事が起こり、それが過去になってしまうと、当時の背景は忘れられ、一部の記録や記憶だけが残る。「過去に縛られてはいけない」という懐古主義に対する批判はもっともであり、過去の出来事はどこまでもその当時の社会背景があったからこそ起きたことなのだ。社会が変われば、当然、起こる出来事も変わっていく。

偉大な創業者が厳然と存在する会社ほど、「伝説」のように不文律の領域が増え、それが次世代の行動に対する縛りとして機能してしまう。その枠のなかで思考してしまってはいけない。創業者はどういう背景の下でなにを考えていたのか？——それを「語り直す」ことで歴史がいまに活かされるようになるのだ。

III

「原点」を発見しよう——歴史編纂プロジェクトの6ステップ

ここで、歴史編纂のプロジェクトを進めていくうえでのアプローチについて紹介しよう。これには大きく6つのステップがある。

①歴史資料の棚卸しをする
②語り部の洗い出しを行い、インタビューする
③時代分析のフレームワークを用意する
④組織のナラティブを書いていく
⑤編集し、冊子化する

⑥社史をもとにナラティブの場をつくる

それぞれについて、もう少し細かく説明しておこう。

①歴史資料の棚卸しをする

ここではまず、どんな歴史資料が存在するかの棚卸しをする。創業者の著書や寄稿文、社内の○○周年イベントなどでの冊子などを集め、わかる範囲で把握するようにしよう。

②語り部の洗い出しを行い、インタビューする

過去50年の歴史であれば、語り部になれる存命の方もいる。社歴のいちばん長い人や、引退してしまったOBなどがその候補になる。そういうメンバーをリストアップし、インタビューの依頼を行う。失敗やそれを通した学びを聞くのもおすすめだ。

③時代分析のフレームワークを用意する

歴史資料やインタビューで聞いた情報は、まとめるのが難しくなる。人によって、いつ、その出来事があったのかが不明確なまま話をすることも多いからだ。そこで大きくいくつかの時代のフェーズに分けて、出来事をまとめるといい。

時代の分け方は企業によってさまざまだろうが、メイン事業の変化によって分けてもいいし、

図5-1｜時代分析フレームワーク

	過去				現在
時期（年／月）					
時代	時代①	時代②	時代③	時代④	時代⑤
社会の出来事					
会社の出来事					

戦後、高度経済成長期、バブル経済崩壊後などのような社会変化のタイミングに合わせて分類してもいい。**時代分析フレームワーク**（図5－1参照）を用意し、インタビューで聞いた主な出来事やエピソードを記載していく。

④組織のナラティブを書いていく

組織の歴史にもよるが、10～20人程度インタビューをしていくと、大きな流れが大体わかってくる。時代のフェーズごとに、Ａ4半ページほどで、その時代のその会社目線で起こったことを書いていく。大きな流れに加え、インタビューで抽出されたその時期に起こったエピソードを加えていくといい。

⑤編集し、冊子化する

大きな流れと、個人のエピソードがまとまれば、編集が可能になる。編集者や社史作成の会社を入れて、社史を冊子にして編集する。

⑥社史をもとにナラティブの場をつくる

できあがった冊子を配布するだけではもったいない。冊子をもとに、語り部がその人目線の歴史のナラティブを伝え、それに対して、参加した人が思ったことを語り合うような、ナラティブの場をつくることがおすすめだ。

現代のビジネスの世界はすばやく変化するため、歴史どころか、過去の1年を振り返ることすらしていない人が多いのではないか。だから、歴史を振り返ることのインパクトは大きい。

ＢＩＯＴＯＰＥが歴史編纂を手がけたプロジェクトで、実際にあった声を紹介しよう。

「自分が日々やっている業務を、大きな歴史の視点からとらえ直し、意義を再発見することができた」

「先人たちがやってきたことを知ることで、胸が熱くなった。自分が今後の成長のために目指すものが見えてきた」

「自社のことをそこまで知らなかったが、多くの先人たちが土台をつくってきた、すごい会社なのだと再認識できた。このオフィスで働くことに愛着を持てるようになった」

こういった形で歴史を振り返ることで、いまの自分たちの原点を発見することは、会社への愛着を生み出すだけでなく、社員がより高い視座で自分の仕事をとらえ、骨太な未来をつくっていくことにつながるのだ。あなたの会社に埋蔵されている歴史という資産にも、ぜひ目を向けてみてほしい。

【実践ワーク】

個人と組織をつなぐ「年表ワーク」

歴史編纂をプロジェクト化するのは少々大掛かりなアプローチだが、会社単位でなくても、チーム・部署単位で簡単に、自分たちの歴史を振り返る方法がある。それが「**年表ワーク**」だ。

年表ワークは、個人－会社－社会というフレームで自分たちの歴史を振り返り、対話を通して「自分たちを自分たちたらしめているもの」について考えるワークだ。やり方を説明しよう。

①まず過去の任意の時間軸をとる。参加者の知っている範囲を考え、10年、20年などとするといい

②次に個人ワークを行う。その期間を振り返り、主な出来事を15分程度でフォーマット（図5－2参照）に書き込んでみよう。出来事は個人、会社、社会に分けて記載するといい。その時間で思い出せる範囲の、主なイベントでかまわない

③個人で書いた年表を大きな模造紙に統合して、1つの年表をつくっていく。カラーペンを

図5-2｜年表ワーク

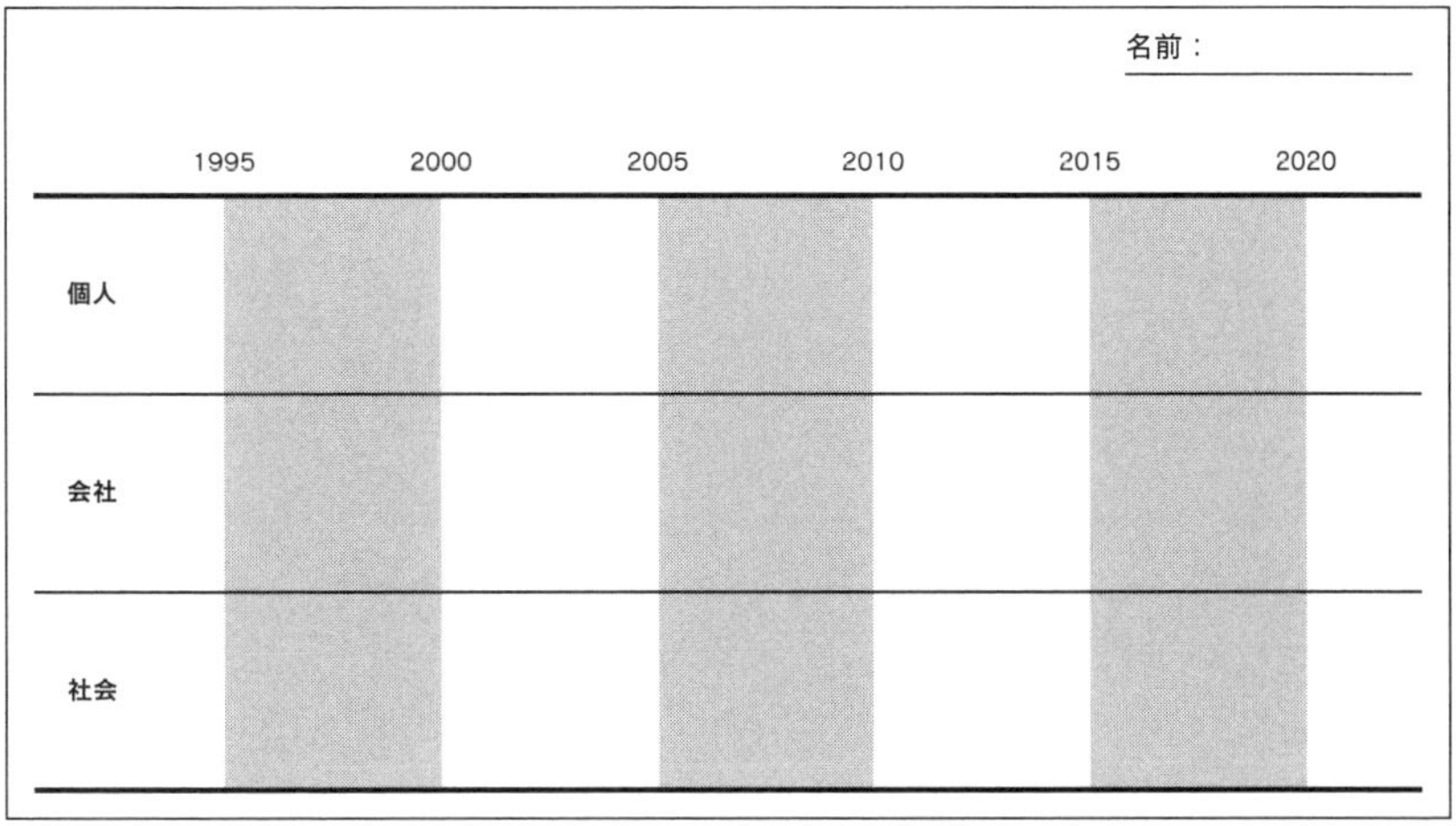

利用し、人によって色を変えて記載するとわかりやすい

④統合した年表をつくったら、一人ひとりが、年表に書いた出来事について、過去ー現在の順に語ってもらう。とくに、会社での出来事と当時の社会情勢がどうつながっていたかを語っているのがポイントだ。すると会社の歴史が、社会情勢と一人ひとりの意思決定との組み合わせから生まれた出来事としてわかるようになる

こうやって10～20人程度のグループで年表をつくると、結果的には会社全体の歴史とさほど食い違うこともなく、重要な出来事がしっかりと描き出されることになる。

この年表ワークには、副次的な効果がある。個人一人ひとりが自分目線で過去ー現在を語ることで、未来につなげるナラティブが生まれやすくなるのだ。自分個人の過去の出来事が、会社や社会と重なっていくことで、自分がなぜ、この会社のこの部署で働いていて、いまの仕事をしている

のかが腹落ちする。

以前、僕は、副業として業務委託で働いていた会社の年表ワークのファシリテーションをしているうちに、自分がこの仕事をすることの意義に思いあたったことがある。点と点がつながる感覚が生まれ、いてもたってもいられなくなった。3時間程度やるだけでかなり効果を実感できるワークなので、ぜひやってみてほしい。

第6章

Culture

カルチャー

理念を体現する文化づくり

Question

私たちの会社の
「らしさ」とはなんだろうか？

III

自社の思考・行動にはどんな「クセ」があるか?——組織文化とはなにか

「これまで理念を策定して、浸透させようとしてきたんですが、なかなか理念が社員の行動に落ちていかないんです。理念は行動に落とさないと意味がないので、なんとか方法を考えたいのですが、どうしたらいいのでしょうか?」

そんな悩みを抱える経営者もいるかもしれない。こんなときに、まず企業内で検討されるのがクレド(行動原則)づくりだ。ザ・リッツ・カールトンなどのサービス業で有名になったクレドは、10箇条程度の自分たちの行動原則を表したものだ。

BIOTOPEでも、企業のバリュー策定後、クレドづくりに関わるケースも多い。ただその際に、よく陥りがちな罠は、「理想的な行動」を掲げるあまり、自分たちの**組織文化**とかけ離れた行動原則をつくってしまうことだ。

たとえば、経営管理が強く、石橋を叩いて渡るように一個一個の投資に慎重な組織文化があるのに、「大胆にチャレンジする」というような行動原則をいきなり掲げたらどうなるだろうか。「道を渡るときには横断歩道を渡りましょう」と言われても、つい手近なところで横切ってしまうのと同じで、自分たちらしさを無視した教条的なクレドを設定しても、行動には落ちないのだ。行動に落とすためには、自分たちの組織の無意識のクセについて理解したうえで設定する必要がある。

いまはそんなふうに考えている僕も、以前は20人規模の組織の経営者として同じ悩みを抱えていた。そのブレークスルーとなったのは、自分たちの組織文化について理解を深めていくことだった。のちにも紹介するが、自社のミッション、バリューをもとに、組織文化を物語化して行動につなげる**カルチャーデック**というスライド型のフォーマットを作成したことで、ミッションやバリューに共感し、自分ごと化して行動するメンバーが会社のなかに一気に増えたのだ。

しかし、組織文化を使って理念に合う行動を促そうと言われても、実際にどうすればいいか、イメージが湧きづらいのではないだろうか？　組織文化というものは暗黙のうちに存在している、目に見えないものだから、自分たちで把握することは簡単ではない。

ここで「組織文化」とはどんなものなのかを見直してみよう。その概念は組織心理学者のエドガー・ヘンリー・シャインによって構築された。彼は組織文化を「組織のなかで共有された暗黙の仮定のパターン」と定義している。組織のこれまでの歴史のなかで、外部環境の変化に適応したり、内部の利害を調整したりするための最適な生き残りの方法として、組織が学習した価値観や思考、行動のパターンのことだ。つまり組織文化とは、**「〇〇という価値基準のもと、××のような行動を続けてきた」とまとめられるような、行動のクセ**のことだと言える。

では、組織文化はどのように醸成され、伝達されていくのだろうか？　参考になるのは、人類学者ジョセフ・ヘンリックの『文化がヒトを進化させた——人類の繁栄と〈文化－遺伝子革命〉』で紹介されている、人の群れのつくられ方のメカニズムだ。

ヘンリックによると、群れの組織文化は、人がモノマネをするという特性から生まれる。人は、ミラーニューロンという神経を持っており、見聞きしたものを真似たり、共感したりする。群れのなかで腕っぷしが強かったり、名声があったりする人（いわゆるリーダー）の行動や言動を模倣することで、その群れのなかでうまくやっていくチエが伝達され、その群れが効果的に生き残っていくための協働のノウハウがつくり出されていく。

さらに、その集団がほかの集団と出会い、交流していく過程で、組織のクセが行動規範として言語化されたり、文化が外集団に伝わったりするのだ。

つまり、組織文化は影響力のあるリーダーの行動や言動を見聞きして、模倣することによって生まれてくる。だから、リーダーが行動を変え、体現することは、組織文化を生み出すうえで非常に重要なことなのだ。

そう考えると、現代の僕たちは、こういった伝統的な方法での文化醸成が非常に難しい状況に置かれているとわかる。リモートワークが原因だ。僕たちは、離れて働くようになった。ふだん僕たちが見聞きするものが、その人の日々の挙動ではなく、オンラインのチャットやオンラインミーティングでの発言になった。リーダーやマネジャーの日々の言動から伝達される情報が、以前に比べると圧倒的に減ってきている。

「離れて仕事をする時代にどのようにして群れたらいいのだろうか?」という問いに対する答えとして、第2章ではバリューをつくることを勧めたが、バリューをつくっただけで自動的に文化が生まれるわけではない。ましてや、いまはリモート時代なので、組織として共有したい文化を生むためのデザインが必要になっているように思う。

この2年ほど、BIOTOPEは多くの企業の「組織文化のデザイン」とも言えるプロジェクトに携わってきた。とはいえ、「組織文化って結果的にできあがるものでしょ? デザインなんてできるの?」と思われるかもしれない。たしかに組織文化の多くは暗黙知だが、これらを掘り起こし、形式知化することはできる。僕らが取り組んできたのは、現状の組織文化を可視化し、そこから理想的な組織文化を定義し、行動に落としていくための仕組みや環境をデザインしていくプロジェクトだ。このような取り組みはコロナ禍前にはなかったことを考えると、明らかに組織文化づくりが企業活動のなかで重要な役割を果たすようになってきていると言える。

組織文化は、社員の行動に影響するものだから、戦略的に使うことで会社の価値創造力の強化にもつながっていく。ここからは、組織文化の可視化の方法と、理想的な組織文化を定義する方法、その行動への落とし込みの方法を説明していこう。

III

「たまねぎ型モデル」で理解する——可視化の方法①

「あなたの会社の組織文化はどのようなものでしょうか？」

いきなりこう質問されてスラスラと答えられるだろうか？　組織文化は自分たちにとっての「あたり前」であるので、自分で理解するのが意外と難しいのだ。「無くて七癖」という諺があるが、そんなつもりでなくても意外とクセはあるものだし、クセは他の人に指摘してもらって初めてわかるものだったりする。

ＢＩＯＴＯＰＥのような会社が、他の会社の組織文化に介在する理由はここにある。そこで、「組織文化のデザイン」では最初に、会社の現状の組織文化を分析し、可視化していく。そのための方法をご紹介しよう。

おすすめしたいのは、社会組織人類学者のヘールト・ホフステードが『多文化世界――違いを学び共存への道を探る』という書籍のなかで提唱している「**たまねぎ型モデル**」という文化分析のフレームワークだ。

文化には目に見えるものと見えないものがあり、たまねぎのように剝いていくと何層もの皮が出てくる。

いちばん表面に出てくる皮は「シンボル」で、アメリカという国で言えば、「ハンバーガー」「自由の女神」など、外からも見えるものだ。その内側には、その集団のなかで憧れの対象となっている「ヒーロー」があり、その組織で偉くなる人や、すごいとされる人、伝説となった物語などによって構成される。アメリカの場合ではリンカーン、スティーブ・ジョブズなどがいい例だろう。さらにその内側に行くと、組織内でずっと続いている「儀式」がある。アメリカであれば、サンクスギビングデーやハロウィンなどが考えられる。そして、いちばんの中心にあるのが、その組織の価値観だ。アメリカでは、たとえば自由、創造主の下での平等、個人の幸福の追求だろう。

図6-1｜文化分析のための「たまねぎ型モデル」

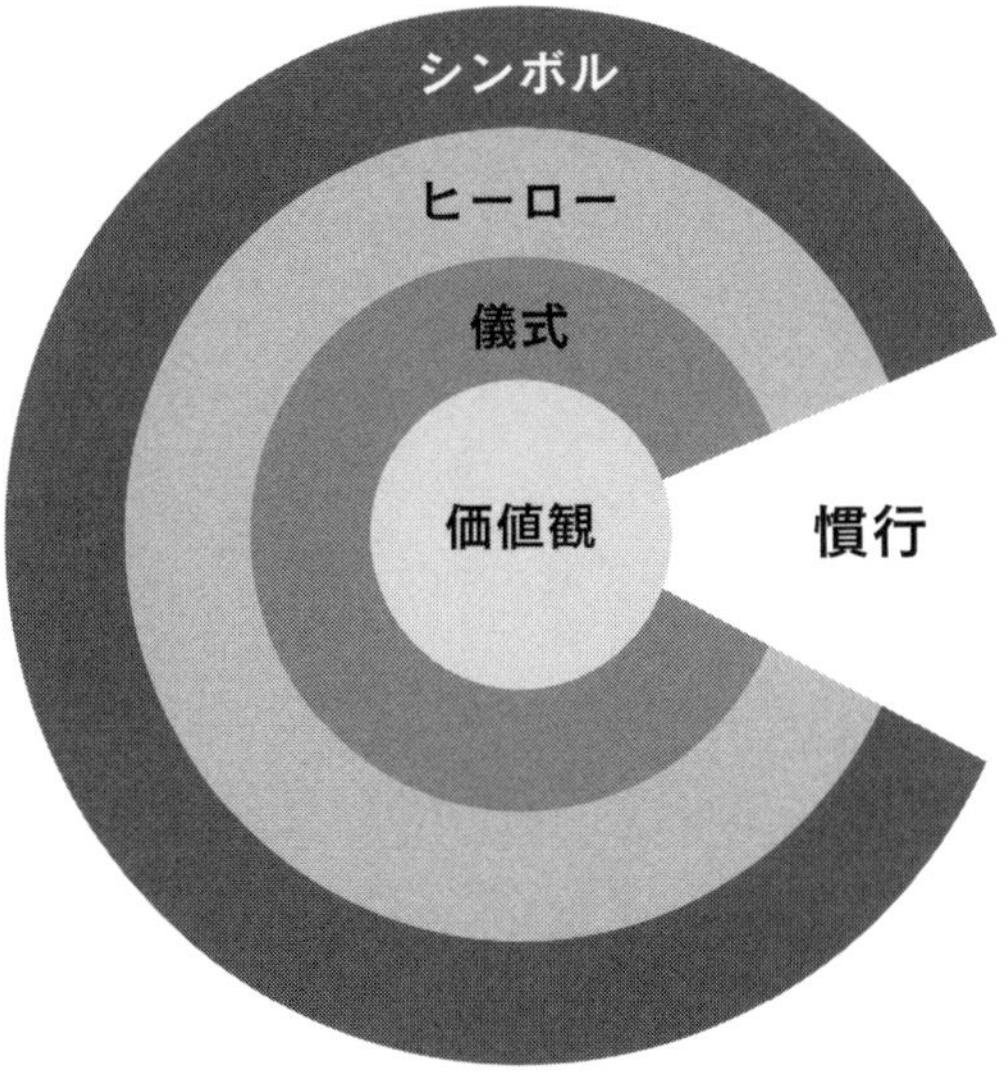

出所：G・ホフステードほか『多文化世界――違いを学び未来への道を探る［原著第3版］』有斐閣より

日常で無意識に行動されている「慣行」は、これらのたまねぎの皮の内部を垣間見せるものだ。アメリカで言えば、すぐに寄付をしたり、感謝の言葉を気軽に言ったり、大きなリアクションをとったり、といった行動を考えるとわかりやすい。これらの「慣行」「シンボル」「ヒーロー」「儀式」すべてがアメリカの価値観につながっている。

「慣行」を企業文化の文脈で考えてみると、口グセや行動・思考のクセなどがそれにあたるだろう。クセは空気のようなものだから、他者の目、外部の目を通さないとなかなか見えてこないという難点がある。「価値観」はバリューとして目に見えることも多いが、新しく設定したバリューの場合は文化とのズレがあることも多い。そこで「シンボル」「ヒーロー」「儀式」を見ることで現状の組織文化を分析していく。

「シンボル」とは、たとえばアップルの「Think different」、ナイキの「Just Do it.」など、ミッション・ビジョン・バリューのステートメントやブランドロゴ、標語、オフィスの環境などだ。自分たちの文化を凝縮して表現に落としたもので、外からその組織の象徴として認識される。

「ヒーロー」とは、会社のなかでの伝説になっているような人、名声のある英雄、創業者、伝説的なプロジェクトを成功させた人だ。その会社における成功体験が凝縮されており、その人に社員が憧れたり、うまくいくかどうかの判断の根拠になったりする。企業にとっての望ましい価値観が表出された存在だといえる。

「儀式」とは、会社のなかで継続的に行われるもののことだ。ここに、その会社の価値創造の仕組みやその組織をうまく回していく協働のコツが表れてくる。たとえばソニーには「闇研《やみけん》」という、業務としては正式には認められていない非公式の事業企画や研究開発を、業務時間外に独自に行う伝統がある。シリコンバレーのIT企業では金曜日の夕方をTGIFと呼んで、ビールをみんなで飲むような習慣もある。デザインファームのIDEOでは、なにかアイデアがほしいときに、鐘を鳴らしてメンバーを集め、即興で15分程度のブレストを行うことが通例になっている。こういった儀式に、その会社の組織文化が表れている。

こうして見てみると、組織文化というものがよりはっきりするだろう。組織文化とは、会社の価値観によって無意識に表れる口グセや思考・行動のクセである。それは社内の人だけでは空気のようにあたり前になってしまって見えにくいが、ミッション・ビジョン・バリューのステートメントやブランドロゴ、標語、オフィスの環境といった「シンボル」として表れ、伝説になっているような人、名声のある英雄、創業者、伝説的なプロジェクトを成功させた人といった「ヒーロー」として表れ、会社のなかで継続的に行われる「儀式」として表れる。

会社の現状の組織文化はどんなものだろうか。可能であれば社外の人の意見も取り入れながら、まずは口グセや思考・行動のクセ、シンボル、ヒーロー、儀式から見えてくる、現状の組織文化を整理するといいだろう。

III

「カルチャーデザインキャンバス」を埋めてみる——可視化の方法②

組織文化を可視化するには、別の方法もある。英語圏で活用されている「**カルチャーデザインキャンバス**」というフレームワークだ。

このフレームワークでは、次の内容に答えていく。

[ステップI] コアの要素

①パーパス（Purpose／ミッションでも可）——なぜその組織は存在しているか？

②バリューズ（Values）——どんな価値観を重視しているか？

③優先順位（Priorities）——戦略的に優先していることはなんだろう？

④行動原則（Behaviors）——どのような行動が推奨されているか？　どのような行動がほめられるか？　逆に、どんな行動は疎んじられるか？

[ステップII] 感情的文化の要素

⑤儀式（Rituals）——その会社でよく行われる儀式にはどのようなものがあるか？　どのよ

図6-2｜カルチャーデザインキャンバス

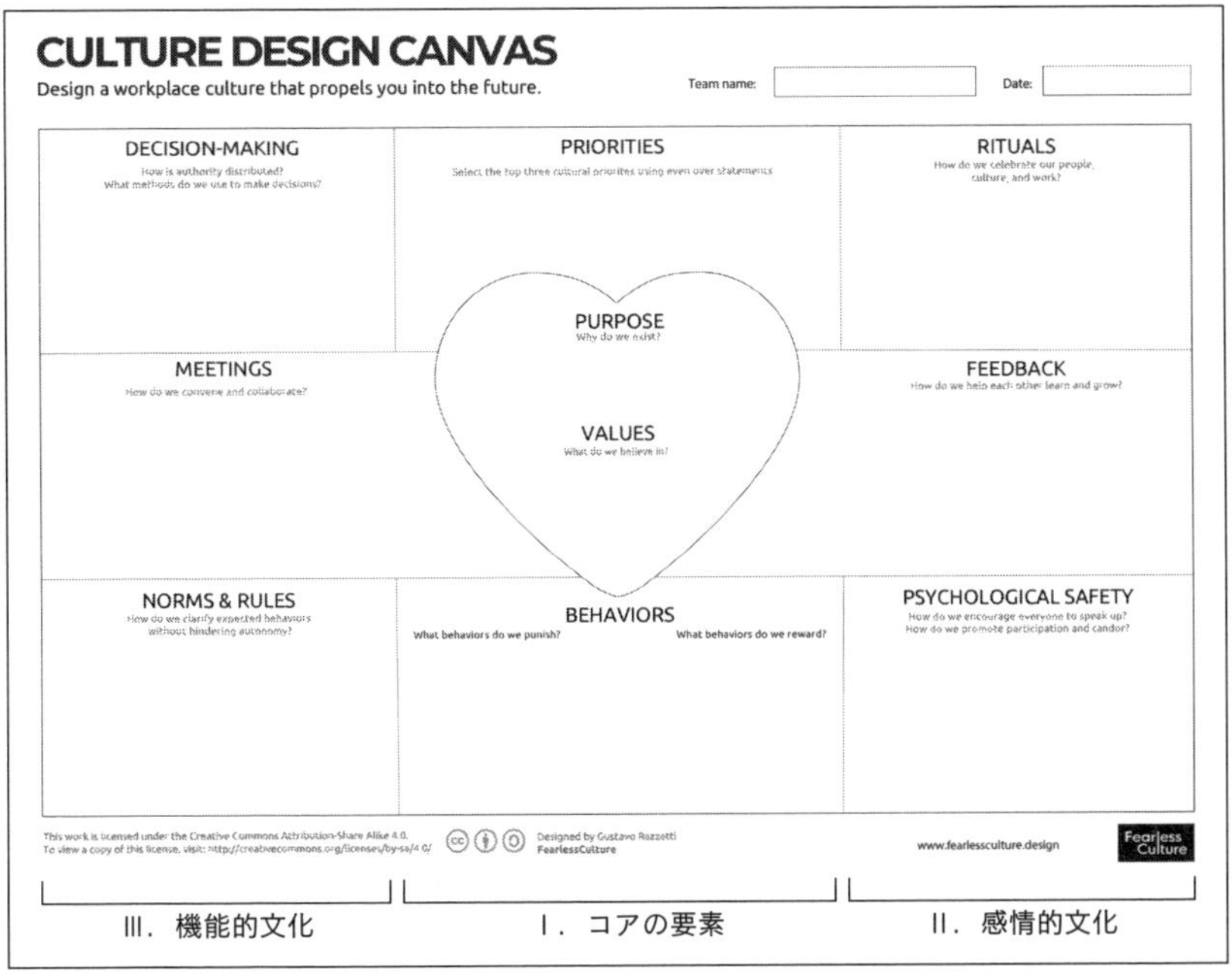
CULTURE DESIGN CANVAS
Design a workplace culture that propels you into the future.
Team name:
Date:
DECISION-MAKING
How is authority distributed?
What methods do we use to make decisions?
PRIORITIES
Select the top three cultural priorites using even over statements
RITUALS
How do we celebrate our people, culture, and work?
PURPOSE
Why do we exist?
MEETINGS
How do we convene and collaborate?
FEEDBACK
How do we help each other learn and grow?
VALUES
What do we believe in?
NORMS & RULES
How do we clarify expected behaviors without hindering autonomy?
BEHAVIORS
What behaviors do we punish?
What behaviors do we reward?
PSYCHOLOGICAL SAFETY
How do we encourage everyone to speak up?
How do we promote participation and candor?
This work is licensed under the Creative Commons Attribution-Share Alike 4.0.
To view a copy of this license, visit: http://creativecommons.org/licenses/by-sa/4.0/
Designed by Gustavo Razzetti
FearlessCulture
www.fearlessculture.design
Fearless Culture
Ⅲ．機能的文化
Ⅰ．コアの要素
Ⅱ．感情的文化

出所：Fearless Culture（PDFファイルがhttps://www.fearlessculture.design/canvasよりダウンロード可能）

うな習慣や繰り返される言葉が社員を勇気づけているか？

⑥心理的安全性（Psychological Safety）——心理的安全性を醸成させる雰囲気づくりには、どんなものがあるか？　組織はどのように社員の好奇心、やる気、参加意欲を高めているか？　どのように社員に勇気ある発言ができるように仕組んでいるか？

⑦フィードバック（Feedback）——どのようなスタイルでフィードバックがなされているか？　たとえばその人のKPIやOKRをどのように面談に反映させるか？　面談シートフォーマットはどんなものか？　社員はどのようにお互いから学び、成長し合っているか？

［ステップⅢ］ 機能的文化の要素

⑧意思決定（Decision-Making）――どのような基準で意思決定するか？　意思決定の中心にいるのはだれか？　どのような意思決定の方法が採用されているか？

⑨打ち合わせ（Meeting）――打ち合わせのスタイルはどんなものか？　打ち合わせ中の口グセにはどんなものがあるか？　オフィスやミーティングには社員の共創のためにどのような工夫がされているか？

⑩規範・ルール（Norm & Rules）――組織内で運用されているルールには、どのようなものがあるか？

これらの項目を一度書き出してみると、組織の文化を形成する要素を俯瞰してみることができる。

カルチャーデザインキャンバスは、ホフステードのたまねぎ型モデルをよりだれにでも使いやすくしたものなので、自分たちの文化をセルフチェックしてみたいときにぜひとも使ってみてほしい。

ひととおりキャンバスを埋めてみたら、3色（黄・青・赤）のポストイットを用意し、「望ましい要素＝黄」「望ましくない要素＝青」というように色を使い分けながら、要素を書き出してみよう。それらをチームのみんなと一緒に貼り出してみると、組織の強みになっている文化と改善が必要な文化が可視化できる。さらに、自分たちが変えたいと思った青のポストイットの内容を対象に必要なアクションをブレストし、赤のポストイットでアイデアを貼り出していくのも効果的だ。

III

「価値創造モデル」によって自社の強みを見出す——可視化の方法③

「うちの会社はトップダウンで、上司から言われたことを真面目にやる文化、上の顔色を窺う文化ができあがっています。こういう文化でもいいのでしょうか？」

こんなことを思う方がいるかもしれない。クセにはいいものと悪いものがあるように、組織文化にもいいものと悪いものがある。正確に言うと、自分たちのビジョンやミッションに適合している組織文化であればいい文化だし、足を引っ張る場合は悪い組織文化と言えるだろう。

とくに、組織のビジョン・ミッションを体現するイノベーションにつながるような組織文化は、多くの企業にとって最も望ましいものであるはずだ。

実際、すでに存在する行動のクセのなかでも、価値を生み出すことにつながるクセと、価値を生み出すこととは関係ないクセがある。前者を強化していく取り組みは、自分たちの組織文化を価値創造に向けていくうえで効果的だ。

以前ある企業の経営者から、こんな悩みを相談されたことがある。

「うちの会社の企業理念は、『農業で日本を元気にしたい』です。しかし、この理念だけだと共感はされても差別化できないから、理念をつくり直したいんです」

小一時間ほど話を聞いたあと、僕はこう答えた。

「御社の企業理念は、経営陣が心から信じている想いであるし、正統的なものだと思います。必ずしも、理念だけで他の会社と差別化できなくてもいいのではないでしょうか？　むしろ、理念を共通言語にしつつ、自社の組織文化をどう行動に落とし込んでいくかで差別化できていれば、ユーザーや取引先からは魅力を感じてもらえるはずです。そのためにも、自社がどうやって価値を生み出しているか、つまり自社の『価値創造モデル』を明確化するのはいかがでしょう？」

実際、エッセンスを凝縮した企業理念だけで、企業の差別化をすることは難しい。それより

図6-3｜KINTOらしさを表す価値創造モデル

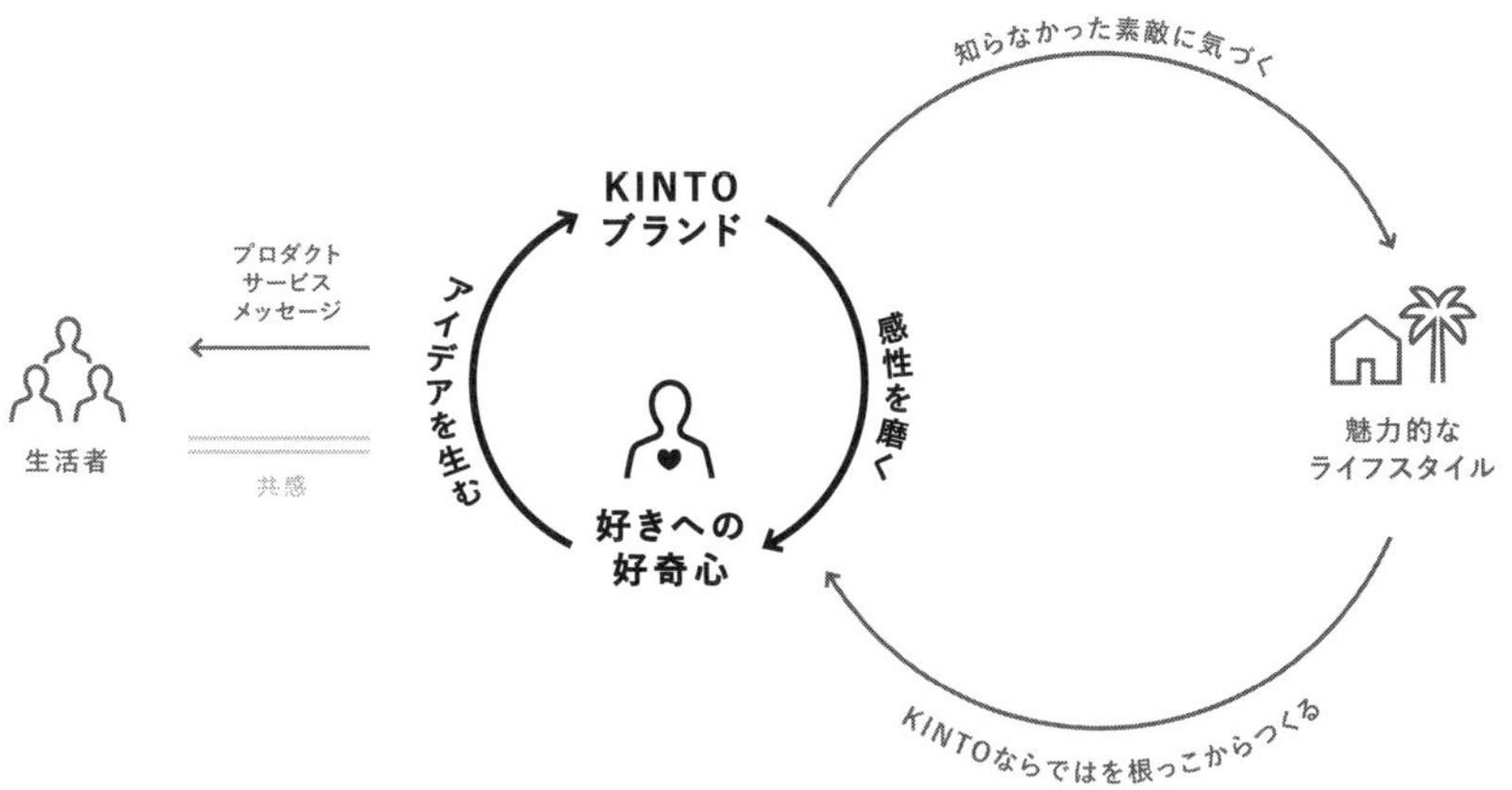

デザイン：Yuiko Nagai（BIOTOPE）

も自社の**価値創造モデル**をつくり出すことで、組織文化の重要な部分＝自社の強みを可視化すれば、自社の組織文化をいい方向に強化することにつながるし、社外に自社の強みを伝えていくうえでも役に立つ。

コーヒーウェアを中心としたライフスタイルブランドとして有名なＫＩＮＴＯの事例をご紹介しよう。ＫＩＮＴＯは最近ではJapan Design の代表としてヨーロッパでも愛されるグローバルブランドになりつつある。ＢＩＯＴＯＰＥには「会社の文化を国内外の社員に共有したい」というご相談をいただき、組織内に眠る価値創造モデルを可視化するプロジェクトを支援させてもらった。

プロジェクトは、現在の組織文化の土台をつくった経営陣インタビューから始め、次に、プロダクトデザインを担当する外部のデザイナーなど数名にステークホルダーインタビューを実施した。そのあと、数回の議論を経て、「好きへの好奇心」を起点にしたＫＩＮＴＯの価値創造モデルを上図のように表現した。

話を聞いていくと、ＫＩＮＴＯには売上目標もなければ消費者調査に基づいたマーケティングもなく、自分たちが「素敵」と思ったものを商品にしていくユニークな組織文化があった。
さらに、定期的に海外の都市を旅行し、知らなかった「素敵」なライフスタイルを発見することで、ＫＩＮＴＯらしさを考え直すという儀式のサイクルも存在していた。ＫＩＮＴＯの商品は、あくまでも社員一人ひとりの「自分は何が好きなのか？」という好奇心から生まれているのだ。会社の強みである「好きへの好奇心」は組織文化として大切に育み、それによって生まれる「素敵」への探索活動がそのまま、「ＫＩＮＴＯらしさ」として商品やお店の雰囲気に染み出していると言えるだろう。
プロジェクトオーナーでもある取締役の小出慎平さんは、最後にこう話してくれた。

「『ＫＩＮＴＯらしさ』が言語化されたことで、こういうことを大切にしている会社だという確信をもって、日々の発言・行動に移していけるようになりました。それは、私や社長にとって非常に意味のあることとです」

自社の人気商品が売れている理由がわかれば、次の人気商品はつくりやすくなる。それと同じく、組織として価値を生み出せている「自社の強み」がわかれば、新しいメンバーや海外支社など、異なる場所で働くメンバーへの共有もしやすくなり、組織としての力が発揮しやすくなる。

III

「DNAモデル」をもとに理想の組織文化をつくる

自社の現状の組織文化が可視化され、自社の強みがわかったら、自社の望ましい行動を明確化していこう。人は、自分の信念に合い、強みに基づく行動ならすぐに起こすことができる（逆に、信念に合わないことや、信念に合っていても苦手なことはなかなか行動に移せない。みなさん自身を振り返ってみても、思いあたることはあるはずだ）。

自社のミッションやビジョンに合い、かつ、自社の組織文化にあった実行可能な行動を洗い出していくうえで、BIOTOPEが活用しているのが**組織文化のDNAモデル**だ。図6－4はBIOTOPEの組織文化の事例だ。このような図に落とし込んでいくことで、組織のなかに眠っているDNAのような本質を明確化し、強みとつながる理想的な行動を促すことを目的としている。

このDNAモデルは、組織文化が生まれる4つの要素によって成り立っている。

図6-4｜組織文化のDNAモデル（BIOTOPEの事例）

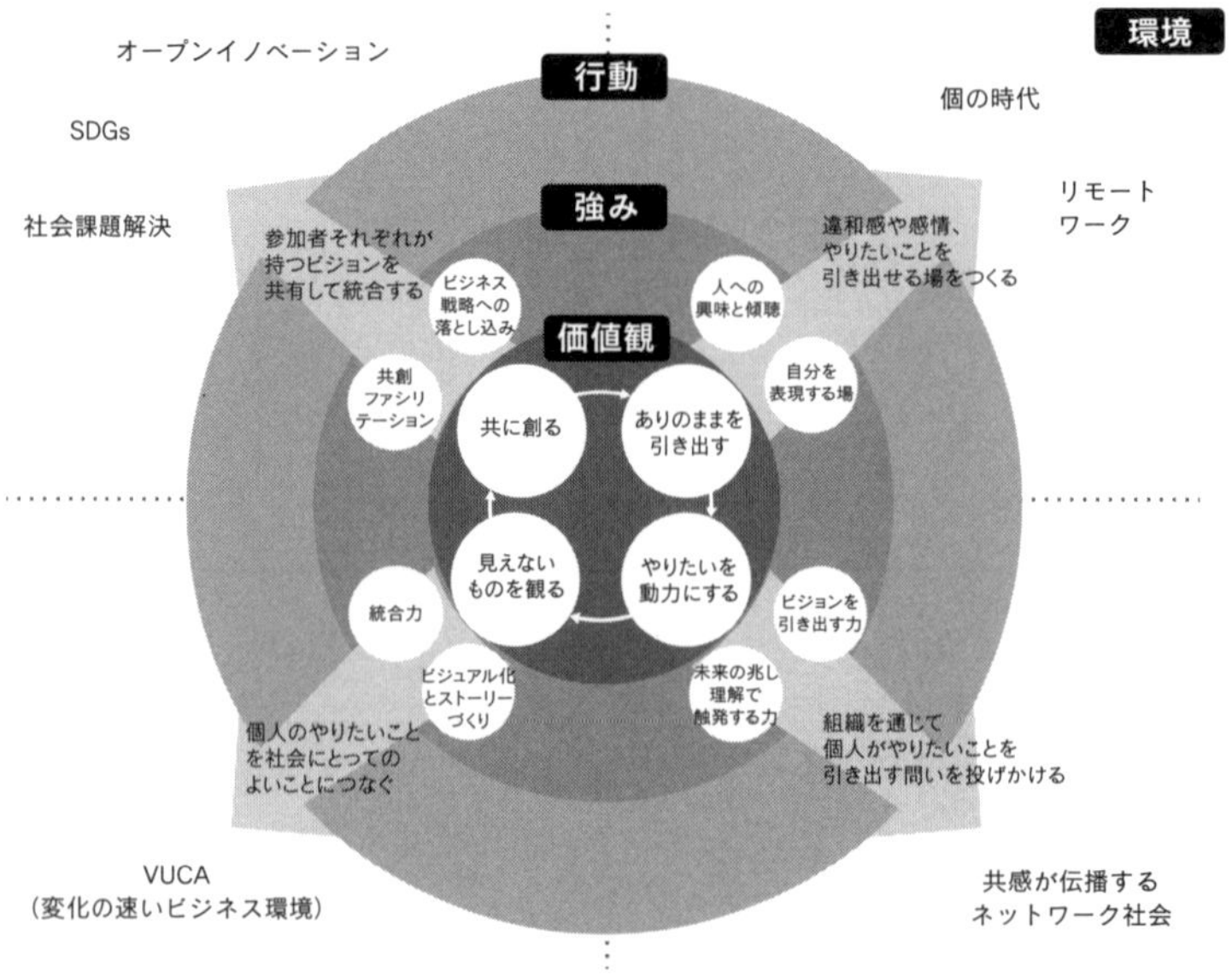

①**価値観**——その組織が大事にしている価値観はなにか？
②**強み**——価値創造にとって根拠となる強み、つまりリソースやコンピテンシーはなにか？
③**行動**——この組織のメンバーがうまく協働していくための行動はどのようなものか？
④**環境**——その組織が置かれている市場環境や市場慣行はなにか？

まず中心に来るのは、組織の大切にしている価値観だ。そして、その次の階層が強みだ。強みと価値観がうまく結びつくと、自然と行動が生まれてくる。そしていちばん外側には、その企業を取り囲む環境を書き出す。環境によって行動が生まれやすくなったりもする。組織のなかで無意識に生まれる行動は、外部環境からの影響と、内部の価値観や強みからの影響によってつくられているというのがこのモデルの意味だ。

「ゴミ捨てはやめましょう」などとスローガンを掲げても、自然と行動が起こるわけではない。行動原則は、自分たちの価値観や強みに合い、環境が引き金となって必然的に起こるようなものを設定していく必要があるのだ。

このDNAモデルをどのようにつくるのかを、実際の事例とともに説明しよう。BIOTOPEが組織文化の探索プロジェクトを支援した、システムインテグレーターの日本ユニシス（現BIPROGY）の事例だ。

日本ユニシスは、もともとは米ユニシスと三井物産の合弁による会社だ。しかし米ユニシスとの資本関係が解消し、日本ユニシスとしての「アイデンティティのとらえ直し」が必要になったため、社名の変更を検討していた。その際、いまの日本ユニシスとはどんな会社なのかを明確にするため、現状の組織文化を可視化したうえで、望ましい組織文化を考えていくことになったのだ。

まず、現状の組織文化の可視化を行うために、社史をもとに日本ユニシスの歴史を振り返った。どのような環境・出来事の蓄積によって、いまの組織ができあがってきたのかをじっくり考えた。そのうえで、多様な世代や部署のメンバー20名ほどがそれぞれ過去最高に価値を生み出したプロジェクトを選び、なぜ価値を生み出せたのかを考える。その理由を探るため①行動、

図6-5｜組織文化の探索プロフェクトの進め方例

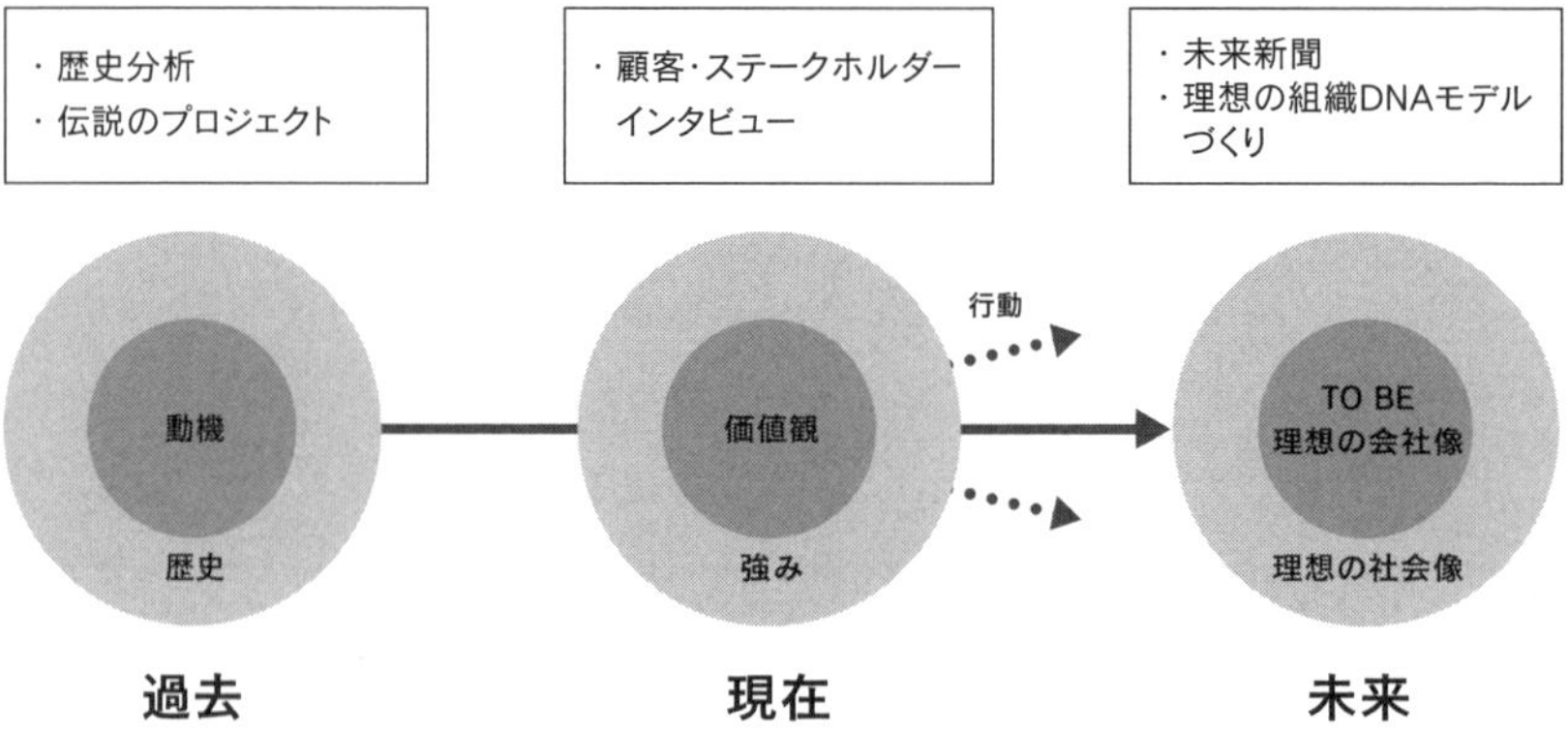

②組織の強み、③その背景にある価値観の3点を抽出する。これで「過去」の組織における価値観・強み・行動・組織環境が見えてくる。

次に、「現在」の顧客やステークホルダーにインタビューをし、日本ユニシスが置かれている外部環境、顧客目線で提供できている価値、その価値を生み出している行動についてヒアリングする。ここまでで、自社の現状の組織文化と強みがはっきりしてくる。

それをもとに、「未来」に関しては、各々が考える理想の組織像が現在の組織とどのように異なっているのかを「未来新聞」のフォーマット（99ページ）に落とし込んでもらう。未来新聞を書くと、具体的にどんな行動が起こってほしいのかがわかるので、現状の組織の価値観・強みと未来の理想的な行動とを紐づけることができる。それを統合して、望ましい組織の価値観・強み・行動をDNAモデルの図に書き込むことで、日本ユニシスにとって望ましい組織文化をまとめることができた。

過去のDNAモデルと理想のDNAモデルを比較することで、

組織文化づくりの課題が見えてくる。具体的な行動の変化が見えれば、組織文化のデザインへと進んでいける。

「多様性を意識してプロジェクトのメンバーを選びましたが、出てくる意見は似通っていました。やはり意図しなくても〝ＤＮＡ〟は共有されているのですね。その事実自体が誇らしく、うれしいことでした」

日本ユニシスの担当者がプロジェクト終了後に漏らしていた言葉だ。組織文化の可視化・デザインのプロジェクトをやってみると、メンバーのあいだの組織観に驚くほどたくさんの共通点が見つかり、そのプロセスを通じて組織への愛着が高まることが多い。「うちの会社ってどんな組織だと思う？　どんな組織にしていきたい？」といった問いについて仲間と語り合うのは、多くの人にとってじつに楽しい体験なのだ。ぜひやってみてほしい。

ＢＩＰＲＯＧＹ社との組織文化の可視化のプロジェクトについては、ＢＩＯＴＯＰＥサイト（次のＱＲコードリンク先）を参照してほしい。

III

「らしさ」を物語にしてみよう——文化醸成の方法①

現状の組織文化が可視化でき、望ましい組織文化を考えたなら、その次に行うのは「組織文化の醸成」だ。組織文化を行動に落とし込んでいく際、クレドや行動原則（Values）のように大事な原則を言語化することも大切ではある。しかし、行動原則をそのまま伝えても、実際の行動までつなげるのは難しい。ではどうすべきか？　僕は3つのやり方を推奨している。

①ナラティブにして語る
②仕組み化する
③価値創造モデルに埋め込む

まず見ていきたいのが、1つめの「ナラティブ」だ。人は、自分の人生意義を個人のナラティブでとらえている。組織文化においても、ナラティブというフォーマットになっていれば、自分ごと化しやすく、行動も起こりやすい。だから、自分たちの組織文化をデザインしていくうえでも、そこから行動を促していくうえでも、最終的には「物語として伝える」ことが大切なのだ。

そして、組織文化のナラティブ化を進めるときに僕たちが活用しているのが**カルチャーデック**と呼ばれるスライド形式のフォーマットだ。

2008年から2022年6月までフェイスブック（現メタ）の最高執行責任者を務めたシエリル・サンドバーグは、ネットフィリックスのカルチャーデックを「シリコンバレーから生まれた最高のドキュメント」と絶賛しているが、他にもエッツィー（Etsy）やリンクトイン、国内ならメルカリなど、さまざまな企業が自社の組織文化を社内外に伝えていくための手段として使っている。2018年には『Culture Decks Decoded』という、各社がつくっているカルチャーデックを分析した本も出版された。この本によると、カルチャーデックでは一般的に次のような内容がカバーされていることが多いという。

- ミッション／ビジョン（Mission / Vision）
- ヒストリー（History）
- バリュー（Values）
- ユニークなワークスタイル（Unique Workstyle）
- オンボーディングのプロセス（Onboarding）
- 多様性と包摂（Diversity / Inclusion）

図6-6｜BIOTOPEでつくったカルチャーデック(一部)

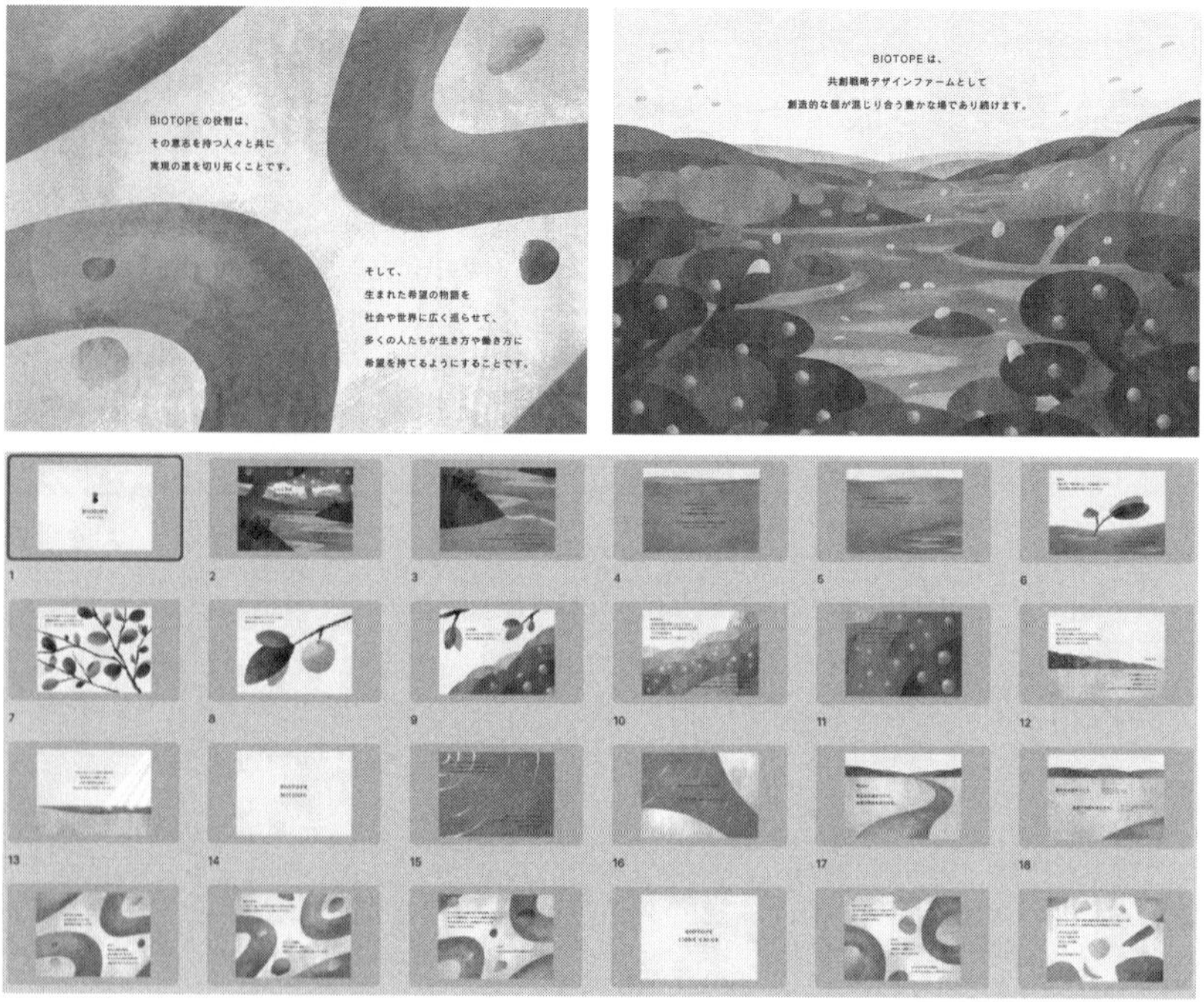

・社員（People）
・給与／ボーナス／人事制度（Salary / Bonus / HR system）

各社の個性に合わせて、構成要素やクリエイティブはバラバラだが、多くはつねに進化し続ける生きたドキュメントとして、グーグルスライドのような改変可能なフォーマットで社内に共有され、スライドシェアなどで公開されている。

では、カルチャーデックをつくると、組織にはどんなことが起きるのだろうか？

BIOTOPEでもカルチャーデックを作成し、社内で活用したのでその経緯を共有しておきたい。「意思ある道をつくり、希望の物語を巡らせる。」、バリューは「ありのままを引き出す」「やりたいを動力にする」「見えないものを観る」「共に創る」といった文言でミッションを制定していた僕らは、理想のバリューを体現する行動をDO＆DON'Tの形式で対照しながら定義した。

このときに工夫したのが、これらを伝えていくために絵本形式の物語フォーマットを採用した点だ。BIOTOPEというブランドの世界観に合わせたデザインを活用しつつ、ミッション・バリュー・理想の行動規範のようなポジティブな要素だけでなく、過去にやってしまった会社としての失敗経験も開示したりして、物語として読めるものにした。実物については、次のQRコードリンク先を参照してほしい。

カルチャーデックが完成したあと、オンラインの全社会議で実際にこれを朗読しながら共有し、そこから感じたことを一人ひとりに話してもらった。

「会社としてのコミットメントが伝わってきた」「こういう宣言をできる組織で働いていることを誇りに思った」「デザインのクリエイティブから、BIOTOPEが大事にしている世界観が五感で感じられた」という反応をもらうことができた。会社を経営していくなかで、無意識に大事にしてきたことをしっかり伝えられ、そして、それが伝わった！――そんな実感があり、それまで7年あまり会社を経営した歴史のなかでも、最もメンバーとの一体感や結束の高まりを感じられた。自分たちの組織文化を共有できることは、経営者としてはとてもうれしく、会社をやっていて心からよかったと思う瞬間だった。

組織の物語を共有することは、バラバラになってしまった僕たちが共通の土台をもとに群れるうえで、とても効果的だ。語り部から直接聞かなくても、興味を持った人がアクセスでき、物語でわかりやすく伝えられるという意味で、カルチャーデックはデジタル時代らしい企業理念と組織文化の伝え方ではないかと思う。

このカルチャーデックはオンラインで公開するといい。リモート環境で仕事することが多くなった時代に、組織文化をあえて形式知化・言語化することには社内的に大きな意味がある。メルカリでは、カルチャードキュメントのドラフトを社内で共有し、フィードバックをもらうことで、組織文化についてのオンライン対話を促すツールとして活用しているという。

同時に、これを社外に向けて公開することも非常に重要だ。入社希望者にアピールできるのはもちろん、プロジェクトベースでの働き方も増え、社内外の差がなくなったいま、パートナー企業や業務委託の人にとっても、この会社と協業したいかどうかを判断するときの材料に使えるからだ。

実際、カルチャーデックをつくった多くの企業は、これを自社サイトの採用ページに掲載している。BIOTOPEでもカルチャーデックを公開して以来、あらかじめこれを読んで、共感した人が採用面接に来てくれるケースが増えた。最初から価値観が近い人を採用していくうえでは、非常に効果的な手だ。

III

仕組み化による「クセ」のデザイン――文化醸成の方法②

組織文化を物語として伝えた結果、強く共感した人には行動に変化が生まれる。しかし、多くの社員の行動に影響を与えるためには、社員を取り巻く環境（日常の習慣や制度、コミュニケーションインフラなど）に影響を与える仕組みをデザインすることが有効だ。

次の3つが対象になる。

①日常習慣――会話、思考、行動、意思決定、習慣を意識づけするためのクレド
②制度――表彰制度、人事制度、評価制度
③環境――オフィス、NotionやSlackなどのデジタルツール

それぞれを紹介していこう。

①日常習慣をデザインする――ログセや儀式

『両利きの経営』の共著者である、スタンフォード大学経営大学院教授のチャールズ・オライリーは、「強いカルチャーとは、組織全体で、『望ましいとされる行動はなにか』について合意が取れていることです」（NewsPicks「【本家】両利きの祖師が、日本に『どうしても伝えたいこと』2022年7月26日）と言っている。

とはいえ、望ましい行動を定義したとしても、組織には日常の習慣による慣性が働く。理想的な行動を設定し、ただ「やれ」と命令しても、簡単には変わっていかない。どうしたら日常習慣を理想的なものに変えていくことができるのだろうか。参考にできるのが、MIT組織学習センター共同創始者のダニエル・キム氏が提唱した**成功の循環モデル**だ。

このモデルでは、組織を4つの質で見る。周囲との会話ややりとりによって「関係の質」が高まると、「思考の質」→「行動の質」→「結果の質」も高まっていき、それが最終的に「関係の質」にもフィードバックされるループとして描かれている。組織文化を生み出すサイクルとしても、非常に示唆的なモデルだ。

そこで日常習慣を望ましいかたちにしていくなら、社員の日常会話へのテコ入れが効果的だ。日々会社のなかでどんな会話が口グセとしてされているかによって、人々の思考は変化する。だから、最初にアプローチするべきは、日々の口グセを見直すことであり、理想的な口グセを

図6-7｜成功の循環モデル

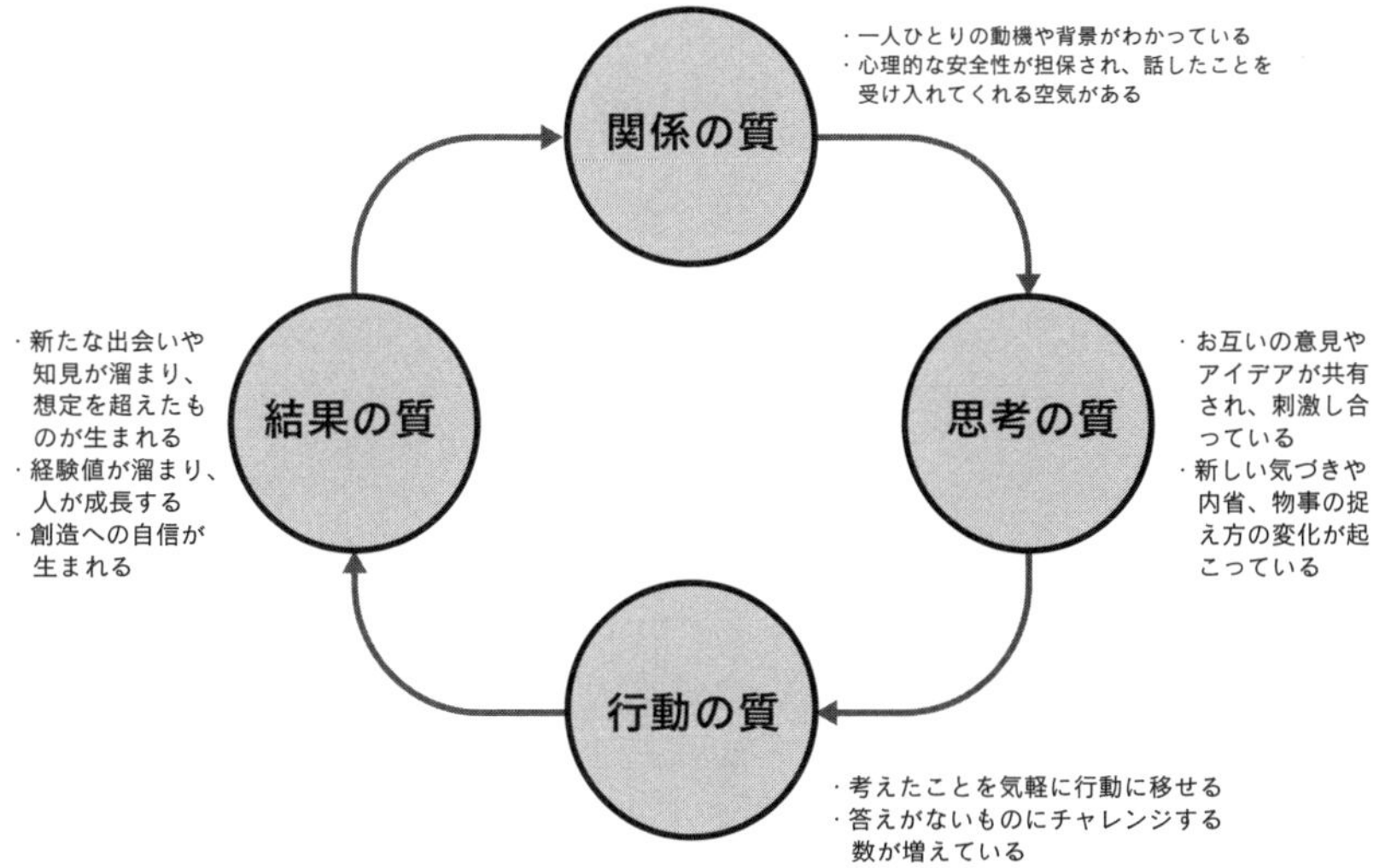
関係の質
・一人ひとりの動機や背景がわかっている
・心理的な安全性が担保され、話したことを受け入れてくれる空気がある
思考の質
・お互いの意見やアイデアが共有され、刺激し合っている
・新しい気づきや内省、物事の捉え方の変化が起こっている
行動の質
・考えたことを気軽に行動に移せる
・答えがないものにチャレンジする数が増えている
結果の質
・新たな出会いや知見が溜まり、想定を超えたものが生まれる
・経験値が溜まり、人が成長する
・創造への自信が生まれる

共有することなのだ。とある会社の社長が教えてくれた例を紹介しよう。その会社では中間管理職が「ここ気をつけた？　大丈夫？」とよく口にしていた。その結果、何に対しても石橋を叩いて渡る感が出てきて、そのうちにリスクを回避する組織文化が醸成されてしまった。そこで、「自分になにかできる？」という口グセを意図的に使うようにしていった。すると、やりたい人を後押しするような文化に変わっていったという。

会話が変わってくると、日常の社員の思考が変わっていく。理念と自分たちとのつながりがよりはっきり見えるようになることで、ミッションやビジョンを実装するためになにをするべきかと、思考の方向性がより前向きになる。

リッツカールトンやスターバックスのようなサービス業では、社員の行動規範をクレドとして共有している事例が有名だが、最近はDO＆DON'Tのような形で、理想的ではない行動と比較して、理想的な行動を見せていくケースが増えている。関係や思考が変化したうえで、理想の行動を行動原則として提示されると、人はアクションをとりやすい。とくに、無意識にやってしまっている「理想的ではないアクション」を明確化することで、日常の無意識の行動に対する内省を促すことができる。ユーザベースは、「DO（すべきこと）」と「DON'T（すべきでないこと）」として行動指針を示したイラストつきの冊子を配布している。

ここで強調しておきたいのは、リモート環境になったとしても、組織文化を体現するロールモデルは経営陣だということだ。日常の判断や意思決定、日々やっている行動に対する評価は、組織のなかでルールとして機能してしまう。もっとも重要なのは意思決定の内容と仕組みだ。理念体現の一丁目一番地は、いかに理念や価値観をベースにした意思決定をしているかになる。

ユーグレナの永田暁彦社長は「理念を浸透させるうえでいちばん効果的なのは、自分の意思決定で見せることです。たとえば、ユーグレナのジュースのストローをサステナブルなものに変えることで『利益率が下がるとしても、理念に合ったものであればやる』という覚悟を示しました」と語っていた。言葉でどんな話を聞こうと、もし経営上の意思決定が理念とずれていたら、それは言葉だけの理念だと思われてしまう。理想的な組織文化を体現した意思決定をできているかどうか、部下があげてきた提案について、組織文化と矛盾した行動・言動をしていないか。それを経営陣が自省する必要がある。

図6-8｜DO and DON'Tの例（UZABASE）

1.
DON'T
管理をゆだねる
Wait for management to tell you what to do
軍隊のような組織であれば、偉い人が全部管理してくれます。時に、それは楽なもの。でも、残念。わたしたちは、より「自由」な会社だからこそ、より高い「自己規律」が求められる会社です。
You're not here to simply follow orders and check boxes.
14 | Be free & own it
VALUE
DO
自己規律する
Self start
ミッション、バリューをボスとして、その仕事の意味を考え、自分から動く。自分の動きをステークホルダーに伝えて期待値をコントロールする。自己規律こそ、自由へのパスポートです。
You deserve freedom in how you work. That freedom comes with the expectation of self-discipline. Think about your mission. Consider your values and the values of the company and start working.
Be free & own it | 15
2.
DON'T
自由にフリーライドする
Coast
人の見ていない仕事は手を抜く。やりたいことだけ頑張る。わたしたちはそれを自由のフリーライダーと呼びます。
Making excuses, cutting corners, and only working when you "have to" isn't fair to your team, your coworkers, or yourself
16 | Be free & own it
DO
成果にコミットする
Focus on results
日々の仕事を着実におこなうことが偉大なものを成し遂げる唯一の道。素晴らしい未来をつくることと、引き受けた目の前の仕事にコミットすることは、同じことです。
Trying is a good start, but it's not enough. The only way to achieve great things is to work at it, every day until you reach your goal. Put in the effort. Be persistent. And your results will prove your value.
Be free & own it | 17

出所：UZABASEコーポレートサイト「31の約束」（https://www.uzabase.com/jp/about/）

また、日常習慣に影響を与えるうえでは、行動を起こすきっかけを「儀式」としてつくってしまうのも効果的な方法だ。

Soup Stock Tokyoは、「世の中の体温をあげる」というミッションを掲げている。単なるスープ屋さんではなくて、スープを通じ、そして接客を通じて、Soup Stock Tokyoのお店と接するお客さんの心の温度を上げることを目指している。

とはいえ、同社のような会社での理念実践は簡単ではない。店舗数も多く、社員だけではなく、定期的に回転していくアルバイトもいる。このような環境下で行っているのが、毎年1月の「七草粥」を提供するイベントだ。

同社社長の松尾真継さんは、その際に社員に問いかけたという。「七草粥をふつうに出すだけでいいのだろうか？『世の中の体温をあげる』ための体験として適切なのだろうか？」――いろいろと議論があった末、ふだん商品をお渡しするときに使っている「ありがとうございました」という挨拶を、この日だけは「健康でお過ごしくださいね」というひと言に変えることになったのだという。

サービス業の現場は、ともすればオペレーションをしっかり回すことばかりに頭がいき、自分たちの会社にどのような理念があったのかが忘れられがちだ。しかし、このように具体的な行動につながる「儀式」を取り入れることで、お客さんの反応も変わり、「家族と医者以外から健康を祈ってもらえるなんて涙が出た」といった声すらあったという。社員のなかにも「これが『世の中の体温をあげる』ことなのか。自分たちの接客次第で、本当に『世の中の体温をあげる』ことができるんだな」という手応えが生まれるので、その後の行動も自然と変わってくる。

年に数回でもいいから、こうして理念に立ち戻って行動を考え直す「儀式」を取り入れてみるのもいいだろう。

②制度をデザインする——表彰制度、人事制度、評価制度

組織文化に影響を与えるために、ソフトなアプローチだけではなく、組織文化を象徴する制度をつくるのも必要だ。制度化とは、組織におけるルール化であり、ルール化をすることで、自然に組織にその重要性を指し示すことができる。

いちばんシンプルなのは、表彰制度に組み入れることだ。たとえば、グーグルは心理的安全性を高める組織文化をつくり出すために、ピアボーナスという制度をつくっている。組織のなかでの非公式の助け合いに対して、社員同士で感謝を送り合い、あとで上司がそれを知るという仕組みにすることで、仕事における縦のレポートラインを越えてお互いを助け合う文化を象徴的につくっている。

人事制度における実践も有効だ。サイボウズは、その自律的な文化を体現するために、サイボウズ上で社員それぞれが「働きたい時間と場所を自由に」文章で宣言することで100人100通りの働き方を実現できるようにする「働き方宣言制度」というシステムを導入している。

評価制度にテコ入れをする方法もある。アマゾンは、採用と評価システムに彼らのOur Leadership Principlesというバリューを連動させ、バリューや組織文化の体現が組織のなかで高く評価されるような制度をつくっている。

組織文化は、成功している人を真似ることで広がっていく。そのため、その組織における成功を具体的に定義し、それを促すための制度をつくったほうが伝播しやすくなるのだ。あなたの会社の組織文化を体現する、非常に象徴的な制度を1つつくるとしたらなんだろう？　この問いを考えてみてほしい。

図6-9｜「環境デザイン」によって組織文化の醸成を促す（BIOTOPEの例）

ミッション・バリューを示したSlackスタンプ

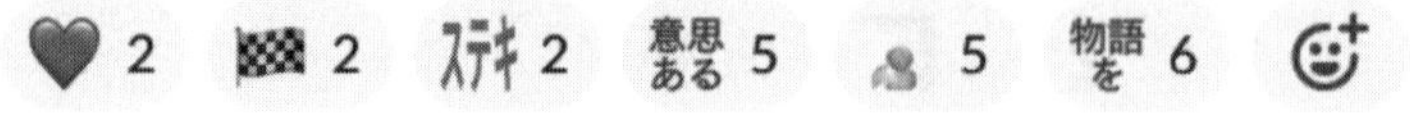

ミッション・バリュー壁紙（ZoomやPC用）

③環境をデザインする――オフィス、NotionやSlackなどのデジタルツール

人の行動は、環境から無意識のうちに影響を受ける。だから、働く環境、つまりオフィスはその組織文化を体現するうえでもっとも効果的な装置だ。

KINTOは過去に、自分たちのブランドの世界観で埋め尽くすようなオフィス改装を行ったことがある。そのときが会社にとっての転機だったという。自分たちの世界観をオフィス空間で体現することは、自分たちの立ち振る舞いを変えるきっかけとして非常に有効だ。リモートワークが増えているにしても、依然としてオフィスはその組織文化を体現する「聖地」として機能する。

一方、リモートワークが広がっていくと、オフィスが組織文化の伝播に果たす役割は減少する。リモート環境においてはなにができるだろうか？　デジタル上で組織文化を

III

体現するために考えられるのが、社内のグループウェアSlackやNotionなどの情報共有データベースの仕掛けだ。たとえば、メルカリは、Go Bold, All for One, Be Professionalという3つのバリューをスタンプ化して、日々のコミュニケーションのなかで自然にバリューを意識するような環境をつくっているという。BIOTOPEでもSlackスタンプのデザインにミッション・バリューを取り入れているとともに、Zoomの背景壁紙にも自分たちのミッションやバリューをあしらったものを用意している。デジタル上のコミュニケーションにおいて理念をリマインドする方法として、こうした仕掛けは非常に有効だ。

価値創造モデルに埋め込む——文化醸成の方法③

現状の組織文化の可視化を行うのに価値創造モデルを利用したが、望ましい組織文化を価値創造モデルに落とし込むことで体現を促す方法もある。

たとえばリクルートは、顧客とクライアント企業をプラットフォームでリボンのようにつないでいく「リボンモデル」を価値創造のコアに置いており、自社の価値創造モデルを強化する「リクルート経営コンピタンス研究所」という専門部署をつくっている。同研究所長の巻口隆憲氏によると、この研究所の役割はリクルートの社内の組織文化を掘り起こしたうえで、ナレッジをシェアしながら育てていくことだという。

同社では、顧客接点部門、テクノロジー部門、事業開発・改善部門、経営基盤部門の4部門で全社のナレッジシェアイベントが実施されている。そこでは、成果やスキルだけでなく、課題を設定した背景や具体的なソリューションに至るまでの苦労・失敗を含んだ生々しいストーリーがシェアされる。全社員がじつに3日間にわたって参加することになるというから、かなりのリソースを割くことにはなるが、自社の価値創造モデルの土台となる組織文化への投資と言えるだろう。

リクルートほどのリソースをかけなくても、自社の価値創造モデルを明確にしている例はある。福井県敦賀市に本社を置く、幼児向けあそび環境づくりのトータルソリューションカンパニーであるジャクエツは、図6-10のような価値創造モデルを自社のブランドブックに掲載している。ここにはジャクエツが現状やっている取り組みがまとめられており、これらを組織文化と統合して説明することで、新しい行動を生みやすくしているのだという。

自分たちの望ましい組織文化を自分の強みが活かせる方法でつくり、それを価値創造のノウハウに埋め込んでいくことは、価値創造の「文法」をつくるようなものだ。組織文化のDNA

図6-10｜ジャクエツの価値創造モデル

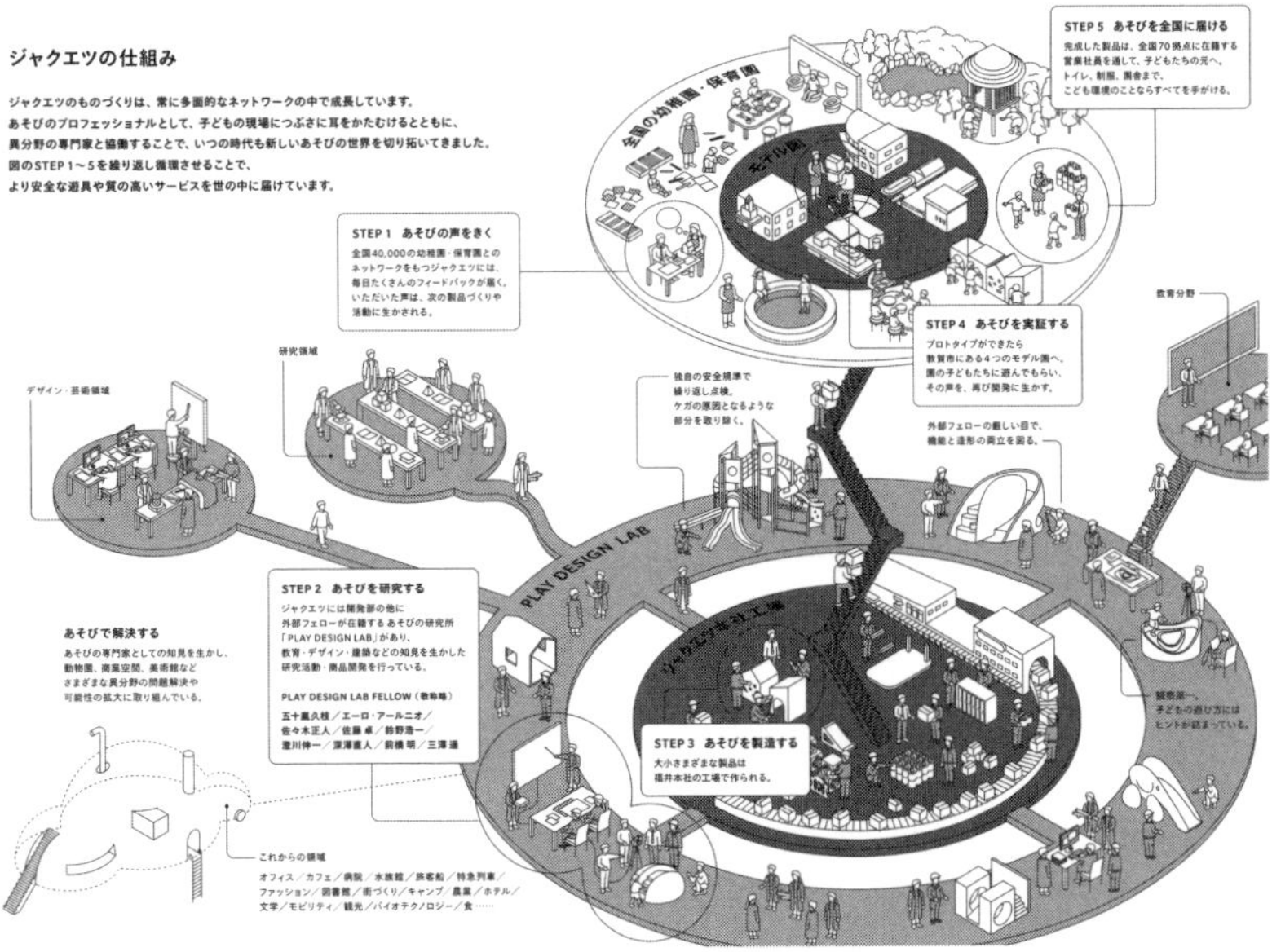

出所：ジャクエツ「ブランドブック」より（提供：ジャクエツ）

が形式知としてわかっていれば、新しいメンバーや海外支社など、異なる場所で働くメンバーへも共有しやすくなり、組織としての力が発揮できるようになる。

自社の価値創造モデルを形式知化することは、組織文化として自社の強みを考えることに非常に役立つが、メリットはそれだけではない。自社の価値創造モデルを外部と共有すると、それは社外のパートナーとの共創のための共通言語にもなる。共創はこれからの時代に非常に重要だ。いままでは「秘伝のタレ」であった価値創造モデルを外に共有することで、新たな共創が産みやすくなる。

西山圭太氏は『DXの思考法――日本経済復活への最強戦略』でスペインのカタルーニャ州コスタ・ブラバにあった三つ星レ

図6-11｜組織文化をデザインするポイント

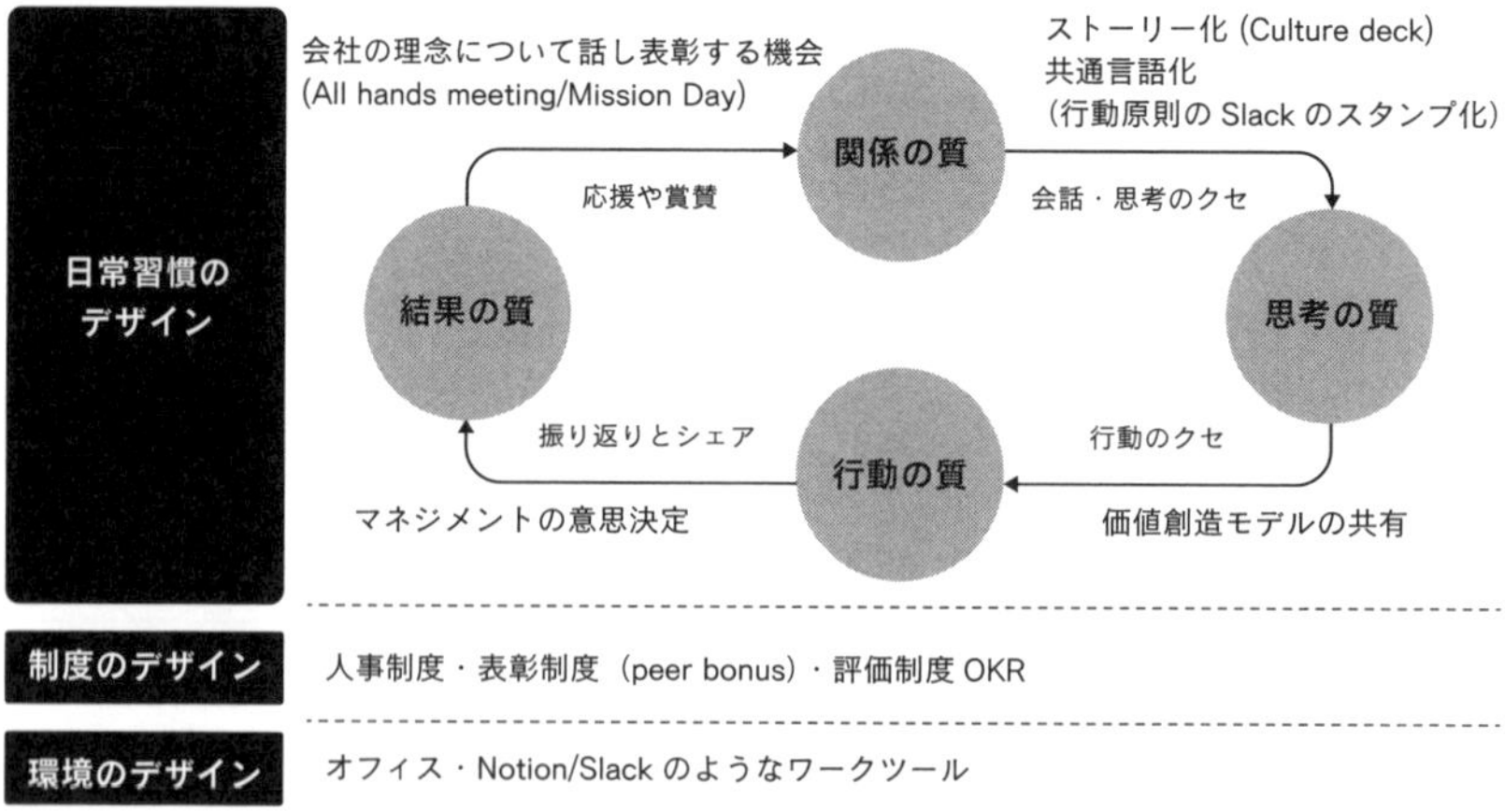

ストラン「エルブジ」を例に挙げて、自社のビジネスプロセスをデジタル化するＤＸ（デジタルトランスフォーメーション）の際に、暗黙知を形式知に変えることの重要性を語っている。２０１１年に閉鎖するまで、エルブジは世界一予約が取れないレストランと呼ばれ、スペイン料理でありながら斬新で、どこの料理にも似ていない料理を出す店として有名だった。その秘密は、自分たちがつくり出したオリジナルレシピを「創造的な料理カタログ」に記録・分析・分類して形式知化し、経歴や勤続年数に限らず自在に利用できる仕組みをつくったことにある。デジタルをインフラにした価値創造が求められる時代には、おいしい料理をつくるだけでなく、自社の持っている暗黙知を形式知に変えることで、自社の価値創造の仕方をデジタル化し、スケールアップさせることが可能となるのだ。

組織文化は、単に採用時に「弊社は進取の気性に富んでいます」「自由闊達な風土があります」と自社のＰＲとして使うだけでなく、もっと戦略的に使っていけるものだ。

２０２１年以降、ステークホルダーから支持・評価されるために**統合報告書**を出す企業が増えているが、その統合報告書には「価値創造ストーリー」の記載が必要だと言われている。価値創造ストーリーは、旧国際統合報告評議会のフレームワークを用いて記載する企業が多いが、そのフレームワークでは「組織の事業活動とアウトプットによって資本の増加、減少、変換をもたらすプロセス」を記載することになっている。これは、企業がどのように価値を生み出すかという暗黙知の言語化と同じだ。いまの時代、**価値を生み出す「らしさ」のモデル化**は企業にとって必要なことなのだ。

【実践ワーク】

組織の「クセ」を発見する口グセワーク

組織文化のDNAモデルをつくるときは、他者の目が入らないとなかなか難しい。そこで手軽に実践できる、口グセを使ったワークを紹介しよう。

まず、現状で社内でよく聞く口グセを集める。たとえば、すでに触れたように、とある会社では中間管理職が「〇〇に気をつけた?」「大丈夫?」とよく部下に声をかけていたことに気づいた。この口グセには、つねに心配する心理、石橋を叩いて渡るようなリスク回避型の組織文化があると言える。

図6-12｜ログセワークのフォーマット

変えたいログセ	望ましいログセ
-	-
-	-
-	-
-	-

それを変えたいとしたら、どんな口グセが理想的かを考えてみよう。たとえば部下からなにかに挑戦したいという話が来たら、中間管理職は「なにかしてほしいことはある？」「こんな支援はできるよ」と言ってみるのはどうだろう？　こうしたフレーズが口グセになれば、新しいことにチャレンジしやすい空気が出てくるはずだ。なにかにつけてストップをかけるのではなく、一歩前に進める、なにかをやりたい人を励ます文化に変わっていく。

第7章

Ecosystem

エコシステム

理念を育てる「生態系」をつくる

Question

私たちの理念を育てるためには、
どんな仕組みが必要か？

III

ミッション・ビジョン・バリューの使い方

「ミッション・ビジョン・バリューをつくったが、どう会社に実装していけばいいかがわかりません。各部署で検討はしているんですが、どう落とし込んでいけばいいのでしょうか？」

経営者であれば、だれでも一度は同じようなことで悩んだ経験があるはずだ。「わざわざ経営側でがんばって伝播活動をしていかなくても、自然に企業理念が会社の中に育っていったらいいのに……」というわけだ。

大前提として、どんな企業理念であれ、組織への実装のいちばんの役割を負っているのは経営者自身だ。経営者自身が折に触れて企業理念を語ることは非常に重要だ。経営者がやらなければ、他のだれも率先してやってくれない。

第4章でも紹介したように、理念を語る際には、会社の公式のメッセージとしてのみならず、自分自身のナラティブとしてパーソナルな語りをすることは非常に有効だろう。また、意思決定がミッションやパーパスとつねにつながっていることは、なにより社員に対して理念を重視しているという重要なメッセージになる。

企業の経営者こそが、経営理念の守り神であるべきだ。もし会社のなかで、企業理念に対する意識が薄まっていると感じるのなら、まず経営者が理念をみずから伝え、その意義を問うのでなければならない。ただし、社長がすべて一人でその役割を果たさなければならないというわけではない。メルカリはミッション、バリューを制定した際に、3つのバリューを実装させる担当役員をそれぞれ決めたという。このように、社長のみならず経営陣で責任を分担するのも手だ。

経営者がみずから責任を持って体現していくことは前提にしたうえで、ビジョン、ミッション／パーパス、バリューについては、会社のなかに実装し、育てていくための仕組みがあると望ましい。それぞれを会社の仕組みとして組み込んでいくには、どうすればいいのだろうか？まずは理念を「伝える」だけでなく「使う」ことだ。実務に一歩近づけるための「使い方」を見ていこう。

①ビジョンの使い方

将来のありたい景色であるビジョンを可視化することは、多方面にインパクトを及ぼすが、いちばん取り入れやすい使い方としては、中期経営計画と併せて長期ビジョンを策定し、同じタイミングで社内外に発表してしまうことだろう。ビジョンをもとにしながら、自社の事業が生み出したい社会的インパクトをＫＰＩとして設定することで、株主への統合報告書における

ESGやインパクト投資に向けた情報開示ともつなげることができる。オムロンは、2030年に向けた長期ビジョンを中計と並行して立案し、ストーリー化して中計とともに発表した。これは、社員・パートナー・投資家に対して、それぞれ事業計画、新規事業創造、IRというかたちに落とし込まれた。

また、長期ビジョンの大きな役割は、自社が生み出したいイノベーションの方向性を定義し、自社の既存事業や、新規事業部門のイノベーション戦略の土台としていくことだ。ビジョンをビジュアル化したり、ストーリー化したピッチ資料をつくったりすることで、イノベーションを実践したい部門が、そのビジュアルやストーリーを活用して社外のユーザーやパートナーに売り込み、共創を仕掛けていくことも可能だ。

②ミッション／パーパスの使い方

ミッション／パーパスを定義することは、自社の日々の意思決定における基準を内外に示すことにつながる。だから、日常のあらゆる意思決定において活用されるはずのものだが、最も活用されるべきなのは経営会議のような大きな意思決定をする場面だ。意思決定の基準としてミッション／パーパスを経営陣が活用するのだ。とくに、複数事業がある場合には事業の取捨選択の優先順位を決める事業戦略の根拠として活用できるだろう。

ガバナンスに組み込むやり方として、クックパッドのような例もある。彼らは、ミッションを定款に入れることで、株主に対しても投資の優先順位についての説明に活用している。

また、ミッション／パーパスは、自分たちの事業がなにをしていて、なんのためにあるのかというナラティブを生み出すための、日常の共通言語としての役割を果たす。全社会議など全社員が参加する場でミッション／パーパスを経営者が語ったり、それについて社員と対話したりするような使い方もできるだろう。

さらに、事業やサービスの開発においても、ミッション／パーパスは、それを体現したプロジェクトを生み出す動機づけになる。理念を体現する戦略プロジェクトは、会社のブランディングにも効果的だ。体現プロジェクトは、最初から利益を生み出すことを考えないほうがいい。とにかく自社ならではのプロジェクトとして少人数でつくり、そのプロセスを外部に発信しながら進めていくと、コーポレートブランディングにも効いてくる。

③バリューの使い方

バリューは組織文化をつくり出すための指針となる。したがって、主にバリューが使われるのは採用や組織開発などの人事領域が多い。

まずは、バリューを基準にした採用戦略を取ることが活用の第一歩になる。単に能力の高い人よりもバリューを共有する人を採用したほうが、結果的には組織として強くなっていくということを実感している経営者も多いだろう。さらにもう一歩進めると、人事評価制度と結びつけることで、より強固に組織内に実装していくことも可能だ。人事制度に組み込むことで、組織変革のときになかなか動きにくい中間管理職層も動かすことができる。

また、バリューを起点に社内の組織文化を育てていくために、カルチャーデックを作成し、社内外に公開することで、組織に対するエンゲージメントを高める方法もある。

「理念経営の生態系」が育む4つのサイクル

この本で紹介してきたビジョン、バリュー、ミッション／パーパス、ナラティブ、ヒストリー、カルチャーは、理念経営2・0を支える経営資源であり、その生態系の構成要素である。図7－1は、それぞれがいかに関係しているかを表したものだ。

これは植物が育つときの生態系をイメージしてもらうとわかりやすいだろう。ビジョンは太陽のようなものだ。そのエネルギーに向かって伸びる幹が、ミッション／パーパスである。そして、それを支える土壌がバリューやカルチャーであり、その根底にあるのが根っことしての会社のヒストリーだ。十分な日光（よいビジョン）と豊穣な大地（よいバリュー・カルチャー）があれば、そこには新たなナラティブの芽が次々と生まれてくる。

図7-1｜企業理念の生態系を育む4つのサイクル

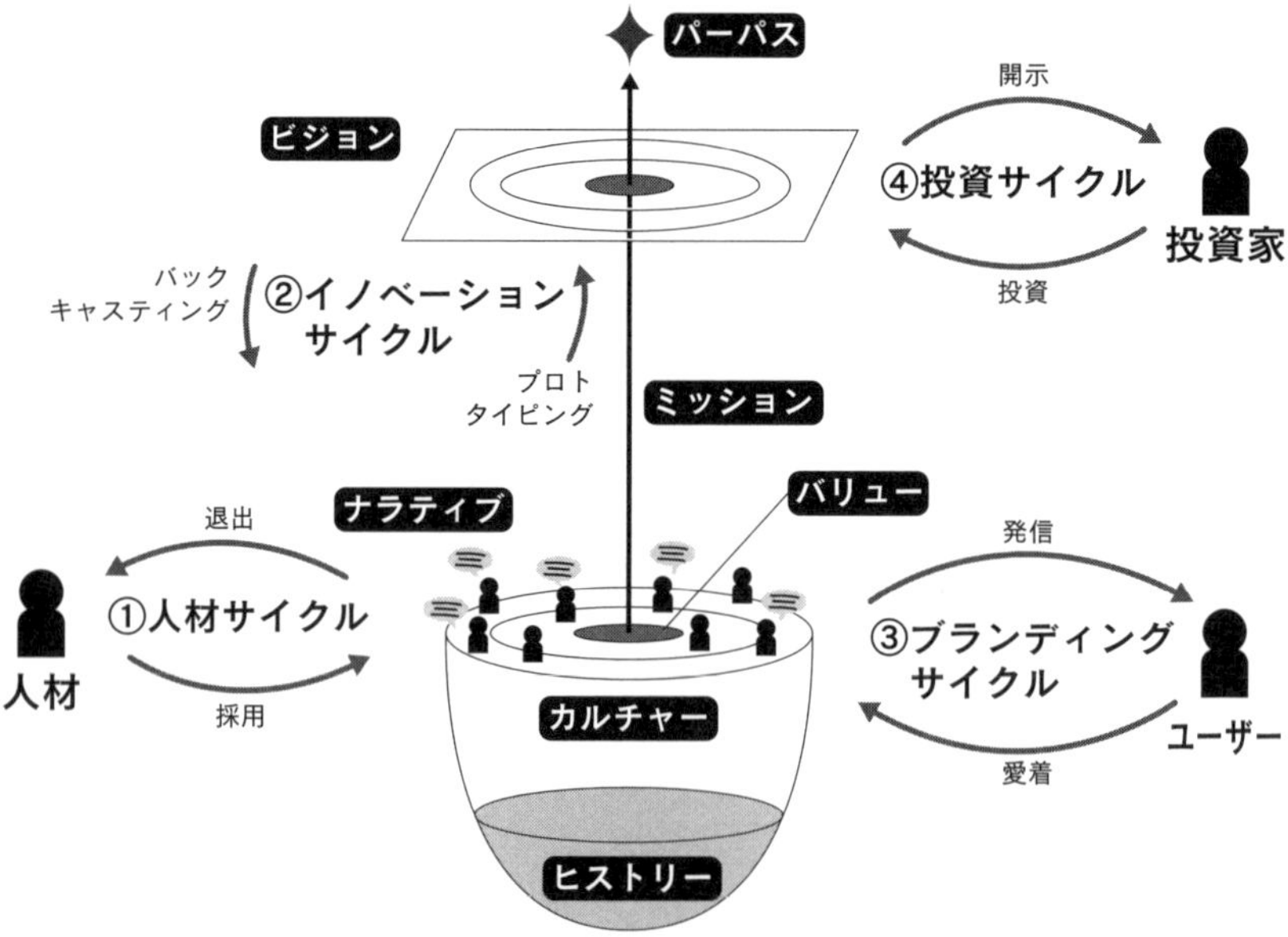

この生態系をさらに育てるためには、4つの分野で実装の仕組みを整えていくことが望ましい。その4つとは①人材、②イノベーション、③ブランディング、④資金調達である。各領域で良好なサイクルが回りだすと、経営理念の生態系はますます豊かなものになっていく。

①人材サイクル

まずは、なによりも人材の良循環だ。価値創造の主体は「人」だ。理念を共有する「人」こそ、最大の資産となる。とはいえ、理念を明確にすると、ミッションやバリューに合う人、合わない人が出てくる。給与の良し悪しやパフォーマンスという要素だけでつながっていた社員に、考え方や価値観というもう1つのフィルターをかけることになるので、一定の社員はとても共感するし、一部の社員は理念や価値観とのズレを感じる人も出てくる。

その際に、**バリューやミッションを採用基準として押し出したリクルーティングを展開することで、理念適合性の高いメンバーの割合を増やしていくようにするといい。**

アマゾンは、Our Leadership Principlesという14項目のバリューを定めて、採用のプロセスで徹底的に活用している。応募者は、この14項目に合わせて自分のエピソードを書かないといけない。社員が入社前からバリューを意識する設計になっているし、バリューに合わない人は初めから応募してこない。非常にうまく機能する仕組みとして設計されている。バリューをベースに採用をすることで、たとえメンバーのバックグラウンドは多様であっても、価値観や共通言語を持った強い集団をつくることができる。

一方、理念を明確にすることには痛みも伴うこともある。アメリカの靴のネット通販会社ザッポスは、**ホラクラシー**という自律型の組織運営を理念に据えたマネジメントを行っている。しかし、理念を明確にしてホラクラシーを導入したあと、一時的には20%近い社員が退職したという。経営陣はこのプロセスを振り返って、あれは組織を強くしていくうえで必要な新陳代謝だったと語っている。**理念を明確にすることで、合わない社員のなかには辞めていく人も出てくるが、これは組織を理念ドリブンに変えていくうえでは必要な新陳代謝だ。**

理念やバリューをベースにした採用をすると、若い世代ほど理念を重視する傾向もあるため、優秀な人材を獲得しやすくなり、採用力が上がっていく。

②イノベーションサイクル

ミッションやビジョンが社内に発信されることで、「儲かるかどうかはわからないけど、この領域の商品・サービスをつくることにチャレンジしていこう」というメッセージになる。すると、社員もイノベーションにチャレンジしやすくなる。社内のインキュベーションプログラムや、新規事業専門の部門を受け皿に、新たな価値創造にチャレンジする社員を増やしていくうえで、とくにビジョンは有効だ。

イノベーションを生んでいくうえで、自社だけではできない社会課題解決型の事業については、社外と価値を共創していくことが価値創造の基本になっていく。

たとえば、気候変動を考えた新規事業や、循環経済などの社会システムの変革をテーマにした新規事業では、多くの企業を巻き込んでオープンイノベーションとして事業づくりをしていくことが不可欠なケースが多い。ビジョンを発信し、協業できるパートナーを探すことは、事業づくりのスピードを上げるいい方法だ。

オムロンは、企業理念とイノベーションをうまく結びつけた社内の仕組みをつくっている。

「ＩＸＩ」という社会課題解決に向けた新規事業をつくるイノベーションプラットフォームを用意する一方で、社員一人ひとりの企業理念に基づいたアクションや新規のチャレンジを促し、そのケーススタディを物語としてシェアするＴＯＧＡという全社イベントを年に一度行っている。事業、個人の実践の受け皿を用意することで、社員の前例のないチャレンジを支援する仕組みを磨き上げている。

③ブランディングサイクル

ミッションやビジョンを発信することはエンドユーザーに対するブランディングにもつながる。コーポレート広報を中心に、ミッションやビジョンを体現したプロジェクトをリリースすることで自社のブランド価値を高めるような取り組みも可能だ。

ただし、ユーザー向けのブランディングの一丁目一番地は、自社のプロダクトやサービスによる理念の体現だ。理念経営の実践で有名なマザーハウス副社長の山崎大祐さんは「うちの場合は、カバンというプロダクトに哲学を込めることで、理念をユーザーに伝えようとしている」と語っている。いくら理念を熱心に語っていても、手がけているプロダクトやサービスがそれと矛盾していたら、むしろ逆効果ですらあるだろう。

パーパスブランディングを最もうまくやっている会社の１つが、アウトドア用品ブランドを展開するパタゴニアであることに異論のある人はいないだろう。パタゴニアの商品が「地球環境にとってよい行動を促す」という思想の下につくられているのはもちろんのこと、環境再生型農業との協業など、衣料品の枠を越えた社会的事業も行い、店舗内でも紹介している。また、商品、事業のみならず、会社の株式を環境NPOに譲渡するというガバナンスに踏み込んだ取り組みなど、企業理念を体現した行動をあらゆるレイヤーで実践している。このように、自分たちが信じることをつねに体現していき、その姿勢をあらゆる場面で見せていくことが必要だし、そのためにはオーセンティックな（ありのままの）姿を見せていく姿勢が重要になる。

一方で、新しくつくった理念を、いきなりユーザー向けのブランディングに使うのは、あまりおすすめできない。ユーザー目線からすれば、それは実体を伴わないメッセージに見えてしまう可能性もあるからだ。最初はビジョンのみを発信し、今後チャレンジしていく取り組みを発表するだけで十分だ。そのあと、社内で理念を体現したプロダクトやサービスを磨き上げていき、段階的にユーザー向けのアウターブランディングに移行していくのが望ましい。

④資金調達サイクル

最後はＩＲだ。理念、とくに長期ビジョンとその重要課題＝マテリアリティがＥＳＧ投資では重視される。現在、ＩＲでは、サステナビリティレポートや統合報告書の作成が求められるようになりつつある。その統合報告書の作成時に、経営陣は価値創造ストーリーを語る必要がある。各事業部長と一緒に事業の意義や自社が果たすべき役割について対話をしたり、意識統一をしたりするいい機会になるだろう。

ソニーがパーパスを策定したきっかけは、統合報告書を作成するために、ソニー全体の、そしてそれぞれの事業の意義について各事業責任者が闊達な議論を交わす機会があったことだったという。意義についての経営陣の対話に、統合報告書づくりというIRイベントが生かされたのだ。

理念をもとにした自社の価値創造の道筋について、ESGの観点も含めてクリエイティブな形で開示しているのが丸井だ。「共創経営レポート」という名前で開示された冊子は、IR資料というよりはセンスのいい雑誌のようで、会社として取り組んでいきたい事業がわかる「組織のナラティブ」になっている。

株主がより長期的な意義を重視するようになると、経営陣も自分たちならではの価値創造のあり方を考え直すようになる。掲げたビジョンに対して自分たち独自の指標を定義し、それに基づいて自分たちの価値創造を評価し、さらにそのプロセスを開示していくというサイクルが回るようになってくる。自社のビジネスプロセスのなかに、理念実践のPDCAサイクルを組み込むことができるのだ。

III

企業理念の実装への道

さまざまな会社の理念の策定から実装を支援してきた経験からいうと、理念を策定し始めてからそれが社内に伝播し、仕組みとなっていくまでには、図7－2のような6つのフェーズを辿ることが多い。順番は前後することもあるので、あくまで目安としてとらえてほしい。

①理念の策定

ビジョンやミッション／パーパスといった理念の策定は、社長や戦略執行役員がオーナーとなって、経営企画と一緒に取り組みをスタートさせることが多い。

多くが10年スパンである長期ビジョン策定は、経営企画部門が中心となってR＆D、事業企画などのメンバーを巻き込んで進む。ミッション／パーパスについては、企業によってすでに存在するミッションの再定義という形を取ることもあれば、パーパスを新しく策定する形で全社プロジェクトとしてスタートすることもある。

所用期間はビジョン策定で約半年、ミッション／パーパスになると、多くの事業部門や関連会社を巻き込んで行うために半年～1年程度になるケースが多い。

図7-2｜企業理念の実装に向けた6フェーズ

理念の実装フェーズ	主な取り組み	リードする部門
①理念の策定	ビジョン策定／ミッション／パーパス策定	社長・経営陣・経営企画
②インナーブランディング	理念・ビジョン・コミュニケーション・カルチャーの言語化	経営企画・人事・コーポレート広報
③人事施策への反映	バリューをベースにした採用／1-on-1などの対話の仕組みの導入／評価制度への組み入れ	人事
④イノベーションによる体現	体現プロジェクト／新規事業プロジェクト	新規事業・イノベーション・デザイン
⑤アウターブランディング	展示会などでのブランディングコミュニケーション／商品・サービスによるブランディング／コーポレートメッセージの発信	事業部門・R&D部門・広報
⑥株主向けの開示	統合報告書／サステナビリティレポート	IR・経営企画

②インナーブランディング

一度、ビジョンやミッション／パーパスが策定されたら、その理念の共有、伝播のフェーズとしてインナーブランディングを行う。ビジョンを動画にしたり、ミッション／パーパスをブランドブックやカルチャーデックなどのフォーマットに落とし込み、社内で発表したり、付随して自分ごと化するナラティブワークショップを行うというのが一般的な取り組みだ。

③人事施策への反映

ここから、実装はいくつかのルート、すなわち人事、イノベーション、アウターブランディング、IRに分かれる。どこから優先して手をつけるかは企業の優先順位によって変わるが、人事、もしくはイノベーションのどちらかから手をつけるケースが多い。

企業理念は、組織内の人の変化に大きく関係するため、人事担当の役員経由で人事施策に落ちていく。採用にバリューやカルチャーデックを活用して、組織文化を伝えたうえで採用を行うバリュー採用や、理念のナラティブ化による評価面談への導入、人事評価制度におけるミッションやバリューの実践の評価などが入っていく。

④イノベーションによる体現

また、ミッションを体現したプロジェクトを新規事業やサービスの開発という形でチャレンジするケースも多い。社長自身が体現プロジェクトをリードして行うケースもあれば、新規事業部門にビジョン／ミッション体現の事業開発が託されるケースも多い。

⑤アウターブランディング

人事、イノベーション双方での実践が伴ってきて、ようやく理念と行動が一致していく。そのタイミングが、ユーザーに向けたアウターブランディングに手をつける時だ。理念を語るだけではなく、その哲学を体現する商品やサービスとともに世に出すことで、迫力のある理想的な提案ができる。

⑥株主向けの開示

また、株主に向けたＩＲについては、これらと並行して進められることが多い。統合報告書では、ミッション、ビジョン、バリューをいかに事業戦略と結びつけていくか、長期ビジョンを実現するうえでのＫＰＩはなにかということに加えて、自社のＥＳＧへの取り組みや人的資本の開示が求められるようになってきており、これに向けた取り組みが経営企画とＩＲを中心に行われる。

いまの時代、理念は組織をよりよくしたり、イノベーションなどの価値創造につなげたり、株主とのいい関係を築いて長期投資を促したり、ユーザーとの長期的な関係を構築したりするなど、よりよい事業運営を行っていくうえで強力な武器になりつつある。いまはまだ多くの企業が試行錯誤をしている段階ではあるが、本書を参考にして仕組み化する会社が多く出てきてほしいと思う。

１つ注意したいのは、必ずしも他社のベストプラクティスを探索・実践するだけが道ではないということだ。僕の経験上、理念を実践していくシステムは、その企業固有の生態系のようなものであり、その企業の土壌としての組織文化や、風土としての事業環境によって最適な施策は異なる。独自の生態系を育てていくために、他社にはできない独自の価値創造経営を発明することが求められているのだ。

【実践ワーク】

自社流の「理念の生態系」を発明する

この章で紹介してきたように、理念を自社内で実践する仕組みを考えるうえでは、とくに次の4つの分野に注目するといい。人事、イノベーション、ブランディング、IRだ。さまざまなアイデアが考えられるが、自社の理念を体現するような極端な制度のアイデアを考えることで、自社ならではの仕組みが見えてくる。

たとえば、サイボウズは「チームワークあふれる社会を創る」というパーパスを掲げ、「理想への共感」「多様な個性重視」「公明正大」「自立と議論」という4つの組織文化を掲げている。そのなかの「多様な個性重視」という組織文化を体現するために、「100人いたら100通りの働き方」があってよいと考え、メンバーそれぞれが望む働き方を実現できる「働き方宣言制度」という人事制度を設定した。これは9種類＋αから自分で働き方を選択できるという、多様性を尊重した制度である。

あなたの組織でミッション／パーパスやバリューを体現する制度を考えた場合、究極的には

図7-3｜企業理念の生態系を育む「仕組み発想シート」

ミッション・パーパス			
バリュー			
理念を体現する仕組み案 ～自分たちの理念を体現していくためのアイデアを以下の４つの分野で考えてみよう			
人事	イノベーション	ブランディング	IR

どのようなものが考えられるだろうか。次のステップで考えてみてほしい。

①ミッション／パーパス、バリューを書き出す

②人事、イノベーション、ブランディング、ＩＲの４つの分野で、自社の理念を体現できそうな仕組みのアイデアを考えてみる

③アイデアがひと通り出たら、理念をいちばん体現している極端なアイデアを選び、実際に３カ月程度実践してみる

Conclusion

終章

意義をつくる会社へ

III

「モノを生む組織」から「チエを創る組織」へ

これまで企業理念のつくり方・使い方について紹介してきたが、この章では少し俯瞰した視点で、理念経営2・0によって駆動される組織のあり方について考えてみよう。

コロナ禍以降、パーパス経営、人的資本経営というキーワードがビジネス界で注目されるようになっている。人的資本経営について言えば、統合報告書のなかで人的資本についての情報開示を義務づけるような取り組みも始まっていく。

しかし、これらはバラバラな動きではなく、経営の根底にある考え方自体に、大きなパラダイムシフトが起きていることの表れではないかと思う。ひと言でいうなら**「産業革命型の生産する組織」**から**「情報革命型の創造する組織」**へのシフトである。つまり、企業が生み出すべき価値が「設備を通じたモノの生産」から「人・組織を通じたチエの創出」へと移り変わっているのである。

僕はイノベーション現場に関わり続けるなかで、新規事業部門やデザイン部門、R&D部門

図b-1 「モノを生む組織」から「チエを創る組織」へ

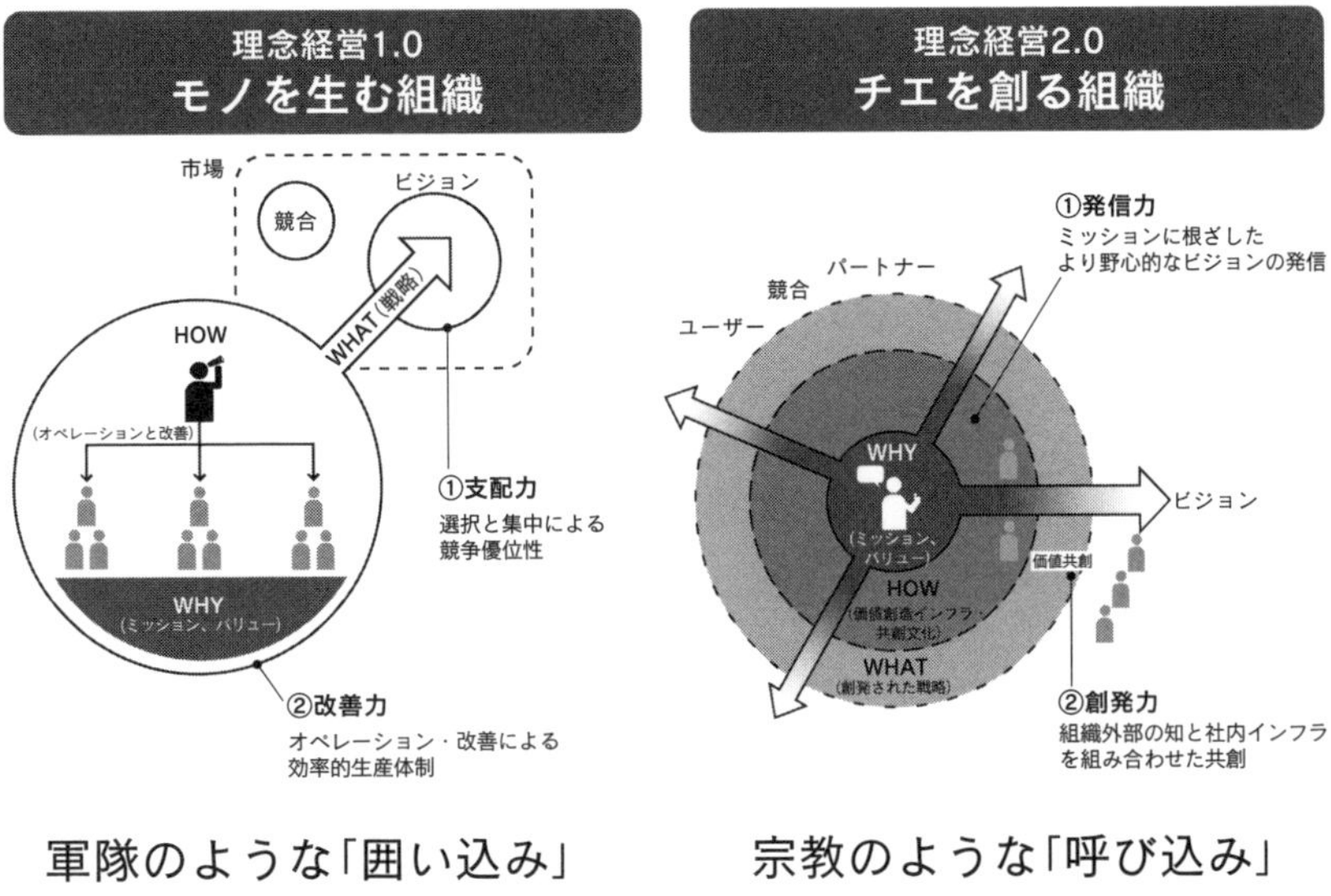

産業社会	**社会の構造**	知識社会
モノの生産	**価値の生まれ方**	チエの創造
Outside-in（マーケット）	**経営の方法**	Inside-out（理念）
市場を独占する 生産・流通の仕組み	**価値をつくる差別化**	イノベーションを生む 人と組織文化
競争	**経済を活性化させる方法**	共創
短期的な規模の経営	**目的**	長期的な資本蓄積 による持続可能性
地図と戦略	**経営のアプローチ**	羅針盤と創造

などの新たなチエを生み出す必要のある組織と、商品やサービスが決まっていてそれを品質高く、効率的に届ける既存事業部門では、組織マネジメントの考え方が根本的に異なっていることに気づいた。

企業の経営資源は、①ＷＨＹ、②ＷＨＡＴ、③ＨＯＷという3つに分けて考えられる。ＷＨＹとはミッションやビジョンのような企業理念のことである。ＷＨＡＴは組織の価値創造を規定する戦略やコンセプト、ＨＯＷはファイナンス、マーケティング、デザイン、組織マネジメントなど、組織の価値創造を実現する手段を意味している。

これまでの組織は、産業革命型の経済のもとで生まれたものだ。産業革命によって企業、とくに当時新しく生まれてきたメーカーたちは新たな組織モデルをつくった。そのモデルはアメリカの自動車会社のフォードが発明したと言われている。

20世紀は、モノが豊かになることは幸せだと多くの人が考える時代だった。そのような社会では、生産手段を囲い込み、規模の経済を働かせることで効率的に多くのモノをつくれば、組織は成長する。**「モノの生産」が組織の価値の源泉**であるため、経営者がどの市場で戦うかを決め、生産目標数値と生産の標準的プロセスを中心に設定し、多くの社員はその生産プロセスに携わるだけだった。

車を例にとろう。車をつくればつくるほど売れる時代には、経営者がどんな車をつくるか、どこで売るかを決め、いかに効率的に車をつくるかを考え、ベルトコンベアーシステムを採用して科学的な管理法による効率的な生産プロセスを定め、標準化すればよかった。社員はその生産プロセスに則って仕事をするだけだった。

こういった組織では、どの市場にどのような商品をつくるのかというWHATが重要で、その選択と集中を行ったうえで、HOWとして生産プロセスを標準化し、磨き上げていく「改善」が有効だった。大量生産した商品を絞り込まれた市場に投入するために、組織として家族的な一体性を高める目的で、WHYとしての企業理念が使われていた。社歌や社訓、工場における体操などの全員で一緒にやる習慣がその名残だ。

僕が最初に入社したP&Gには、「OGSM」という有名なマネジメント・フレームワークがあった。これは「O＝Objective（目的）」「G＝Goal（ゴール）」「S＝Strategy（戦略）」「M＝Measurement（測定）」という4つの観点から、組織をマネジメントしていくための枠組みだ。

OGSMでは、前年比10～15%のような成長目標に決めて、まだ新しく取れそうな消費者の塊がないか市場調査をし、その消費者群に買ってもらえるようなブランドメッセージを定めたうえで、クリエイティブに落とし込む。

企画が決まったら、あとはコンセプト検証、商品の生産やロジスティクスといったプロセスと改善行動を延々と回していく。これを愚直に繰り返すことで、市場シェアを高めていき、それによって利益率も上げていくというものだった。

このゲームにおける組織マネジメントの要諦は「選択と集中」だ。絞り込んだ一点のゴールに向けて資源を投入し、ひたすら組織の改善サイクルを回していく。

こうしたプロセスには**「軍隊」のような組織モデル**が適している。明確なゴールを掲げる「将軍」が、規律の取れた「軍隊」を率いることで、無駄のないオペレーションを回していけるからだ。この組織モデルは、ヒトであればオフィス、モノであれば工場のような生産設備に経営資源を囲い込み、短期間でアウトプットを最大化していくときには、きわめて有効だ。

ただし、このような組織が機能するにあたっては、1つの前提がある。すなわちそれは、まだまだほとんどの市場ニーズが開拓されておらず、商品・サービスを提供することでますます市場が大きくなっていくという前提だ。より手短に言えば、「需要＞供給」が成立する場合にしか、この組織モデルは効果を発揮しないのである。

産業革命後の社会は、原料を付加価値のある商品に変えていくことで成り立ってきた。松下幸之助の水道哲学が、モノを行き渡らせることで貧困を撲滅しようとしたことに象徴されるように、モノを生む組織は「産業革命型の組織モデル」だと言えるだろう。

だから**産業革命型の組織は、WHAT（戦略）＞HOW（プロセス）＞WHY（理念）の順に重**

点が置かれた経営となる。いまでも企業の多くで、産業革命型の選択と集中とオペレーション改善こそがいい経営だという考え方が支配的なのではないかと思う。

それに対して、IT企業を中心に、アイデアやチエを生み出すことが価値になる産業においては、モデルが変わる。情報革命の時代においては、新しいサービスのアイデアや、サービスの土台となるコードやデザインこそが価値だ。お客さんのデータやアイデアも借りながら新たなサービスを生み出していく**「チエの創造」こそが、価値創造の源泉**になる。これは、DX・デジタル化が進んでいく産業には例外なく当てはまる。

また、物質的に豊かになった成熟国では、人々の関心は、心身ともに健康で楽しく、日々を充実して生きられること＝つまりウェルビーイングに置かれるようになる。自分自身の人生のなかで、なにかしらの意義を感じながら働けること、そして、それを一人ではなく共同体で行えることが幸せな働き方だ。幸せだと結果的に、生産性は3割増し、創造性は3倍になるという研究もある（矢野和男『データの見えざる手』草思社）。

成熟度の上がった情報化社会において、企業は従業員や仲間の幸せを最大化できるような組織マネジメントを実践することで、結果としてアウトプットとしての価値創造を最大化できる。社員が意義を感じ、自分なりのナラティブを生みながら仕事をすれば、それだけ創造性が高まるし、イノベーションが生まれやすくなるからだ。

こういったチエを創る組織では、ミッション・ビジョン・バリュー・パーパスに代表される企業理念などのWHYが意味創造の基点になる。

次に重要なのは人々がよりよく協働して、いいアイデアを生みやすくなる場やコミュニティをつくることだ。バリューに則った濃い組織文化や、心理的安全性の高く、共創が生まれやすい社内コミュニケーション環境をHOWとして用意する。

共創文化のある開かれた場には、優秀な人材やパートナー、お客さんが集まってくる。質の高い人的リソースを集めてくると、そこで新しいチエが生まれやすくなり、新しい商品、サービス、事業などが創造され、結果として戦略などのWHATが創発される。ミッション・ビジョン・バリュー・パーパスを共通の土台にした創発の場・仕組みづくりがこれからの企業における肝なのだ。

PCやスマホなどのコンピュータをだれもが持ち、インターネットによって生活インフラがデジタル化し、人間は物理的には離れているのに協働するという新たな「群れ方」をするようになった。これが情報革命型の組織モデルだ。

こうした組織の起点にあるのは「人」だ。人と人がつながることで、新たなアイデアが生まれていくが、そのなかに「どうしてもこれを実現したい！」という意思を持った「妄想家」が現れる。

しかし、それは単なる妄想では終わらない。彼ら／彼女らが発信するミッションやビジョンは、ユーザーや協業パートナーらの共感を呼び、そこからコミュニティが生まれていく。さらに、プロダクトのタネ（プロトタイプ）や、既存のテクノロジー・知財を組み合わせた物語や絵がこの流れをさらに加速させ、そこに秘められたインパクトの大きさに気づいた人々から、次々と投資が集まり始める。

個人が共感を抱いたり生きがいを投影したりできる商品・サービス・企業には、根強いファンが集まってくる。それが蓄積していくと、いわゆるリカーリングビジネス（継続的な取引を繰り返し、安定した収益が得られる循環型ビジネス）が生まれ、さらなるイノベーションに向けた積極的な投資が可能になっていく。情報革命型の組織は、人やアイデアを呼び込み、知識を生み出すことを目的にしている。言い換えれば、日常的に創造活動が行われるよう、最適化された組織だ。

この組織モデルは「需要＜供給」の状況を前提としている。情報量はほぼ無限にある以上、情報型の商材は「ユーザーにとっての意味」という需要をつくり出すことで初めて機能する。したがって、意味を生み出すための経営資源ほど重要になる。**チエを創る組織においては、優先順位が「ＷＨＹ（物語）＞ＨＯＷ（文化）＞ＷＨＡＴ（新たなアイデア・コンセプト）」となるのだ。**

典型的な「チエを創る組織」であるパタゴニアに当てはめて考えてみよう。彼らは「我々の故郷である地球を救うためのビジネスをしたい」というWHYのもと、その理念に共感した社員が集まっている。行きたいときにいつでもサーフィンに行き、母なる地球に自由に触れられる風土、さらには、環境に対するアクティビズムを生き様として共有しているアンバサダー（グローバル・スポーツ・アクティビスト）たちのコミュニティなどが、同社の理念を広げていくHOWにほかならない。そして、彼らのWHATとしては、フェアトレードによる衣服や、環境再生型のオーガニック農業でつくった食品ブランドプロビジョンなどがあげられる。

パタゴニアにとって自分たちの事業は、地球を救う新たな手段を表現したものにすぎない。社員やアンバサダーコミュニティといった仲間たちとともに、自分たちのWHY（理念）を突き詰めていくと、結果として新しい事業が生まれてくる――そういう発想順序で会社経営をとらえているのだ。

これら2つの組織モデルを比較したとき、もはや**「会社という場」の意味が根本的に変容してしまっている**ことがわかる。僕が以前、シンギュラリティ大学のエグゼクティブプログラムに参加した際、デロイトのCenter for the Edgeの共同会長だったジョン・ヘーゲル3世は、こんなことを語っていた。

「企業（というもの自体）の存在意義は、20世紀型のような規模の経済による効率性の追求ではない。より早く、より規模の大きい学びを得るためのものである。いまの時代の大企業が組織の外の世界に学びを求めるのは自明のことである」

コロナ禍によって、急激にDXが進もうとしている。デジタルインフラはもともと、人々が協働し、集合知の学びを最大化するために生まれたものだ。しかし、それ自体は1つの「手段」に過ぎない。重要なのは、そうやって最大化した学びを〝どこ〟に向けるのかという「目的」の部分だ。

僕たちがモノをつくればつくるほど、CO_2の排出量は増え、地球環境の持続可能性に影響が出てくる。また、お金を儲ければ儲けるほど、社会分断が進む。そんな状況のなかで、人々が求めるものが次第にモノからコトへ、そしてイギへと移りつつある。

会社がいま乗り出すべきチャレンジは、こうした集合知のインフラを使って、社会分断や環境危機に対処するチエを生み出していくことだ。そして、そのような取り組みに多くの人を巻き込むことで、個人の「生きる意義」を生み出していくことこそが、これからの組織に求められている役割なのだ。

モノを生む組織とチエを創る組織、あなたの会社はどちらに近いだろうか？　また、あなたはそのなかでどんなポジションに立っているだろうか？

理念経営2.0

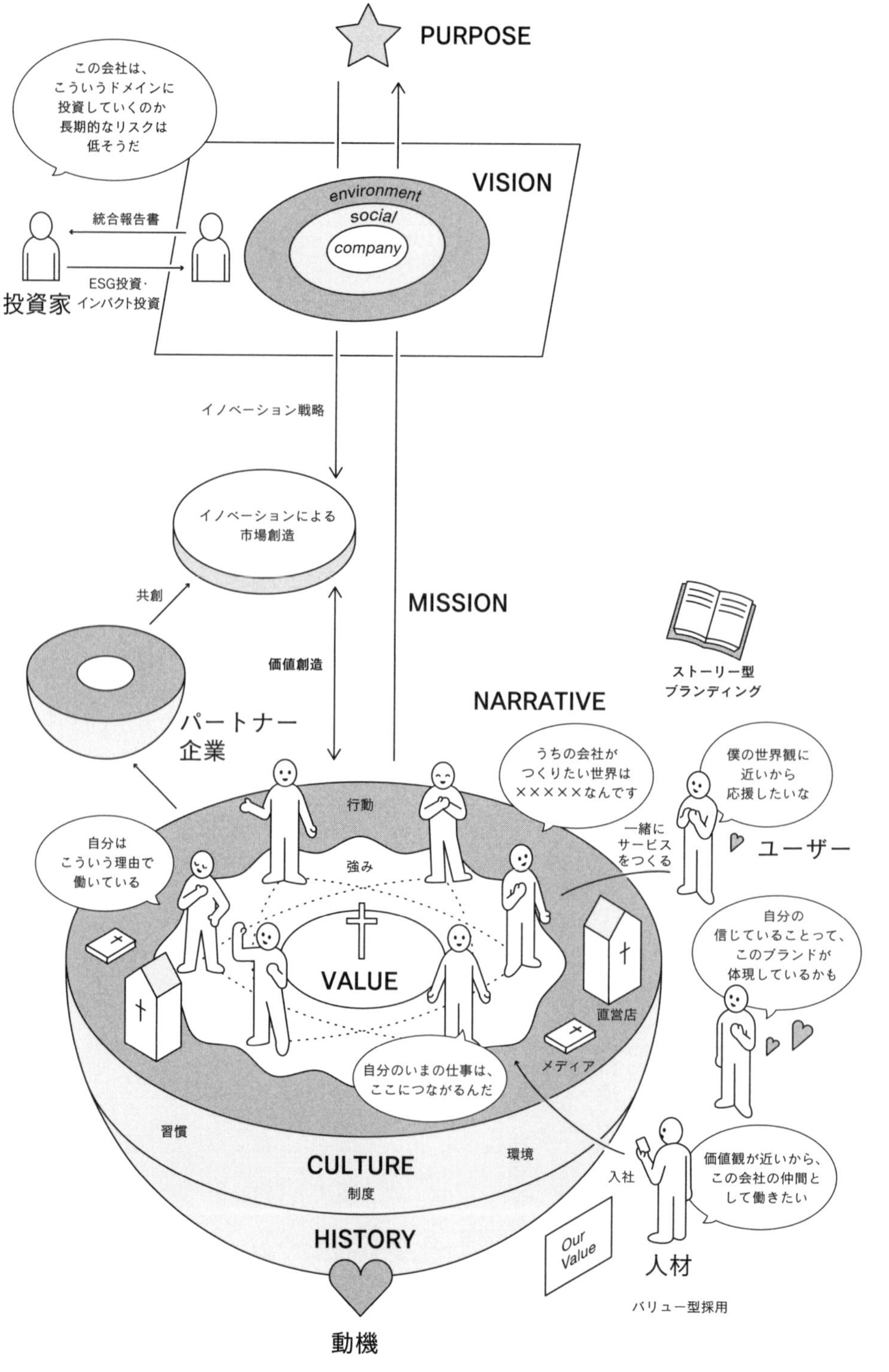

PURPOSE
この会社は、
こういうドメインに
投資していくのか
長期的なリスクは
低そうだ
VISION
environment
social
company
統合報告書
ESG投資・
インパクト投資
投資家
イノベーション戦略
イノベーションによる
市場創造
共創
MISSION
価値創造
パートナー
企業
ストーリー型
ブランディング
NARRATIVE
うちの会社が
つくりたい世界は
×××××なんです
僕の世界観に
近いから
応援したいな
一緒に
サービス
をつくる
ユーザー
行動
強み
自分は
こういう理由で
働いている
VALUE
自分の
信じていることって、
このブランドが
体現しているかも
直営店
メディア
自分のいまの仕事は、
ここにつながるんだ
習慣
環境
CULTURE
制度
入社
価値観が近いから、
この会社の仲間と
して働きたい
HISTORY
Our
Value
人材
バリュー型採用
動機

理念経営1.0

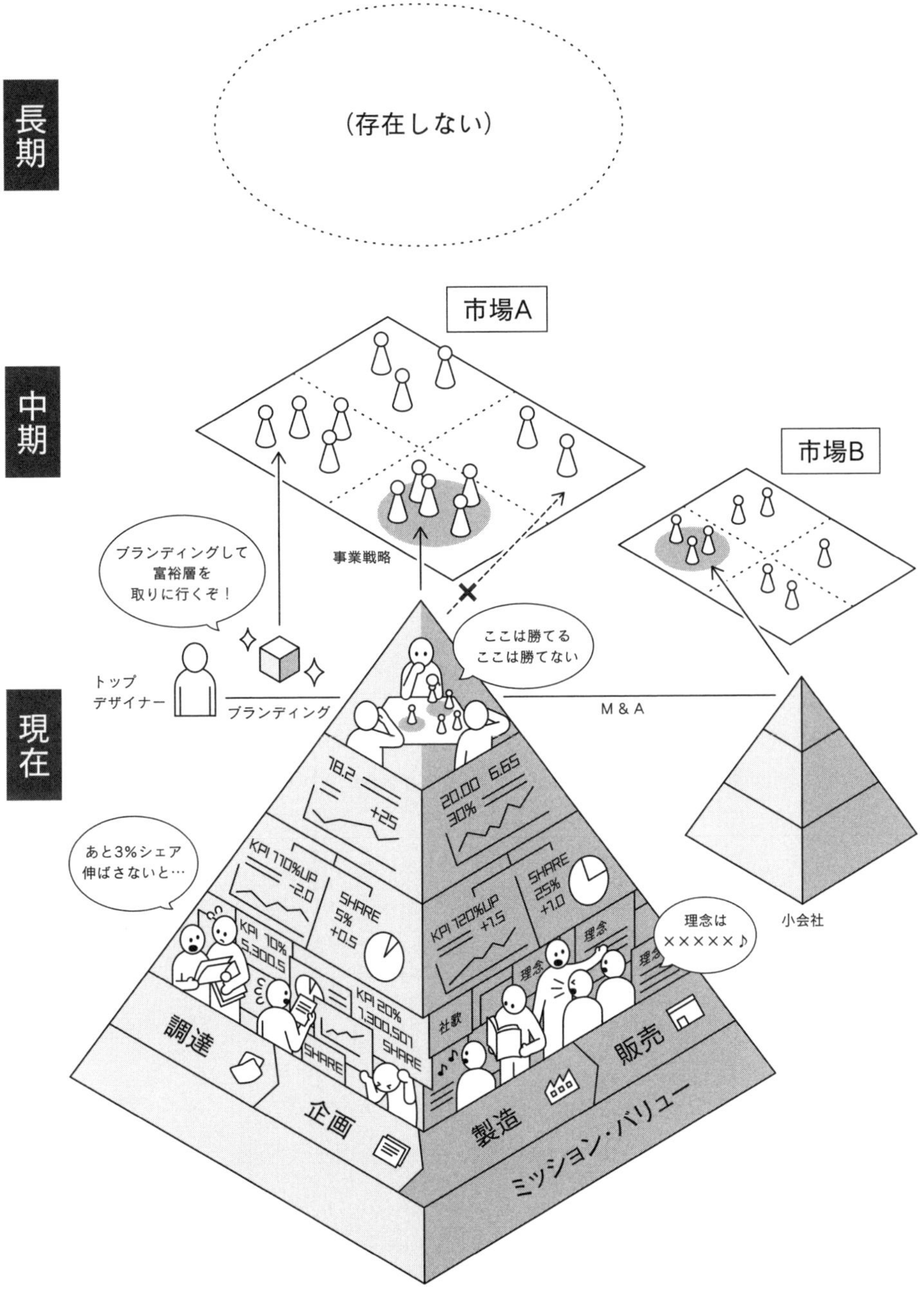

長期
中期
現在
(存在しない)
市場A
市場B
事業戦略
ブランディングして
富裕層を
取りに行くぞ！
トップ
デザイナー
ブランディング
ここは勝てる
ここは勝てない
M & A
小会社
あと3%シェア
伸ばさないと…
理念は
×××××♪
調達
企画
製造
販売
ミッション・バリュー

III

「チエを創る組織」への変革を遂げた丸井

ＩＴ系企業やスタートアップならともかく、歴史の長い大企業がこのような価値創造型の経営に変換することは不可能だと思うかもしれない。こうしたシフトには、かなりの時間をかけていく覚悟が必要になるが、その変化の過程は大まかには次のような3段階に分かれる。

［フェーズⅠ］理念を制定し、理念の自分ごと化による、自主性を持った企業文化という「土壌づくり」の時期

［フェーズⅡ］事業横断の人事や理念実践の評価制度など、人事の仕組みを使った多様性による「受粉」の時期

［フェーズⅢ］新規事業創出に向けた取り組みによって理念が体現されて世の中に広がっていく「収穫」の時期

この変革を成し遂げた企業の典型が丸井だ。丸井はその先進的な統合レポートと人的資本経営で注目されている。現在の青井社長が就任した２００８年から14年という期間をかけて企業

理念の仕組み化を進め、価値創造型の企業に生まれ変わったのだ。大枠では前述のフェーズに沿ったものでありつつ、丸井の変革は次のようなステップを辿ってきた。

【フェーズⅠ】

①理念の制定――「お客様の役に立つために進化し続ける」「人の成長＝企業の成長」という理念を制定した

②全社員との理念についての対話――10年以上にわたり、累計4500人以上の社員が参加し「私たちはなんのために働いているのか？」「私たちはなにがしたくてこの会社に入ったのか？」という問いをもとに、青井社長と対話を繰り返した

【フェーズⅡ】

③人事制度の改定――自分の成長＝企業の成長という企業理念を実践しようとしたときに、現場では周囲が必ずしも応援してくれないというジレンマに陥った。とくに、中間管理職が課題だった。そこで、人事制度を改定し、本人の能力やスキルだけではなく、評価の半分を企業理念の実践に関わる「バリュー評価」にすることで、中間管理職が企業理念を実践しやすくした

④手挙げによる中期経営計画への参画と部門横断型異動制度――個人の好きを起点に新規事業をつくったり、既存事業に生かしたりできるように、事業を横断して異動できる人事制

度を設けた。これと並行して、中期経営計画への参画を公募し、論文審査によって受け入れられた人が中期構想会議に参加できる制度をつくった。これらを通じて、自主性と多様性から、新たな価値を生んでいく場を会社のなかにつくった

［フェーズⅢ］

⑤イノベーションの推進と、人的資本投資の可視化——金融・小売といったコア事業以外の新規事業を生み出していくプラットフォームとして企業をとらえ、2016年以降、アニメ、証券などの新規事業に乗り出した。教育費、研修費のみならず、新規事業への投資や、中期構想会議への参画などの費用も人的資本投資として換算し、「人への投資が新しい事業価値をつくる」という考え方を打ち出していった

丸井のような創業から80年近くが経過した企業でも、時間をかけることで価値創造型の組織にシフトしていくことができる。もちろんこの改革がうまくいったのは、青井社長の14年にわたるコミットメントがあってこそであり、見事というほかない。興味のある方は、ぜひ丸井グループの統合報告書を見てほしい。

III

6つの経営資源がなぜ「儲け」につながるのか？

本書ではこれまで、21世紀の理念経営を実践するうえでの6つの経営資源、ビジョン、バリュー、ミッション／パーパス、ナラティブ、ヒストリー、カルチャーについて紹介してきた。これらには、共通の特徴がある。いずれも、いままでは経営資源とは呼べなかった無形資産であるということだ。これらの要素は、ＢＳ（貸借対照表／バランスシート）にもＰＬ（損益計算書）にも表れてこない。

では、この6つの経営資源が、なぜ最終的に儲けとつながるのだろうか？　それは、理念を動力にして、自分たちの会社から新しいアイデアや事業などの価値を生み出し、結果として儲けが生み出されるからだ。その主体はだれか？　もちろん「人」だ。

僕はイノベーションの現場で10年以上働いているが、よく言われる言葉がある。

「新規事業を生み出す活動？　そんなことに投資している余力はないんです」

企業のなかで新たな取り組みをしている人にとっては、「これを言われてしまうと始まらないよ」と思うキラーワードだ。だが、これは必ずしも正しくない。

新しい事業をつくるためには、実際には必ずしも大規模な設備投資は必要ない。人件費を除くと、アイデアの検証に必要なお金と、オフィススペースくらいのものだ。むしろ必要なのは人材であり、人材が価値を生み出すための組織文化や知的財産だ。

想像してみてほしい。ある社員がアイデアを思いついた。同僚との会話がヒントとなった。しかし、それを事業として形にするには多少の予算がいる。その会社は新規事業を公募するコンテストをやっていたから、組織内で事業化が進めやすかった。社内のデザイナーがつくったキャラクターが好評で、会社のブランドを使ってサービスを始めたら、これがうまくあたってそのサービスは儲かるようになった。

このような新しい儲けを生むためのプロセスに、大規模な資本はほとんどいらない。むしろ必要なのは、人的資本、組織資本、知的財産、ブランド、組織文化などの無形資産だ。

企業価値評価の第一人者である伊藤邦雄の『企業価値経営』によると、会社の時価総額のうち実際の財務パフォーマンスが占める割合は、全体の4割ほどだ。むしろ、現在の株価の6割は、事業による儲けを超えた、その会社が将来価値を生むであろう期待から生まれている。

会社が生むであろう将来的な価値の源泉は「人」であり、それは**［価値創造をできる人の数］**

×〔会社としての価値創造の仕組み〕×〔会社がレバレッジをかけられる有形資産（プロダクト、お金、土地など）〕の積によって求められる。

丸井は、人的資本開示の際の人的資本を計算するときに、新規事業によって生み出される価値をリターンとして、そして新規事業に関わる人や仕組みの運営費用を投資費用として考えている。これはまさに、人への投資が価値を生み出すこれからの組織の考え方そのものだと言えよう。

ミッションやビジョンが魅力的な会社は、それだけで優秀な人材を引きつけられるし、バリューや組織文化が強い会社は、それだけでカルチャーフィットのある社員を強くつなぎとめられる。現代は、新しい価値を生み出せる人材ほど、意義のある事業を求めるものだ。そう考えると、ミッション、ビジョンというのは、人的資本にレバレッジをかけ、価値創造につなげる仕組みの1つだと考えられる。

バリューは組織のこだわりを可視化し、エンゲージメントを高める。ナラティブがあることで理念を自分ごと化しやすくなるし、歴史を利用することで会社の来し方と自分を重ねることができる。そして優秀な人材が集まり、組織として協働して新たな知を生むためには、組織文化が有効だ。**ビジョン、バリュー、ミッション／パーパス、ナラティブ、ヒストリー、カルチ**

ヤーは、エコシステム（仕組み）としてうまく組み合わさることで、会社としての価値創造につながる経営資源になるのだ。

あなたの会社は、人が価値を生む「理念経営2・0」というOSへのアップデートができているだろうか？

Postscript

おわりに——私たちはなぜ群れるのか

ここまでお読みいただき、ありがとうございました。

本書では、6つの新たな経営資源（①ビジョン、②バリュー、③ミッション／パーパス、④ナラティブ、⑤ヒストリー、⑥カルチャー）とその生態系（⑦エコシステム）にそれぞれ着目しながら、企業理念のつくり方・使い方を提案してきました。具体的なワークもいくつかご紹介してきましたが、なにか1つでも「さっそくこれを実践してみたい！」という発見はあったでしょうか？

「はじめに」でも書いたとおり、本書の内容は、あくまでもBIOTOPEで多くの企業の理念経営の現場を伴走してきた僕なりの「仮説」です。ですから、どうかこれを唯一絶対の正解だとは思わないでください。僕自身、これからもこのテーマを探究し続けたいと思っています。最新の知見についてはBIOTOPEのnote（QRコード参照）をご覧いただくか、会社に問い合わせていただければと思います。

ただ、確実に言えることがあります。理念経営1・0が創業者や組織の「答え＝正解」を示すものだったのだとすれば、理念経営2・0の核心は「問い」にあるということです。ですから、ミッション、ビジョン、バリュー、パーパスなどの企業理念がすぐれたものであるかどうかは、それが会社のすべてのステークホルダー、とりわけ社員に対する「問い」として機能するかどうかにかかっています。

もしそこから、働く人たちの主体的な語りや探究が生み出されているなら、その企業理念はまちがいなく会社の経営資源になってくれています。これからの経営者に求められているのは、そうした「みんなの物語」が生まれてくるための「問う仕組み」をデザインすることなのです。

人は組織に属することで、自分のアイデンティティを再確認する生き物です。組織のなかで同じ問いを共有することができれば、働く人たちはみずからのアイデンティティをそこに見出すことになるでしょう。そうなると**企業は、もはや単なる「生計を立てる場」である以上に、「意義をつくる場」になっていくはずです。**

とはいえ、本書で語ってきたすべてを実行に移し、全社のなかにそうしたエコシステムを築き上げるのは決して容易なことではないと思います。そこで、さしあたってのきっかけにしていただきたいのが、各章の冒頭に掲げた一連の「問い」です。

・**ビジョン**――私たちは将来、どんな景色をつくり出したいか？
・**バリュー**――私たちがこだわりたいことはなにか？
・**ミッション／パーパス**――私たちはなんのために存在しているのか？
・**ナラティブ**――私たちの会社はどこから来て、どこに向かうのか？　私たちはなぜ、ここにいるのか？
・**ヒストリー**――私たちのいまをつくった原点はどこにあったのか？
・**カルチャー**――私たちの会社の「らしさ」とはなんだろうか？
・**エコシステム**――私たちの理念を育てるために、どんな仕組みが必要か？

ふだんのコミュニケーションのなかで、企業理念の話をするのはなかなかむずかしいと思います。いきなり同僚に向かって「うちの会社の理念について語り合おう！」などと言えば、きっと相手も驚いてしまうでしょう。

そんなとき、「最近こんな本を読んだんですけど……」などという具合に、本書の問いを「対話の糸口」として使ってもらえれば、筆者としてもこんなにうれしいことはありません。

もちろん、読者それぞれが置かれている立場によって、この本の「使い方」にもさまざまなかたちが考えられます。

企業の創業者や経営者、経営幹部の方――まずはお一人で自社の理念やカルチャーをじっくり振り返ってみるのもいいと思います。そこで考えたことをほかのボードメンバーに共有するときには、本書のフレームワークがきっと助けになってくれるはずです。また、変革を本気で進めるとなれば、この本自体を全社向けのテキストとしてご活用いただくのもいいでしょう。

執行役員や事業部長クラスの方――ひとまず「事業部単位の理念」を内省してみてはいかがでしょうか。会社が目指す理想から見たとき、自分たちの部署はどんな存在意義を持っているのかを考えてみるわけです。場合によっては、事業部のメンバーが参加するワークショップなどを開催するのもおすすめです。本書でご紹介した実践ワークのうち、どれかを選んでいただいてもいいと思います。

中間管理職や一般社員の方――理念経営2・0のリソースとなるのは「社長の誓い」ではなく、あくまでも「みんなの物語」です。つまり、現場で働くみなさん自身も理念の語り部であり、主役であるということです。ぜひ、周囲の同僚たちとの雑談のなかで、「会社の存在意義」について語り合ってみてください。数人で集まってこの本の読書会をしていただくのもいいと思います。あるいは、会社が理念をないがしろにしていると感じるようなら、役員たちに本書をご紹介いただくのもいいかもしれません。

こうしたテーマについて、メンバーそれぞれが語り合える場をつくれれば、その組織のなかには「意義に根ざしたナラティブ」が次々と生み出されていくでしょう。それを繰り返していけば、個人のナラティブと組織のナラティブの重なりはしだいに大きくなっていきます。

組織としての理念生態系の豊かさや深みは、そうやって各メンバーが自分なりに考え、試行錯誤し、出してきた思考の総量によって決まります。そして、それこそが人と組織の未来をつくっていくための、最も重要な経営資源になっていくのです。

本書の第4章でご紹介した「パーパスナラティブキャンバス」を読者特典として巻頭につけておきました。ぜひ、同僚との対話を始めるきっかけとして活用してみてください。

本書が触発のきっかけとなって、「みんなで企業理念について語り合う場」が増えたらとてもうれしいです。なにより、仲間と一緒に会社の存在意義を考えることは、とっても楽しい経験になるはずです。

一人でも多くの人、一社でも多くの企業が、自分（たち）なりの意思ある道をつくり、希望の物語を巡らせることを願ってやみません。

謝辞

この本は、難産だった。構想から出版までにじつに4年の時間を要した。

本書の原型は、2019年3月に『DIAMONDハーバード・ビジネス・レビュー』誌にて発表した「『組織』の存在意義をデザインする」という論文である。理念をもとにした経営を探索・模索するビジョン駆動型の経営者たちにBIOTOPEとして伴走するなかで、僕のなかには「これからの企業は『組織の思想』を土台にナラティブを生み出していくプラットフォームのような存在になっていくのではないか?」という仮説が生まれた。そこから理念経営をめぐる探索の旅ははじまったのだ。

元京都大学総長の山極壽一氏をはじめ、認知心理学者の赤石れい氏、哲学者の岩内章太郎氏、心理学者の村澤和多里氏、宗教学者の井上順孝氏、ネットワーク科学者の佐山弘樹氏からは、これからの時代の「人の群れ方」について思考をめぐらせるうえで、多くの学術的ヒントをいただいた。

さらに、ユーグレナの永田暁彦氏、クラシコムの青木耕平氏、マザーハウス副社長の山崎大祐氏、ココナラ創業者の南章行氏、スープストックトーキョー社長の松尾真継氏、メルカリCHROの木下達夫氏、一般社団法人Code for Japan代表の関治之氏らにインタビューさせていただいたことで、現代における理念経営を取り巻くリアルな課題意識と可能性について貴重な智慧をいただいた。

また何よりも、オムロン社、パナソニック社、ALE社、NPO法人クロスフィールズ、KINTO社、BIPROGY社をはじめ、BIOTOPEのプロジェクトを通じて理念経営の新たなかたちを共創してきたパートナー企業の方々には感謝してもしきれない。さまざまな企業のみなさんとご一緒した企業理念デザインの仕事、さらには現場への実装のために奮闘した数々の経験が、この本の血肉、骨組みとなっている。この場ではご紹介しきれていない企業のみなさんも含め、BIOTOPEの戦略デザインコンサルティング事業を通じてご一緒したすべてのパートナーの方に感謝の意を捧げたい。

そして本書は、BIOTOPEの社員やインターン生との共創の産物でもある。金安塁生さん、押野直美さん、山田和雅さん、石原龍太郎さん、山本康喜さん、町田康祐さん、永井結子さん、宮尾園子さん、そして舘尾ニコールさん、外部パートナーの川上拓郎さん、栗岡大介さん。みんなと一緒に積み重ねたこの数年分の知見すべてのおかげで、この本は血が通ったものになった。心からの感謝を伝えたい。

難産となったこの本の企画から完成までを、辛抱強く伴走してくれたベストパートナーの編集者、藤田悠さんには感謝してもしきれない。なかなか形にならない苦しい期間が続いたにもかかわらず、最後まで諦めることなく本書を書き上げることができたのは、『直感と論理をつなぐ思考法』でご一緒した藤田さんと、もう一度作品をつくってみたいという思いがあったからだ。企業の意義を哲学した本書は、哲学を専攻されていた藤田さんとだからこそつくれた一冊だ。一緒につくった作品と言ってもいいのではないかと思う。

そして、この本の編集協力として助けていただいたフェリックス清香さん。あなたがチームに加わってくださったおかげで、この未完成交響曲とも思われたプロジェクトは完成までこぎつけることができた。つねにこの企画に可能性を感じながら、情熱を持って向き合ってくれたことで、僕らは最後まで走り切れたのではないかと思っている。

また、『直感と論理をつなぐ思考法』で高評価をいただいた「四世界図」に続き、本書でも「理念経営1・0／2・0」の全体像を俯瞰できるすばらしいイラストを仕上げてくれたBIOTOPEの松浦桃子さん。どんなに難しい概念であっても、最後はあなたが見事にビジュアルにしてくれるはずだという安心感があったからこそ、この企画の実現に向けて走ってこられたのではないかと思う。

最後に、長い執筆期間、なかなか前に進まないときにも励まし続けてくれた妻のさつき、そして、「次の世代にも残る本を書きたい」という当初の志を思い出させてくれた娘の真優と息子の邦紀には、心からの感謝を述べたいと思う。

2023年4月　コロナ後の次世代へ希望を込めて

佐宗邦威

ビジョンステートメント	バリュー
	Champion the Mission / Be a host / Embrace the adventure / Be a Cereal Entrepreneur
宇宙を、好奇心に動かされた人類の、進化の舞台にする	好奇心 - 未知を楽しみ、周囲の人と共有する / 開拓 - 既成概念を越え、共に新しい道を拓く / 進化 - 科学の発展を助け、人類の持続的な発展に貢献する
Our vision is to be earth's most customer-centric company; to build a place where people can come to find and discover anything they might want to buy online.	Customer Obsession / Ownership / Invent and Simplify / Are Right, A Lot / Learn and Be Curious / Hire and Develop the Best / Insist on the Highest Standards/ Think Big / Bias for Action / Frugality / Earn Trust / Dive Deep / Have Backbone; Disagree and Commit / Deliver Results
	ありのままを引き出す / やりたいを動力にする / 見えないものを観る / 共に創る
To craft the brands and choice of drinks that people love, to refresh them in body & spirit. And done in ways that create a more sustainable business and better shared future that makes a difference in people's lives, communities and our planet.	WE NURTURE A CULTURE WITH A PASSION TO REFRESH THE WORLD. WE MAKE A DIFFERENCE. CURIOUS / EMPOWERED / AGILE
Danone, One Planet. One Health	HUMANISM / OPENNESS / PROXIMITY / ENTHUSIASM
DeNAは、インターネットやAIを自在に駆使しながら 一人ひとりの人生を豊かにするエンターテインメント領域と 日々の生活を営む空間と時間をより快適にする社会課題領域の両軸の事業を展開するユニークな特性を生かし 挑戦心豊かな社員それぞれの個性を余すことなく発揮することで 世界に通用する新しいDelightを提供し続けます	プロダクト、サービスへのこだわり / 共存共栄の精神 / 挑戦と誠実さ / 社会の公器にふさわしい透明性 / 多様な社員が活躍し成長する環境作り/ 持続可能な企業活動の推進
地球環境を無視した自然資源の活用をしない	BECAUSE THERE IS NO PLANET B

参考資料

各社の企業理念一覧

本書を執筆するにあたってとくに参照した企業理念の一覧です（2023年３月時点）。

最新情報は各社のサイトなどでご確認ください。

企業名	パーパスステートメント	ミッションステートメント
Airbnb	Creating a world where Anyone can Belong Anywhere	Belong Anywhere
ALE		科学を社会につなぎ 宇宙を文化圏にする
Amazon		Amazon is guided by four principles: customer obsession rather than competitor focus, passion for invention, commitment to operational excellence, and long-term thinking. Customer reviews, 1-Click shopping, personalized recommendations, Prime, Fulfillment by Amazon, AWS, Kindle Direct Publishing, Kindle, Fire tablets, Fire TV, Amazon Echo, and Alexa are some of the products and services pioneered by Amazon.
BIOTOPE		意思ある道をつくり、希望の物語を巡らせる。
Coca Cola	Refresh the world. Make a difference.	
Danon		Bringing health through food to as many people as possible.
DeNA		一人ひとりに 想像を超えるDelightを
ECOALF		リサイクルされていない製品と同等の品質・デザインの製品をつくる。

ビジョンステートメント	バリュー
People use Facebook to stay connected with friends and family, to discover what' s going on in the world, and to share and express what matters to them.	Move Fast / Focus on Long-term Impact / Build Awesome Things / Live in the Future / Be Direct and Respect Your Colleagues / Meta, Metamates, Me
To provide access to the world' s information in one click	Great isn't good enough. / Focus on the user, all else will follow. / It's best to do one thing really well. / Fast is better than slow. / Democracy on the web works. / You can make money without doing evil. / There's always more information. / The need for information crosses all bor You can be serious without a suit. / You don't need to be at your desk.
	Respect / Integrity / Accountability
1枚のチョコレートから変えていく、100年後の未来	
To be a leading, competitive, Nutrition, Health and Wellness Company delivering improved shareholder value by being a preferred corporate citizen, preferred employer, preferred supplier selling preferred products.	Values rooted in respect. / We serve with passion. / We build for the long term. / We are inspired to innovate. / We always strive to do better. / We grow and succeed together.
	Community / Sustainability / Diversity / Social responsibly
noteがあることで、人々は本当に伝えたいことに専念できるようになる。	クリエイター視点で考えよう - Creator First / 多様性を後押ししよう - Promote Diversity / クリエイティブでいこう - Be Creative / つねにリーダーシップを - Leadership / すばやく試そう - Try First / おおきな視点で考えよう - Think Big
ソーシャルニーズを創造しよりよい社会の実現へ	ソーシャルニーズの創造 / 絶えざるチャレンジ / 人間性の尊重
	Build the best product / Cause no unnecessary harm / Use business to protect nature / Not bound by convention
「世界に最も必要とされる会社」を目指して	No.1 / 挑戦 / 逆算 / スピード / 執念

企業名	パーパスステートメント	ミッションステートメント
Facebook (Meta)		Facebook's mission is to give people the power to build community and bring the world closer together. People use Facebook to stay connected with friends and family, to discover what's going on in the world, and to share and express what matters to them.
Google (Alphabet)		Our mission is to organize the world's information and make it universally accessible and useful.
Microsoft		To empower every person and every organization on the planet to achieve more.
Minimal		チョコレートを、新しくする
Nestle	Our purpose is to unlock the power of food to enhance quality of life for everyone, today and for generations to come.	
Nike	To unite the world through sport to create a healthy planet, active communities and an equal playing field for all.	Bring inspiration and innovation to every athlete in the world
note		だれもが創作をはじめ、続けられるようにする。
Omron		われわれの働きで、われわれの生活を向上し、より良い社会をつくりましょう
Patagonia	地球を救うためにビジネスを営む	
Softbank	（経営理念）情報革命で人々を幸せに	

ビジョンステートメント	バリュー
	夢と好奇心 - 夢と好奇心から、未来を拓く。 / 多様性 - 多様な人、異なる視点がより良いものをつくる。 / 高潔さと誠実さ - 倫理的で責任ある行動により、ソニーブランドへの信頼に応える。 / 持続可能性 - 規律ある事業活動で、ステークホルダーへの責任を果たす。
	1. Innovative / 2. Collaborative / 3. Sincere / 4. Passionate / 5. Playful
（10年ビジョン　スターバックスが大切にする３つのこと）PEOPLE / COMMUNITY / PLANET	お互いに心から認め合い、誰もが自分の居場所と感じられるような文化をつくります。 /勇気をもって行動し、現場に満足せず、新しい方法を追い求めます。スターバックスと私たちの成長のために。 /誠実に向き合い、威厳と尊敬をもって心を通わせる、その瞬間を大切にします。 /一人ひとりが全力を尽くし、最後まで結果に責任を持ちます。
	Treat customers the way we’d like to be treated. / Create an environment where employees can think big, have fun, and do good. / Get out there. / Green is good.
「自由」「平和」「希望」を会社が獲得すること	センシティブ・チャーミング・オルタナティブ
社会課題が解決され続ける世界	1.未来を切り拓く先駆者 / 2.情熱とプロフェッショナリズムの両立 / 3.企業とNPO、それぞれに寄り添う / 4.信頼を共感で築く / 5.人の可能性を信じ、挑戦を応援 / 6.感動とわくわく感こそがエネルギー / 7.個を活かし、チームとして最高を創る / 8.前向きを武器にした上昇集団 / 9.働く仲間の幸せを思いやる
	（Culture）理想への共感 / 多様な個性重視 / 公明正大 / 自立と議論
	（5感）低投資高感度、誠実、作品性、主体性、賞賛
優しいサービスのつくり手へ。- Government as a Service / 大胆に革新していく行政へ。 - Government as a Startup	この国で暮らす一人ひとりのために / 常に目的を問い / あらゆる立場を超えて / 成果へ挑戦を続ける

企業名	パーパスステートメント	ミッションステートメント
Sony	クリエイティビティとテクノロジーの力で、世界を感動で満たす。	
Spotify		Our mission is to unlock the potential of human creativity—by giving a million creative artists the opportunity to live off their art and billions of fans the opportunity to enjoy and be inspired by it.
Starbucks		人々の心を豊かで活力あるものにするために——ひとりのお客様、一杯のコーヒー、そしてひとつのコミュニティから
Tesla		To accelerate the world's transition to sustainable energy
Warby Parker		To offer designer eyewear at a revolutionary price, while leading the way for socially conscious businesses
クラシコム		フィットする暮らし、つくろう。
クロス フィールズ		社会課題を自分事化する人を増やす 課題の現場に資源を送り、ともに解決策を作る
サイボウズ	チームワークあふれる社会を創る	
スマイルズ		生活価値の拡充
デジタル庁		誰一人取り残されない、人に優しいデジタル化を。

ビジョンステートメント	バリュー
	（天正年間［1573～1592年］に策定した当時の掟書の要約）一、倹約を第一に心がけ、良い提案があれば各自文書にして提案すること。（チャレンジ）/一、菓子の製造にあたっては常に清潔を心がけ、口や手などをたびたび洗うこと。（清潔）/一、御用のお客様でも、町方のお客様でも丁寧に接すること。（礼儀）/一、道でお会いした場合は丁寧に挨拶すること。（挨拶）/一、仲間を組んで悪いことした者がいる場合は、届け出ること。/一、もしその仲間であっても抜けた場合は許して褒美も出す。（規律）/一、手代や子供（丁稚）に至るまで、常に書道や算術の勉強を怠ってはいけない。（こだわり）/一、奉公人には毎月二回酒肴を出す。（報いる）
百年後、工芸大国日本	（こころば）1. 正しくあること / 2. 誠実であること / 3. 誇りを持つこと / 4. 品があること / 5. 前を向くこと / 6. 学び続けること / 7. 自分を信じること / 8.ベストを尽くすこと / 9.対等であること / 10.楽しくやること
日立は、社会が直面する課題にイノベーションで応えます。優れたチームワークとグローバル市場での豊富な経験によって、活気溢れる世界をめざします。	和 / 誠 / 開拓者精神
	お客様の立場に立脚 / 革新と挑戦 / 個の尊重、会社と個人の成長 / 正しさへのこだわり
みんなで子供を抱きしめ、子育てとともに何でも挑戦でき、いろんな家族の笑顔があふれる社会	チームフローレンスでいこう！/ 飛び込め！われらの現場に / ゴーゴー！”前のめり”/ 戦略脳フル回転 / アイデア相撲を取れ / ハートと生産性の両面で走れ / リスペクトのレンズをつけ世界を見る / 変革者たれ
ポケモンで世界をつなごう	
ビジネスを通じてあらゆる二項対立を乗り越える世界を創る	信用はお客さまと共につくるもの / 景気は自らつくるもの
360° business innovators - 一人ひとりの「挑戦と創造」で事業を生み育て、社会課題を解決し、成長を続ける企業グループ。	1. 変革を行動で / 2. 多様性を力に / 3. 個から成長を / 4.真摯に誠実に

企業名	パーパスステートメント	ミッションステートメント
虎屋		(経営理念) おいしい和菓子を喜んで召し上がっていただく
中川政七商店	日本の工芸を元気にする!	
日立		優れた自主技術・製品の開発を通じて社会に貢献する
ファーストリテイリング		服を変え、常識を変え、世界を変えていく
フローレンス		親子の笑顔をさまたげる社会問題を解決する
ポケモン		ポケモンという存在を通して、現実世界と仮想世界の両方を豊かにする
丸井	(フィロソフィー) お客さまのお役に立つために進化し続ける / 人の成長=企業の成長	すべての人が「しあわせ」を感じられるインクルーシブで豊かな社会を共に創る
三井物産		世界中の未来をつくる - 大切な地球と人びとの、豊かで夢あふれる明日を実現します。

ビジョンステートメント	バリュー
	(行動指針) 1. 企業活動の目的 - 我が社は、事業を通じ、企業価値の向上を図るとともに、有用なサービス・商品を安全性にも配慮して創出・提供し、物心共に豊かな社会の実現に努める。 / 2. 公明正大な企業活動 - 我が社は、企業活動の展開に当たり、諸法規、国際的な取決め及び社内規程を遵守するとともに、社会規範に沿った責任ある行動をとる。 / 3. 人権・社員の尊重 - 我が社は、人権を尊重し、差別を行わない。また、人材育成を通じて企業活力の維持・向上を図るとともに、社員の人格・個性を尊重する。 / 4.情報の管理・公開 - 我が社は、企業情報を適切に管理するとともに、ステークホルダーを含め社会一般からの正しい理解を得、透明性の保持を図るため、情報を適時・適切に公開する。 / 5. 地球環境への配慮 - 我が社は、地球環境に配慮しない企業は存続しえないとの認識に立ち、企業活動のあらゆる面において地球環境の保全に努め、持続可能な発展を目指す。 / 6.社会貢献活動 - 我が社は、社会の一員として、より良い社会の実現に向けて積極的に社会貢献活動を行う。また、社員による自発的な社会貢献活動を支援する。
	GO BOLD 大胆にやろう / ALL FOR ONE 全ては成功のために / BE A PRO プロフェッショナルであれ
	7倍速 / ちぎれるほど / あ・た・ま
「次世代ヘルスケアのリーディングカンパニーへ」「新たな顧客価値の創造」により毎日の習慣をもっとさりげなく、楽しく、前向きなものにすることで一人ひとりの「心と身体のヘルスケア」を実現する	(Beliefs) 価値は顧客が決める / 自分の心に従い、自ら動こう / スピードは世界を救う / 化学反応を起こそう / 変化こそ、私たちを進化させる
Follow Your Heart	新しい価値の創造 / 個の尊重 / 社会への貢献

企業名	パーパスステートメント	ミッションステートメント
三菱商事		（綱領）所期奉公 - 事業を通じ、物心共に豊かな社会の実現に努力すると同時に、かけがえのない地球環境の維持にも貢献する。/ 処事光明 - 公明正大で品格のある行動を旨とし、活動の公開性、透明性を堅持する。/ 立業貿易 - 全世界的、宇宙的視野に立脚した事業展開を図る。
メルカリ		あらゆる価値を循環させ、あらゆる人の可能性を広げる
山本山		いまうまい。〜いつでも、どこでも、おいしい
ユーグレナ	（フィロソフィー）Sustainability First（サステナビリティ・ファースト） （パーパス）人と地球を健康にする	
ライオン	より良い習慣づくりで、人々の毎日に貢献する (ReDesign)	
リクルート	（基本理念）私たちは、新しい価値の創造を通じ、社会からの期待に応え、一人ひとりが輝く豊かな世界の実現を目指す。	まだ、ここにない、出会い。 より速く、シンプルに、もっと近くに。

［著者］
佐宗邦威（さそう・くにたけ）
株式会社BIOTOPE代表／チーフ・ストラテジック・デザイナー
多摩美術大学 特任准教授
東京大学法学部卒業、イリノイ工科大学デザイン研究科（Master of Design Methods）修了。P&Gマーケティング部で「ファブリーズ」「レノア」などのヒット商品を担当後、「ジレット」のブランドマネージャーを務める。その後、ソニーに入社。同クリエイティブセンターにて全社の新規事業創出プログラム立ち上げなどに携わる。
ソニー退社後、戦略デザインファーム「BIOTOPE」を創業。山本山、ソニー、パナソニック、オムロン、NHKエデュケーショナル、クックパッド、NTTドコモ、東急電鉄、日本サッカー協会、KINTO、ALE、クロスフィールズ、白馬村など、バラエティ豊かな企業・組織のイノベーションおよびブランディングの支援を行うほか、各社の企業理念の策定および実装に向けたプロジェクトについても実績多数。
著書に、ベストセラーとなった『直感と論理をつなぐ思考法』（ダイヤモンド社）のほか、『世界のトップデザインスクールが教える デザイン思考の授業』（日経ビジネス人文庫）、『模倣と創造』（PHP研究所）など、論文に「組織の『存在意義』をデザインする」（DIAMONDハーバード・ビジネス・レビュー編集部『PURPOSE――会社は何のために存在するのか あなたはなぜそこで働くのか』ダイヤモンド社 所収）などがある。

理念経営2.0
――会社の「理想と戦略」をつなぐ7つのステップ

2023年5月16日　第1刷発行
2024年9月30日　第5刷発行

著　者――佐宗邦威
発行所――ダイヤモンド社
〒150-8409　東京都渋谷区神宮前6-12-17
https://www.diamond.co.jp/
電話／03･5778･7233（編集）　03･5778･7240（販売）

ブックデザイン―竹内雄二
本文イラスト―松浦桃子［BIOTOPE］
DTP――――ニッタプリントサービス
校正――――鷗来堂
製作進行――ダイヤモンド・グラフィック社
印刷――――堀内印刷所（本文）・新藤慶昌堂（カバー）
製本――――ブックアート
構成･編集協力―フェリックス清香
編集担当――藤田悠

ISBN 978-4-478-11450-6